Elite
52

關於 **西方典故**
的１００個故事

100 Stories of
Western allusion

劉思湘◎著

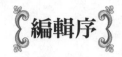

解密典故——打造通往西方文化的金鑰匙

典故一詞，最早可溯及到漢朝。《後漢書‧東平憲王蒼傳》：
親屈至尊，降禮下臣，每賜宴見，輒興席改容，中宮親拜，事過典故。

這裡的典故，原指舊制、舊例，也是漢代掌管禮樂制度等史實者的官名。後來衍伸為關於歷史人物、典章制度等的故事或傳說，漸漸也就變成我們談話或文章中常常會引用的「典故」了。

正如中國典故反映中華文化，西方典故也是認識西洋文化不可或缺的門路。不同文化背景的人，得以透過典故，一窺彼此的文化內涵及價值觀。

西方典故的來源多樣且豐富，本書為約略整理成了五大類：

一、希臘羅馬神話。

二、聖經。

三、民間傳說。

四、文學作品。

五、歷史故事。

希臘羅馬神話是西方語言文化的重要源頭，可說是最早的奇幻文學。其細膩生動的人物刻畫，曲折瑰麗的故事情節，為人類的文化思想提供了豐富的創作元素。潘朵拉的盒子；普羅米修斯的火炬；

三位女神的金蘋果之爭……等耳熟能詳故事，也成了後人擷取智慧的精華，變成世代流傳的典故。

除了神話外，宗教也是西方典故的一大來源。由於歷史跟政治的因素，在西元四世紀，基督教受到羅馬皇帝康斯坦丁一世認可後，《聖經》便和西方文化產生了密不可分的關係。其中，《舊約聖經》包括了創世紀神話、人類被逐出伊甸園、「巴別塔」、「諾亞方舟」等故事；而《新約》的故事包括了——受洗者約翰、耶穌在荒野中的誘惑、十二個門徒的事蹟等重要的文化典故。

至今許多常見的英文名字，也都出自聖經裡的人物，例如 David（大衛王）、Peter（門徒彼得）、Maria（聖母瑪利亞）等，可見其影響之深遠，當然也是引經據典的最好素材。

民間故事跟文學作品當然也是典故的源頭。

生猛的鄉野傳說雖然帶有幻想色彩，卻也不失為一門古老的社會學。這些故事多半情節簡單明瞭，人物形象深植人心，還帶有些恐嚇、警世的作用。《藍鬍子》裡洗不掉的血跡，象徵著不可饒恕的背叛；《魯賓遜漂流記》裡拓荒者的孤獨；《哈姆雷特》裡王子的糾結與復仇……當我們層層解開這些故事背後費解的隱喻和神祕的咒語，便得以直達其幽暗深邃的文化內心。

最後，歷史的長河中，總有些人物會被記得，不管是流芳千古，還是遺臭萬年，凡走過必留下痕跡。哲人柏拉圖的精神戀愛；查理曼大帝和十二聖騎士的勇者精神；拿破崙滑鐵盧慘敗的英雄落陌，都成了活生生的歷史教材，為後世所津津樂道。

一個好的故事勝過一百次空洞的說教。

無數的西方文化思想皆來自這些故事。本書用輕鬆易懂的方式，闡述這些典故背後的精神意義與文化符碼。除了能為您打下深厚而紮實的知識和語言基礎外，更能提昇美感與文化詮釋能力。

如果您在尋找一本用語不會太過於艱澀，又能將天下之西洋典故盡納入胸中之書，不妨試試這本《關於西方典故的 100 個故事》，相信它不會讓您失望。

以文化土壤，開出典故之花

　　有些朋友不喜歡閱讀用典的文章，他們認為：引用典故卻不加以解釋，只會讓讀者如同霧裡看花，丈二金剛摸不著腦袋。

　　但也許是自己的個性關係，我反而愛看用典豐富的文章。

　　典故讓語言變得鮮活，用典精妙之處，文字濃縮而文意含蓄，使人們更容易溝通思想，以達到言簡意深之效。

　　西方的文學長河中，累積了豐沛的口頭流傳和文字記載典故。每一個典故都蘊含著豐富的內涵和延伸意義。

　　比如，在西方的文學源頭《希臘羅馬神話》中有這樣一個故事：

　　阿喀琉斯是凡人國王與海洋女神所生的兒子。半人半神的阿喀琉斯有著刀槍不入的身體，及強大的戰爭智慧。希臘聯軍在他的領導下，攻無不克，戰無不勝。阿喀琉斯也被譽為「希臘第一勇士」。

　　但在一次戰爭中，有神力護體的阿喀琉斯，卻僅僅因為被特洛伊王子帕里斯用箭射中腳踝，就命喪黃泉。原來是阿喀琉斯在出生時，其女神母親便將其放入具保護作用的神水裡浸泡，獨獨漏了腳踝沒有沾到水，而使其成為日後的弱點，才引發了這致命的悲劇。

　　而「阿喀琉斯的腳踝」後也被引申為：「強者的隱憂」，更出現了「阿喀琉斯腱」這樣的用詞。

又例如《聖經》〈新約・馬太福音〉中有這樣一則故事：

一位國王遠行前，交給三個僕人每人一錠銀子，吩咐他們：「你們去做生意，等我回來時，再來見我。」國王回來時，第一個僕人說：「陛下，你交給我的一錠銀子，我已賺了十錠。」於是國王獎勵了他十座城邑。第二個僕人報告說：「陛下，你給我的一錠銀子，我已賺了五錠。」於是國王便獎勵了他五座城邑。第三個僕人報告說：「陛下，你給我的一錠銀子，我一直包在手帕裡保存著，我怕丟失，一直沒有拿出來。」於是，國王命令將第三個僕人的那錠銀子，賞給第一個僕人，並且說：「凡是少的，就連他所有的，也要奪過來。凡是多的，還要給他，叫他多多益善。」

而馬太效應後也被引伸為：「強者愈強，弱者愈弱」。更常被借用在形容經濟學領域及股市現象中。

民間寓言也是西方典故的一大來源。

法國傳說《拉封丹寓言》裡有這樣一個故事：一頭布里丹的毛驢外出尋找食物，發現了兩堆相距不遠的草料，牠啃了幾口東邊的草料，忽然又覺得西邊的青草似乎比較鮮嫩；嚼了幾口西邊的青草，又覺得東邊的好像比較可口。

就這樣，毛驢不停往返兩堆草料之間，始終無法做出抉擇，最終在無所適從中活活地餓死了。

而「布里丹的毛驢」，後也被引伸為：「在各種選擇面前反覆權衡，猶豫不決，最後卻永遠錯失了機會」的現象。

可見，每一個典故都蘊含著豐富的內涵和外延，但是如果只簡單地將「阿喀琉斯的腳踝」等同於「強者的隱憂」；將「馬太效應」等同於「強者愈強，弱者愈弱」，將「布里丹的毛驢」等同於「猶豫不決的惡果」，意思雖然沒有錯，卻很無趣。

只知道典故與其相對應的意思，卻不深究背後的文化意涵，就如同有人要給你一顆多汁的蘋果，卻先幫你嚼碎了才給你，你會喜歡嗎？乾枯，而了無滋味。除了你自己，沒有人能幫你領會典故的意義。

據此，基於典故狂人的精神，我為大家精選了 100 則我最喜歡的西方典故，希望大家能從簡單而精妙的故事中，一窺西方文化的精神內涵，讓典故開花於文化的沃土，文化發揚於典故的國度。

第 II 章　上帝之手──來自《聖經》的典故

第V章　克莉奧的書卷——來自歷史的典故

第 I 章

諸神的花園

來自神話的典故

皮格馬利翁效應 (Pygmalion effect)
心理暗示的力量

皮格馬利翁是希臘神話裡的人物，他長相俊美，同時擁有一項非凡的才藝——鬼斧神工般的雕刻技藝。他能夠化腐朽為神奇，將平凡得不能再平凡的岩石雕刻成讓世人驚歎的藝術品。因此，附近的人們很快便知道了這位擁有英俊外表的雕刻藝術家。

擁有藝術氣質的俊男很容易獲得少女的芳心，許多年輕的姑娘都向他敞開了心扉。雖然做為一個凡人，皮格馬利翁也擺脫不了七情六慾，但是做為一個卓越的雕刻師，他卻具有區別於凡人來看待事物的獨特視角。這些在普通人眼裡看來都如花似玉的姑娘們，在皮格馬利翁看來都有瑕疵，而在與這些女性交往的過程中，他還看到了女性人格中一些令人厭煩的方面，以致於開始憎惡性生活，下決心要一輩子單身。

◀ 還有一種說法是，皮格馬利翁是古希臘神話中賽普勒斯國王，善於雕刻，在孤寂中用象牙雕刻了一座他理想中女性的美女像。

在現實中得不到滿足的他，便用雕刻來彌補缺憾。皮格馬利翁開始創造他心目中的完美女性。他選擇玲瓏剔透的象牙來體現少女的肌膚，運用他所思即所得的超凡雕刻技藝，一氣呵成，沒多久，一尊完美的女性軀體在他的手下漸漸展現。這是一尊完美至極的雕像，任何女人看到了都會自嘆不如，連嫉妒的力氣都沒有。

皮格馬利翁自此以後每天與他的雕像相伴，如癡如醉，時間長了，他漸漸不可自拔地愛上了這象牙雕就的女人。他開始用世上最美的東西來裝扮她，給她所有他能給予的最好的東西。這些美妙的東西好像天生就應該附屬於她，它們讓她更加綻放光芒。皮格馬利翁為雕像做得越多，就越發不能自拔，有一種想法越來越強烈地閃現在他的腦海裡——這尊雕像應該擁有生命，因為她比擁有生命的人類更美麗。

轉眼，一年一度的愛神生日慶典到來了。皮格馬利翁做為貴賓，應邀參加了盛大的晚宴，他進入大殿，在美麗的愛神面前，敞開了自己的心扉。他首先請求愛神原諒他對愛情的迴避，並解釋了自己無法接受現實生活中女性的原因。同時，他也表達了自己對愛情的渴望，並向愛神婉轉地請求，希望愛神賜予他像那個象牙雕像一樣的女子，與他永結連理。

愛神對這位氣質獨特的青年產生了好奇。世界上還有這樣的事情，究竟是什麼樣的雕像，才能讓一個人不再迷戀鮮活的肉體？愛神決定親自去看看他所描述的象牙少女。趁皮格馬利翁不在的時候，

愛神來到了他的工作室，撩開了象牙少女的神祕面紗。

那象牙少女的容顏令愛神驚呆了，因為，那張臉分明就是愛神的臉。皮格馬利翁憑藉他滿心的愛戀，憑空就雕刻出了世界上最美麗的容顏。愛神恍然大悟，如果皮格馬利翁心中有這樣一位少女，他怎麼還能容納凡間的女子呢？愛神被這位少年的才華所折服，就滿足了他的心願，賜予了雕像生命。

還不知情的皮格馬利翁回到家中，跟往常一樣，第一時間來到戀人身邊，靜靜地凝視著對方的雙眼。突然，他覺得有點不對勁，那雕像好像在對自己微笑。從事雕刻多年的經驗告訴他，雕像再怎麼栩栩如生，也不可能出現這樣的眼神。皮格馬利翁揉了揉眼睛，

▲ 雕像有了生命，空中翱翔著愛神，在朦朧虛幻的環境中，人與神靈交織在了一起。

卻發現雕像依然溫柔地看著她，他伸出手去，輕輕地觸碰雕像的手，發現那雙手有了別於冰冷象牙的溫度。

皮格馬利翁感受到了從來沒有過的幸福，他深情地愛撫著戀人。沒錯，她活了！這神跡一般的奇蹟只能由神來創造，皮格馬利翁幡然領悟，一定是自己的虔誠打動了愛神，愛神降下福祉，賜予他如此珍貴的禮物。

從此，皮格馬利翁夫婦幸福恩愛，終生供奉愛神，而愛神，也終生眷顧著這對戀人。

這個美麗的神話傳說將現實與夢幻結合起來，為人們創造了一個充滿遐想的瑰麗世界，直到今天，皮格馬利翁優美的形象和故事濃郁的詩意仍然長久地留存在人們的記憶中，成為了文學藝術的永恆題材。

　　藝術家從自己熱愛的藝術作品中獲得幸福的幻想性生活，這是藝術家共有的特性。皮格馬利翁做為一位藝術家，對自己的作品所投入的專注、熱烈的情感，最容易感染到其他的藝術家，乃至影響到更廣的範圍。在這個故事裡，傳達的是心理暗示的力量，你相信什麼，就能實現什麼，你期待什麼，就能獲得什麼。

　　美國心理學家羅伯特‧羅森塔爾等人在1968年做過一個著名實驗：在某所國小隨意從每班抽三名學生共十八人，將他們的名字寫在一張表格上，交給校長，極為認真地說：「這十八名學生經過科學測定全都是智商型人才。」事過半年，他們又來到該校，發現這十八名學生的確超過一般，長進很大，再後來這十八人全都在不同的崗位上做出了非凡的成

▲ 美國心理學家羅伯特‧羅森塔爾。

績。這種現象在心理學稱為「自我實現的預言效應」、「羅森塔爾效應」，而羅森塔爾根據古希臘神話稱為「皮格馬利翁效應」。

　　皮格馬利翁效應的理論告訴我們，只要充滿正面的、自信的期待，就能夠實現自己的夢想。尤其在教育學中，正面鼓勵的效果更是顯而易見的。

俄狄浦斯情結 (Oedipus Complex)
戀母情結

　　底比斯的國王拉伊俄斯和王后伊俄卡斯忒有了他們的第一個孩子，可是喜獲麟兒的快樂並未持續太久，國王收到了神諭，他的新生兒將會殺死自己，並迎娶他的母親做自己的王后。這可怕的事實令國王大為震驚，為了避免亂倫的悲慘未來，他刺穿了新生兒的腳踝，並命令一個牧羊人將孩子帶到野外殺死。然而，牧羊人心存憐憫，不願意殺死這可憐的孩子，就將他送給了鄰國科林斯的牧羊人，科林斯的牧羊人又將他獻給了自己的國王——波呂波斯。沒有孩子的波呂波斯隱瞞了棄兒的身世，將他當作自己親生兒子撫養長大，並為他取名俄狄浦斯（意即腫脹的腳）。

　　有一次在王國的宴會上，一個喝醉的人告訴俄狄浦斯，他並不是國王的親生兒子。憤怒的俄狄浦斯便去德爾斐神殿裡請求太陽神阿波羅的神諭，希望得知真相，但阿波羅並沒有告訴他真相，只是說他將來會「弒父娶母」。為避免神諭成真，俄狄浦斯遠遠離開了科林斯，並發誓再也不回來，希望改變這天註定的殘酷命運。

　　離開家的俄狄浦斯開始了流浪的旅程，沒多久，他流浪到了底比斯。

在王國的三岔路口，他遇到了坐著馬車的一行人，車上的人嫌棄這個流浪漢擋了他們的道路，態度粗暴地趕他到路邊。氣憤的俄狄浦斯和駕車人發生了衝突，失手將車上的人都殺了。而此時的俄狄浦斯並不知道，被他殺死的人當中，有一位是他的親生父親拉伊俄斯。

俄狄浦斯繼續往底比斯前進。此時，底比斯正被人面獅身獸斯芬克斯圍困，經過的人們都必須回答出她的謎題，答錯的人將會被她吞食。這個謎語是：「什麼動物早晨用四條腿走路，中午用兩條腿走路，晚上用三條腿走路？」底比斯人宣布，只要誰能解答這個

▲ 失明的俄狄浦斯和女兒安提戈涅離開底比斯。

謎題，就能成為他們的國王，並娶國王的遺孀伊俄卡斯忒為妻。俄狄浦斯猜出了謎題的答案，成為了底比斯新的國王、伊俄卡斯忒的丈夫，並和她生下了四個子女。

不久之後，俄狄浦斯統治下的底比斯災禍連連，麥田枯萎，耕牛病死，火災與瘟疫不斷降臨，無數的百姓因此死去。為了挽救人民，俄狄浦斯再次來到阿波羅神廟請求神諭，卻得知，只有找到殺死前國王拉伊俄斯的凶手，才能解除底比斯的災厄。

俄狄浦斯開始尋找凶手。神的指引和當年牧羊人的回憶，漸漸將線索指向了同一個地方，抽絲剝繭的結果，俄狄浦斯發現了一個令他震驚的事實：那個殺死前國王的人正是他自己，而這位國王，也正是自己的親生父親，自己的妻子，也正是自己的親生母親。

俄狄浦斯極力逃避的神諭依舊殘酷地應驗了，他成為了弒父娶母，為神與人都不能容忍的亂倫者。於是，他刺瞎了自己的雙眼，將自己放逐，去忍受了漫漫長夜的無盡痛苦。

1913 年，佛洛伊德出版了《圖騰與禁忌》一書，在書中，他提出了一個著名的觀念——戀母情結。佛洛伊德認為，在人類發展的早期，父親擁有對其姐妹和女兒獨占的性權力。而一個男孩在性萌動的早期，其第一個性追求對象一般都是母親，因為父親的存在影響了他的愛戀，兒子總想替代父親的位置，與父親爭奪母親的愛情。於是，兒子反抗了父親，殺掉自己的父親並吃掉他。但這樣的行為

令他感覺罪孽深重，於是他壓抑了對母親、姐妹和他的女兒的性慾，並將這種行為視為亂倫禁忌，並保留了下來。

戀母情結已經成為了心理學中一個極為重要的研究成果，而佛洛伊德還給了它一個同樣眾所周知的名字——俄狄浦斯情結（Oedipus Complex）。這位神話故事中聰明勇敢的國王，卻因為他悲劇的命運，成為了戀母情結的代名詞。

現今，俄狄浦斯的痛苦成為了永恆的話題，從心理學到文學，俄狄浦斯情結都是一個可以無限發揮與挖掘的寶庫。從勞倫斯的《兒子與情人》，到普魯斯特的《追憶似水年華》，人性的種種掙扎、糾結，原始單純的愛戀，無法訴諸於口的慾望糾纏，都可以從這古老神話中追根溯源，尋找到最初的源頭。

▲ 精神分析學派創始人佛洛伊德。

斯芬克斯之謎

誘惑與恐怖

▲ 這幅《俄狄浦斯和斯芬克斯》是法國畫家古斯塔夫 - 莫羅（Gustave Moreau）早期的代表作。

斯芬克斯是一個獅身人面的怪獸，她有著人的面孔，獅子的身體，還長著鷹的翅膀。天后赫拉派斯芬克斯來到底比斯城外的懸崖邊，把守著底比斯城的必經之路，凡是路過的人，都必須回答她的一個問題。

斯芬克斯的問題是同一個謎語，這謎語問的是：「什麼樣的動物，早上用四條腿走路，中午用兩條腿走路，晚上則用三條腿走路？」如果回答不出來，斯芬克斯會毫不留情地將行人一口吃掉。

無數的行人就這樣被攔在了底比斯城外的必經之路上，因為回答錯誤，成為了斯芬克斯的腹中餐。

許多智者想要挽救人們的性命，但都因為回答錯誤，反而白白犧牲了自己的性命。

斯芬克斯，已經成為了令底比斯人聞之色變的怪物。

這天，一個叫做俄狄浦斯的年輕人來到了底比斯城外。斯芬克斯照樣問了他同樣的問題，「什麼樣的動物，早上用四條腿走路，中午用兩條腿走路，晚上則用三條腿走路？」俄狄浦斯思考了一會兒之後，微笑著回答了：「人！」

斯芬克斯的臉瞬間變了。

俄狄浦斯繼續解釋說：「人在嬰兒時期是四肢著地爬行的，所以是四條腿走路；成年後就是兩條腿走路了；到老了的時候，年老力衰，需要倚靠枴杖，所以是三條腿走路。」

看著斯芬克斯意外的表情，俄狄浦斯知道自己答對了，「我猜對了，是不是？現在，我可以過去了吧？」斯芬克斯不能接受自己的謎語被人輕易猜出，於是她大叫一聲，轉身從懸崖上跳了下去，死了。

斯芬克斯的形象最早源於古埃及神話，是一種長著翅膀的雄性怪物。當時傳說有三種斯芬克斯——人面獅身的 Androsphinx，羊頭獅身的 Criosphinx 和鷹頭獅身的 Hieracosphinx。後來，斯芬克斯的形象傳到了古希臘，漸漸演變成了一個雌性的邪惡之物，在希臘神話裡，代表著神的懲罰。

斯芬克斯之謎，在更深層次的表現為恐懼和誘惑，對斯芬克斯本人的恐懼，以及對猜錯謎語所遭受懲罰的恐懼，而誘惑，則是完成謎語之後所能獲得的獎勵的誘惑。而這種恐懼和誘惑，代表的正是現實生活，正如斯芬克斯之謎的謎底就是「人」一樣，它是與人類社會息息相關的，人正是一種在理性上保持警惕與恐懼，卻又在情感上很難拒絕誘惑的生物。

　　這，就是斯芬克斯之謎給我們的深層次啟示。

阿耳戈斯 (Argus)
警惕的衛士

特薩尼亞有一個山谷，四面的山都很陡峭，長滿了樹木。柏紐斯從山腳下流過，傾瀉成一片瀑布，這裡就是河神的家。

河神伊索普斯和祂的女兒伊琴娜就住在這裡。

一天，宙斯從天上往下看，看見了美麗的伊琴娜，便對伊琴娜說：「姑娘，妳配得上最美好的愛情，誰要做了妳的丈夫，可真幸福！」祂指著林蔭深處，「來吧！到樹林深處有陰涼的地方歇歇，不用怕會遇見野獸，有神保護妳，即使到了樹林深處也是安全的。我並非普通的神，我掌握著統治天堂的權力。」可是，伊琴娜並不想要成為宙斯的戀人，她向前飛奔，

▲ 宙斯變成一團雲霧從天而降，悄悄地擁抱伊琴娜。

想要逃離宙斯的掌控。

　　宙斯立刻布下了一大片厚厚的烏雲，遮住了整個大地，將逃走的伊琴娜捉住。就在這時，天后赫拉正好向下界張望，卻發現彤雲密布，白日都變成了黑夜，她知道是自己的丈夫又打起了誘騙少女的勾當。思及此，赫拉立刻下令烏雲都散開，來到大地上尋找自己的丈夫宙斯。

▲ 阿耳戈斯死後，天后赫拉將祂的眼睛取下來，安在了孔雀的尾巴上。

此時，宙斯已經知道了赫拉的到來，祂將伊琴娜變成了一頭白色母牛。到來的赫拉看到這頭白牛，知道是宙斯新看上的少女，卻故意裝作不知，讚美這牛的美麗，要求宙斯將牛送給她。

宙斯萬分不甘，但心知如果不答應赫拉的要求，赫拉立刻會知道這並不僅僅是一頭母牛，只得將牛交給了赫拉。得到牛的赫拉還不放心，將牛交給了阿瑞斯托的兒子阿耳戈斯去看守。

阿耳戈斯是個長著一百隻眼睛的巨人，就算睡覺的時候，祂的眼睛也不會全部閉上，總有眼睛是睜開的，看守著伊琴娜。阿耳戈斯如此地警惕，伊琴娜找不到任何機會逃走，只能一直以牛的面貌，被阿耳戈斯關在山洞裡。

宙斯心中愧疚，不忍再讓伊琴娜受苦，祂找來赫爾墨斯，命令祂想辦法殺死阿耳戈斯，救出伊琴娜。

赫爾墨斯打扮成一個牧人，一邊走一邊吹著蘆笙，來到了阿耳戈斯的面前。阿耳戈斯從來沒見過可以吹出音樂的蘆笙，完全被吸引過去了。動聽的音樂讓阿耳戈斯越來越放鬆，漸漸陷入了沉睡，

祂的眼睛也一隻一隻地閉了起來。等祂完全睡著了以後，赫爾墨斯用彎刀砍下了祂的頭顱，那一百隻眼睛都浸沒在了同一的黑暗之中，眼睛裡的光芒都消失了。

就這樣，伊琴娜又變回了少女的模樣。

阿耳戈斯（Argus），神話中的百眼巨人，Argus 的意思就是明亮的，而因為永不閉上的眼睛，所以也被稱為「潘諾普忒斯」（總在看著的）。阿耳戈斯總是張著祂的一百隻眼睛，隨時隨地的觀察著周圍的動靜，忠實地守衛著，所以祂也就成了「警惕的衛士」的代名詞。

1916 年，英國設計製作出了第一艘航母，就為它取名叫做「百眼巨人」號；後來，美國國防部研製成功的無人機，叫做「百眼巨人 1 號」（Argus One）。之所以都用了阿耳戈斯的名字，借用的，自然就是阿耳戈斯背後的典故——警惕的衛士的含意。

西西弗斯 (Sisyphus)
永無止境

在希臘神話中，西西弗斯是人間足智多謀的人，他是風華之王艾奧羅斯的兒子，也是科林斯城的建造者和國王。

一天，宙斯看中了河神伊索普斯的女兒伊琴娜，將她擄走，並偷偷藏了起來。河神到處尋找祂的女兒，一直到找到了科林斯。西西弗斯知道是宙斯搶走了河神的女兒，但他不願意受到天神的懲罰，不敢向河神透露消息。河神伊索普斯責怪西西弗斯不告訴自己真相，大發雷霆，於是，西西弗斯向祂要求，如果祂能賜給科林斯城一條永不斷流的河流，自己就告訴祂伊琴娜的下落。河神答應了西西弗斯的要求，也從西西弗斯那裡知道了女兒的下落。

宙斯知道是西西弗斯透露了伊琴娜的下落，破壞了自己的好事，非常生氣，命令死神去將西西弗斯帶往地獄。西西弗斯預感到了死神的來臨，就設計讓死神戴上手銬，再也不能帶著他回到冥界。死神被綁架，人間長久都沒有人死去，這令宙斯大為震怒，祂派人解救了死神，並命令死神再次將西西弗斯帶到冥界。

在去冥界之前，西西弗斯囑咐自己的妻子墨洛珀，讓她在自己死後不要埋葬自己，而且還要把自己的屍體扔在廣場的中央。到了

冥界，西西弗斯對冥后帕爾塞福涅說，自己的屍體始終沒有被埋葬，沒有被埋葬的人是沒有資格待在冥界的，他請求冥后給自己三天時間，讓自己回到世間懲罰自己的妻子，處理自己的後事。

冥后答應了西西弗斯的請求。

回到人世間的西西弗斯看到那美麗的大地，感受到水和陽光的撫觸，再也不願意回到黑暗冷清的地獄，就在人世間逗留了下來。他的背信讓冥王非常生氣，但死神無法再次帶走一個已經死去的人。宙斯得知西西弗斯再次逃脫了自己的懲罰，派赫爾墨斯將西西弗斯重新帶回地獄，並命令冥王給他殘酷的懲罰。

◀ 在西方語境中，形容詞「西西弗斯式的」（sisyphean）代表「永無盡頭而又徒勞無功的任務」。）

西西弗斯獲得的懲罰是：將一塊沉重的大石頭推到陡峭的山頂上。但是，每當他彎著腰，用盡全力推動這塊大圓石向上滾動，快要到山頂的時候，巨石總會滾落下來，又停在山腳。可憐的西西弗斯只能又從山頂上下來，重新用力推起巨大的石頭，重複這單調乏味的勞動。

西西弗斯累得氣喘吁吁，淚如雨下，滿頭滿臉泥汙，他的日子就在這一日復一日的單調勞作中慢慢耗盡。

這永無止境的、不斷循環的工作，就是宙斯給他最大的懲罰。

但丁在地獄的第四層裡見到了無數貪婪的教皇、主教和教士，貪婪者和吝嗇者們推著巨大的石頭前進，當他們相遇，便會互相辱罵，然後重新推著石頭原路返回，不斷重複著這樣的日子。而同時，但丁也遇見了一個本不應該在這裡的人——被宙斯懲罰的西西弗斯。

西西弗斯所得到的懲罰就是這單調重複的工作，不斷地推動石頭，但每次剛剛接近成功，又註定失敗，一切都必須重新來過。這簡直就是一種孤獨而絕望的歷程，沒有終點，無法結束，甚至連絲毫的成就都沒有，一切都是無用功，對任何人來說，都是令人崩潰的考驗。

繆斯 (Muses)
藝術的代名詞

　　從前，珀拉城的王叫做珀洛斯，他和妻子歐伊珀有九個女兒。因為這九個女兒都是難產生下的，他們對其非常嬌寵，九姐妹又自以為九是個大數，因此變得驕傲起來。

　　九姐妹遊遍了海默尼亞和阿開亞的許多城市，最後來到了赫利孔山——九位文藝女神居住的地方。

　　九姐妹自不量力，要向九位文藝女神挑戰歌唱，她們說：「妳們不要再欺騙那些愚昧無知的人了，妳們哪裡會唱什麼歌呢？妳們這些忒斯庇埃的女神，敢來和我們比賽嗎？不論聲音或技術，我們都不會輸給妳們，我們的人數也和妳們相等。如果妳們輸了，就把墨杜薩的泉水和玻俄提亞的阿伽尼珀泉都讓出來給我們；我們若輸了，願把從厄瑪提亞一直到派俄尼亞雪山的一片平原讓給妳們。我們請女仙們來做裁判。」

　　文藝女神們不想任憑她們囂張，便答應了她們的要求。她們找來了女仙們做裁判，女仙們指著自己的溪流宣誓，在天然的石凳上坐定，等著她們開始比賽。

　　挑戰的人先開始，九姐妹之一唱的是天神和巨人之間的戰鬥。

但是，她給了巨人許多不應得的榮譽，而貶低了偉大天神們的事蹟，她說天神們被巨人堤福俄斯嚇得紛紛變了原形。宙斯把自己變成了領隊的雄綿羊，因此直到今天在利比亞祂的顯相還是雙角彎彎的綿羊；日神阿波羅嚇得變成了一隻烏鴉，酒神巴克科斯變成山羊，愛神維納斯變成了一條魚。她一邊用豎琴伴奏，一邊這樣唱著，向文藝女神們挑戰。

　　文藝女神們推選了卡利俄珀來唱，她用藤葉束住披散的頭髮，站起來，用手彈著琴弦，唱了一首給女神刻瑞斯的頌歌。愛神阿芙洛狄忒讓自己的兒子厄洛斯將宙斯和刻瑞斯之女普羅塞庇娜和她的

▲ 天神和巨人之戰，最終宙斯贏得了勝利。

叔叔、宙斯的弟弟、地府之神哈得斯，用愛情結合起來。哈得斯對普羅塞庇娜一見鍾情，將她強行帶回了地府。女神刻瑞斯走遍天涯海角，尋找自己的女兒，直到她來到了西西里的庫阿涅湖，在湖面上發現了普羅塞庇娜的腰帶，湖上的女仙阿瑞圖薩告訴她，普羅塞庇娜已經成為了地府的王后。刻瑞斯去請求宙斯救回自己的女兒，可宙斯告訴她，普羅塞庇娜如果要回到天上來，必須在地府中沒有嚐任何食物才行。可是，此時的普羅塞庇娜已經在地府中吃了七粒石榴籽，無法歸來。

為了安慰傷心的刻瑞斯，宙斯便將一年分為兩半，讓普羅塞庇娜半年和母親過，半年和丈夫在一起。刻瑞斯母女團圓，終於露出了笑容。

▲ 繆斯女神是歷代藝術家尤其是詩人所崇拜的偶像。法國畫家絮爾在這裡描繪的三位繆斯女神：一個拿書，指記憶；一個傾聽，指沉思；還有一個拉琴，指歌唱。

卡利俄珀的歌唱完，女仙們一致認為赫利孔山的文藝女神勝利了。輸了的九姐妹謾罵起來，文藝女神回答說：「妳們挑戰失敗，竟還要謾罵，我們的耐性也是有底限的，我們決定要懲罰妳們，來發洩憤恨！」那九姐妹還是嘲諷不斷，並且譏笑她們

▲ 阿波羅和繆斯女神們在一起。

的警告。可是，當她們要開口說話並且大聲傲慢地揮舞雙手的時候，只見她們的手指上長出了羽毛，臂上長出了翅膀，嘴漸漸變硬，變成了鳥嘴。

從此，樹林裡又多了一種新鳥──喜鵲。牠們唧唧呱呱，在樹林裡人人厭惡，儘管變了鳥形，她們當初愛說話的本領，那種嘶啞的聒噪，那種口若懸河的興致，依然未改。

九位文藝女神是宙斯和提坦的記憶女神謨涅摩敘涅所生育的九個的女兒，一般認為她們是卡利俄珀、克利俄、歐忒耳珀、忒耳西

科瑞、艾拉托、墨爾波墨涅、塔利亞、波呂許謨尼亞、烏剌尼亞這九位。九位女神分別掌管英雄史詩、歷史、抒情詩與音樂、合唱與舞蹈、愛情詩與獨唱、悲劇與哀劇、喜劇與牧歌、頌歌與修辭學幾何學、天文學與占星學這些藝術與科學的門類。

　　在希臘神話中，這九位文藝女神也被合稱為繆斯。人們相信，繆斯就代表著藝術家們的創作靈感，在某一段時間，繆斯還曾經被當作詩人的代名詞。因此，後人在提到進行藝術創作尋找靈感時，往往會用「繆斯女神的降臨」之類的形容。

普羅米修斯 (Prometheus)
解放與希望的象徵

2012 年，《異形》的前傳上映，故事講述了異形的來源，而人類在外星探索的過程中，發現地球上的人類其實是被帶來了異形的某種外星生物製造出來的生命體。可是這部講述異形起源的電影作品，卻選擇了一個和異形系列完全沒有關係的標題——《普羅米修斯》。之所以用了這個名字，因為普羅米修斯這位古希臘的神祇，正是神話傳說中人類的創造者、點亮人類生命之火的先知。

普羅米修斯是泰坦神的後代，祂的母親是所有神祇的母親——地母蓋亞，祂的父親是死亡之神伊阿佩托斯，祂是希臘神話中最具智慧的神祇之一，從出生就擁有了先知（普羅米修斯 Prometheus，意即先知）的名號。

在那個遠古的時代，神掌管的世界多彩多姿，各種動物愉快地生活在天地之間，卻沒有一個擁有靈魂的高級生物。

普羅米修斯覺得這個世界太過寂寞，就捧起能夠孕育生命的泥土，按照天神的模樣捏成人形，並將獅子的勇猛、狗的忠誠和聰明、馬的勤勞、鷹的遠見、熊的強壯、鴿子的溫順、狐狸的狡猾、兔子的膽怯和狼的貪婪，糅合在一起，放進了泥人的胸膛，給了這些泥

人一半的靈魂。智慧女神雅典娜驚歎於祂創造出的這些美妙的生物，就向泥人們吹了一口氣，賜予了泥人另一半的靈魂與智慧。自此，人類誕生於世，成為了大千世界一個全新的物種。

▲ 普羅米修斯用泥土造人。

普羅米修斯給予了人類最大的幫助。剛剛誕生的人類與動物毫無區別，他們雖有靈魂，卻不懂得如何利用身邊的一切。「他們先前視而不見，聽而不聞，好像夢中的形影，一生做事七顛八倒；不知道建築向陽的磚屋，不知道用木材蓋屋頂，而是像一群小螞蟻，住在地底下不見陽光的洞裡。他們不知道憑可靠的徵象來認識冬日、開花的春季和結果的夏天，做事全沒個準則。後來，我才教他們觀察那不易辨認的星象的升沉。我為他們發明了數學、科學，還創造了字母的組合來記載一切事情，那是工藝的主婦，文藝的母親。我

最先把野獸架在軛下，給牠們搭上護肩和駝鞍，使牠們替凡人擔任最粗重的勞動；我更把馬兒駕在車前，使牠們服從韁繩，成為富貴豪華的排場。那為水手們製造有麻布翅膀的車來航海的，也正是我，不是別的神。」普羅米修斯以祂最大的耐心，教會了人類種植、文字和計算，祂告訴人類如何治療疾病，如何觀察星象，如何使用工具。在這位先知的無私幫助下，人類迅速成長，並成為了萬物的主人。

人類的壯大引起了宙斯的注意，祂要求人類以自己為主宰，向天神獻祭。可是普羅米修斯並不願意自己的孩子辛苦獲得的收成將有大半奉獻給無所事事的天神，祂決意用自己的智慧來蒙蔽宙斯。普羅米修斯將獻祭的公牛分成兩堆，小的那堆放上肉、內臟和脂肪，大的那堆則是用牛皮遮蓋的牛骨頭，祂要求宙斯選擇自己喜歡的一堆，而那將成為人類今後獻祭的貢品。被矇騙的宙斯選擇了更大的一堆，卻發現那只是毫無用處的牛骨。

憤怒的宙斯決定報復普羅米修斯，祂拒絕向人類提供必需的一種東西：火。為了幫助人類，普羅米修斯找來了茴香稈，在太陽車燃燒的車輪中取得了火種，將它偷偷帶到了人間。人類很快將火種傳遍大地，等宙斯知道消息時，光明的火種已經遍布整個世界，祂已經無法將火種從人類手中奪走了。

無計可施的宙斯決意向普羅米修斯報復。祂命人將普羅米修斯綁在荒涼的高加索山的岩石上。寒風凜冽的峽谷邊上，人煙罕至，

普羅米修斯聽不見人聲也看不見人影，太陽的閃爍火焰炙烤著祂的皮膚，使祂的皮膚失去了顏色，直到滿天星斗遮住陽光的夜晚，或太陽出來化去晨霜的時候，祂才能得到一絲的喘息。而這眼前的痛苦將日夜持續。忍受著這非人的折磨，普羅米修斯卻從未屈服，祂向宙斯呼喊：「讓祂扔出燃燒的電火，讓祂用白羽似的雪片和地下響出的雷霆使宇宙紊亂吧！可是這一切都不能迫使我屈服。」無法令普羅米修斯臣服的宙斯招來了一隻惡鷹，命牠每日啄食普羅米修斯的肝臟，肝髒被吃掉後，很快又恢復原狀。這種痛苦的折磨將一直持續，直到將來有人自願為祂獻身為止。

◀ 普羅米修斯為了人類的幸福，時刻忍受著難以描述的痛苦和折磨。

日復一日的痛苦一直持續，直到有一天，希臘英雄赫拉克勒斯來到了高加索的山岩，他看到惡鷹正在啄食可憐的普羅米修斯的肝臟，便取出弓箭，把那隻殘忍的惡鷹射死，鬆開鎖鍊，解放了普羅米修斯。

普羅米修斯是人類社會解放與抗爭的象徵，祂不畏宙斯的強權，將天火盜給人類，就是犧牲了自己的自由和幸福，也從不後悔，祂是理性、智慧、聰明的象徵，反抗上位者的暴政，並不惜為之犧牲性命。

從雪萊《解放了的普羅米修斯》到歌德的詩歌《普羅米修斯》，普羅米修斯做為追求自由與解放的偉大抗爭者形象，永遠代表著堅強不屈的自由靈魂。

潘朵拉的盒子 (Pandora's Box)
絕望與希望並存的未知

在眾神的遠古時代，普羅米修斯因為覺得世界太過寂寞，便創造了人類，並教會了人類耕種、漁獵。當時的人類無憂無慮地生活在人間，沒有疾病、沒有戰爭、沒有恐懼也沒有痛苦，享受著大自然饋贈的一切。

然而，人類的自由與繁衍惹怒了天神宙斯，祂不願意讓反抗自己的普羅米修斯所創造的人類成為大地的主宰，於是祂決定向人類報復。宙斯讓火神赫菲斯托斯依照美麗女神的形象，用泥土捏出了一個女人，祂命令愛與美的美神阿芙洛狄忒賜予了這個女人令男人著迷的美貌和魅力，讓智慧女神雅典娜教她織出各色美麗的綢緞，將她打扮得鮮豔迷人。最後，祂又命令自己的兒子，欺騙之術的創造者、小偷的守護者赫爾墨斯，將狡詐、欺騙的個性，以及謊言的天賦，放入了這個女人的心中。只是，智慧女神雅典娜拒絕賜予這個女人智慧。當這個女人被塑造完成，宙斯賜給了她一個名字——潘朵拉（Pandora），在希臘語中，這是「擁有一切天賦」的意思，因為她具有眾神所賜給她的各種特徵。

接著，宙斯將潘朵拉送給了普羅米修斯的弟弟伊皮米修斯，伊皮米修斯很快被這個動人的女子迷住了，祂忘掉了哥哥告誡祂不能接受宙斯禮物的忠告，執意要和潘朵拉結為夫妻。

在婚禮上，宙斯特意送給了潘朵拉一個盒子，並告訴潘朵拉，絕對不能打開這個盒子。

宙斯的告誡反而令潘朵拉對這個盒子充滿了好奇。她看著這個看似普通的盒子，渴望知道盒子裡究竟藏著什麼樣的珍寶。

▲ 打開魔盒的潘朵拉。

她壓抑不住越來越旺盛的好奇心，那盒子彷彿在冥冥之中召喚著她，不斷地向她低語：打開我吧！打開我吧！

終於，潘朵拉再也忍受不了自己日漸滋生的好奇，她瞞著伊皮米修斯，偷偷打開了盒子。盒子打開的那一瞬間，一股濃烈的黑煙

瀰漫了出來，無數樣貌可憎的小蟲子飛了出來。潘朵拉趕緊關上盒子，並試圖將這些小蟲子捉回來，但她一碰到那些小蟲子，皮膚就會紅腫疼痛，令她不得不放開這些小蟲子。

小蟲子的數量太多了，牠們飛快地穿過窗戶，四散飛去，很快就消失了。

疼痛與害怕讓潘朵拉趴在桌子上哭泣起來，她知道，自己一定將非常可怕的東西放出去了。她還不知道的是，這些小蟲子正是貪婪、殺戮、恐懼、痛苦、疾病和慾望，它們原本都是人間所沒有的東西，但現在，它們將散播到人間的每一個地方，發動戰爭、引起瘟疫，將原本美好的人間變成罪惡的焦土。

就在這時，盒子裡響起了一個輕柔的聲音：「放我出來吧！」

「你是誰？」潘朵拉停止了哭泣，驚訝地問道。

「放我出來，我會救贖妳的罪過。」盒子裡的聲音回答她。

潘朵拉猶豫了一下，終於，她還是打開了盒子。

一個有著透明翅膀的小天使飛了出來，祂金色的頭髮像陽光一般燦爛，祂的微笑像蜜糖一樣甜。祂輕輕地碰了碰潘朵拉被小蟲子弄傷的地方，那些紅腫和疼痛立刻就消失了。

「我叫做希望。」小天使告訴潘朵拉，「智慧女神雅典娜把我藏在盒子裡。

「之前妳放出去的小蟲子，是貪婪、殺戮、恐懼、痛苦、疾病和慾望，它們將給人類帶來各種災難，但不必害怕，還有我在，只

要有恐懼痛苦的地方，就會有希望出現。」說完，小天使也消失了，祂飛向了大地，給整個大地上不幸的人們帶去希望。

潘朵拉的盒子裡放出了災難和疾病，於是，人們就以「潘朵拉魔盒」來比喻會帶來不幸的禮物。列斯科夫在他的《歡笑和悲傷》中就曾這樣寫道：「要是整營整營、整團整團的隊伍按照包圍的一切規則一下子向你們撲來，裝著各種災難的潘朵拉的匣子向你們打開，這樣你想罵走一切，已經辦不到了。」

但有一點別忘記，那就是神還在盒子的最深處放了一樣東西——希望。所以，人類就算會遭逢不幸，在挫折面前頹喪，在不幸面前低頭，卻總有勇敢的人能夠重新站起來，懷抱著希望上路，去尋找屬於自己的新的明天。

整個人類社會，能夠繁衍生息，能夠發展壯大，所依靠的都是這兩個字——希望。就算絕望在左，但總有希望在右，陪伴著我們前行。

豐饒之角 (Horn of plenty)
富裕豐饒的象徵

▲ 克洛諾斯食子。

眾神之王宙斯是提坦巨人、第二代神王克洛諾斯和眾神之母瑞亞的孩子。祂的父親克洛諾斯是時空的創造與破壞之王，吞噬一切的時間。

克洛諾斯登上「眾神之王」的寶座後，把提坦神們囚禁在地下最黑暗的洞穴——塔耳塔洛斯地獄，只把時光女神瑞亞留在了身邊，並娶她為妻。

起初，夫妻二人生活得非常幸福，但在瑞亞生了孩子之後，這一切都改變了。原來，在克洛諾斯殺死父親烏拉諾斯的那一刻，曾經受到了父親惡毒的詛咒，預言祂將來也會死在自己兒子的手中。

父親臨死前的詛咒始終在克洛諾斯耳邊迴響，讓他日夜不寧。克洛諾斯害怕這個預言會變成現實，不得不做出了一個殘忍的決定：

把生下來的孩子全部吃掉！

　　就這樣，瑞亞生下的很多子女，但一出生就被克洛諾斯吃掉了。

　　當瑞亞生下宙斯之後，她決心保護自己的這個孩子，她用布裹著一塊石頭，代替了宙斯。然後她將石頭拿到克洛諾斯之前，謊稱這是剛生下的宙斯，讓克洛諾斯吞下。隨後，瑞亞將宙斯送到了克里特島的一個洞穴裡，託付仙女阿瑪爾忒亞照顧祂。

　　善良的阿瑪爾忒亞為了照顧宙斯，便養了一隻母山羊，用母山羊的乳汁餵養年幼的宙斯。在她的精心照料下，宙斯健康地長大了。一天，宙斯在和母山羊玩耍的時候，不小心推倒了母山羊，母山羊在地上摔斷了一隻美麗的羊角。阿瑪爾忒亞趕緊過來為山羊治傷，然後撿起了那隻山羊角，在羊角中裝滿了鮮花和水果，送給了宙斯。

▲ 喝羊奶長大的宙斯。

宙斯長大成人後，在母親瑞亞的口中瞭解了自己的身世，決心推翻父親克洛諾斯的殘暴統治。不久，宙斯娶了智慧女神墨提斯。這位擁有無比智慧和預知能力的女提坦，為宙斯配製了一小瓶具有催眠和催吐作用的藥水，並教他擊敗克洛諾斯的計謀。

　　瑞亞原本就對丈夫克洛諾斯非常痛恨，聽說宙斯要復仇，便決定要全力支持兒子。

　　克洛諾斯嗜好飲酒，因此身邊有一個專為其倒酒的小僕人。瑞亞藉口這個小僕人笨手笨腳，建議克洛諾斯換一個，並將宙斯推薦給了他。宙斯長得英俊雄壯且聰明伶俐，很快博得克洛諾斯的歡心和信任。終於有一天，宙斯在父親酒醉的時候誘騙祂喝下了墨提斯配製的藥水。在藥力的作用下，克洛諾斯不停地嘔吐起來，以前被祂吞下的孩子都被吐了出來，首先是波塞冬，然後是哈得斯、赫拉、得墨特耳和赫斯提亞，宙斯終於和自己的兄弟姐妹團聚了。

　　兄弟姐妹們一出來，就和宙斯聯合起來反抗自己的父親，這是一場新神和老神之間的戰爭，雙方打鬥得天昏地暗，僵持了十年之久未分勝負。眾神把大海攪得波濤洶湧，使大地變得搖擺不定，讓天空響起一陣陣的哀鳴……這場可怕的戰爭差點毀滅了整個宇宙。

　　後來，宙斯聽從了堂叔普羅米修斯的建議，將被囚禁在地下的獨眼巨人和百手神族放了出來。為了答謝宙斯，獨眼巨人為新神們打造一批最鋒利的武器。宙斯得到了世間最可怕的武器——雷、閃電和霹靂；宙斯的哥哥波塞冬得到了一支三叉神戟，祂的另一個哥

哥哈得斯得到了一頂隱形頭盔⋯⋯而性情暴躁的百手巨人則直接加入了戰團，向自己的兄弟克洛諾斯復仇。

宙斯率領大軍，浩浩蕩蕩向奧林匹斯山開進。

雙方剛一交戰，克洛諾斯的軍隊就節節敗退。百手巨人拋出的巨石鋪天蓋地般砸來，宙斯也在空中投出閃電和巨雷。一時間地動山搖、電閃雷鳴，海水翻滾不息，森林也燃起了熊熊烈火，整個世界都為之顫抖。

最後，眾叛親離的克洛諾斯走投無路，只好束手就擒。宙斯以其人之道還治其人之身，將自己的父親克洛諾斯打入了塔耳塔洛斯地獄。

▲ 在魯本斯的名畫《密涅瓦捍衛和平》中，半人半羊的畜牧之神法翁手裡拿的就是能源源不斷生出食物的豐饒之角，寓意和平帶來的豐足。

戰勝之後，宙斯繼承了父親的王位，成為了眾神之王。祂將阿瑪爾忒亞和那隻羊角都帶到了天上，賜予了那羊角神奇的魔力，並將它賜給了阿瑪爾忒亞。擁有那羊角的人，想什麼羊角內就會出現什麼。

　　從此之後，那隻羊角就被稱為「豐饒之角」，因為它能產出各種美味的食物、無窮的財富。

　　那隻有魔力的羊角就被稱為「豐饒之角」，當豐饒之角被吹響，就會產出各種美味的食物和無窮的財富。擁有豐饒之角，就代表著擁有了取之不盡，用之不竭的財富，於是，它成為了富饒豐裕的象徵。

　　後來，豐饒之角出現在了很多的雕像與繪畫作品之中，比如賈姆巴蒂斯塔的一系列神話主題壁畫「海神向威尼斯獻禮」中，豐饒之角就是一個裝滿錢幣的羊角。

在玫瑰花底下 (under the rose)
祕密

維納斯是從大海的泡沫中出生的愛與美之女神，她擁有無與倫比的美貌，從奧林匹斯山上的眾神到大地上的凡人，無不為她傾倒。

▲ 《維納斯的誕生》，波提切利作。

在希臘神話中，她嫁給了工匠之神赫菲斯托斯，但是，她並非是貞潔的女神，而是與許多人有染。她曾與赫耳墨斯生子，與人類英雄安喀塞斯生下了埃涅阿斯，還與戰神阿瑞斯私通，前後總共生

下了五個子女。其中，她最疼愛的孩子——小愛神丘比特，就是與阿瑞斯私通後生下的孩子。

▲ 丘比特與維納斯。

小愛神丘比特是個背上長著雙翼的小男孩，祂攜帶著弓箭在天空中遨遊，對著地上的男女射出自己的金箭，中箭的人心中就會產生愛情。丘比特常常在人間流連，聽到了許多關於她母親維納斯的風流韻事，還發現許多藝術家，都以祂母親的愛情故事為題，創作了不少的文藝作品。為了維護母親的聲譽，丘比特便找到了沉默之神波克剌忒斯，送給了祂一束玫瑰花，希望祂發揮沉默的力量，讓維納斯的愛情故事不會再在人間傳播。

沉默之神波克剌忒斯這一形象來自於古埃及的兒童神荷魯斯。荷魯斯原本代表著新生的太陽，但祂同時也被描繪成一個將手指放在嘴唇上，不會說話的孩子。這原本是象形文字「兒童」的意思，卻被後來的希臘和羅馬詩人誤以為代表著「沉默」的含意，就將祂描繪成了「沉默之神」。

在傳說中，波克剌忒斯接受了丘比特的玫瑰花，答應了小愛神的請求，從此緘默不語，讓愛神維納斯的愛情故事，再也不會被傳揚於世。

而玫瑰花也就做為祕密的象徵，被古羅馬人做為風俗保留了下來。

　　因為這個故事，玫瑰成為了祕密的象徵。羅馬人去別人家裡做客，如果主人家的桌子上擺放著玫瑰，就表示這桌上所談論的一切都不應外傳。當時的會議桌上方，多半會懸置玫瑰或在桌上繪玫瑰圖案，表示此次對話為私下談話，不能公開。後來，隨著羅馬帝國的興盛，這個習俗隨之傳播到了歐洲各國，並成為了西方人約定俗成的風俗。在教堂的懺悔室中，都會刻上玫瑰，代表祕密。像神祕的共濟會，就是以玫瑰做為標誌，借用的也正是祕密的含意。而畫家達利有一幅著名的畫作，就叫《沉默的玫瑰》。

　　而玫瑰的這一特定含意，產生了 Sub rosa 這個拉丁成語，後來它漸漸演變成了英語 under the rose（在玫瑰花底下），這個詞因此成為了一個特定的短語，表示祕密的、私密的含意，西方有俗語如是說：「凡我們談情說愛，全都留在玫瑰花下。」

▲ 超現實主義名畫《沉默的玫瑰》。

翠鳥 (Alcyone)

幸福

　　大洋仙女普勒俄涅與大力神阿特拉斯相愛，生下了七個女兒，被稱為普勒阿得斯。這七位仙女分別為：瑪亞（母親）、厄勒克特拉（琥珀）、刻萊諾（昏暗）、阿爾庫俄涅（翠鳥）、斯忒洛珀（閃爍）、墨洛珀（側面）和泰革塔（昴宿）。

　　其中，阿爾庫俄涅嫁給了黎明女神的兒子刻宇克斯。這對夫妻非常地恩愛，感情極好，可是在幸福的婚姻中，祂們太過得意忘形，竟然將自己比作眾神之王宙斯和祂的妻子赫拉。心胸狹窄的宙斯早就嫉妒二人忠貞的感情，更不能忍受祂們拿自己做比較。於是，在某天刻宇克斯乘船出海的時候，宙斯施放法力吹起大風，掀起巨浪，將船打翻在了大海裡，刻宇克斯葬身海底。

　　得知丈夫溺水而亡的消息，阿爾庫俄涅悲痛欲絕，不肯獨活於世，毫不猶豫地跳崖自盡了。

　　眾神感念她對丈夫的癡情，便將這對夫妻變成了翠鳥，讓祂們從此永不分離。曾經追求過阿爾庫俄涅的海神波塞冬，因為感動於她的癡情，在每年的十二月分就會平息海浪，以便翠鳥在海上築巢，生育後代。

因為這個傳說，翠鳥被取名為 Alcyone。

在西方文化中，因為翠鳥重視家庭、會與自己的伴侶白頭到老，一生只有一個伴侶的特徵，讓古人為牠編寫出了阿爾庫俄涅與丈夫的深情故事，並將翠鳥視為了幸福的象徵。

而每年十二月中旬冬至前後的兩個星期，被稱為 halcyon days，因為這個時候海上風平浪靜，所以 halcyon days 也可以用來表示「風平浪靜的日子」。後來，halcyon 這個詞還產生了快樂的引申含意，而 halcyon days 也被用來形容為快樂、幸福的時光。

▲ 仙女阿爾庫俄涅。

蘋果之爭 (An Apple of Discord)
禍根

珀硫斯與海洋女神忒提絲在奧林匹斯山上舉行了婚禮，祂們邀請了所有的神祇前來參加婚禮，卻唯獨忘記了一個人——不和女神厄里斯。

被眾神遺忘的事實令厄里斯非常生氣，她決意報復。

在舉行婚禮的當天，她偷偷將一顆金蘋果丟到了宴會廳，蘋果上刻著「給最美麗的女神」的字樣。金蘋果的出現立刻吸引了眾多女神的注意，身為十二主神的天后赫拉、智慧女神雅典娜以及愛神阿芙洛狄忒，都認為自己才是奧林匹斯山上最美的女神，金蘋果應該屬於自己。

三位女神爭吵不休，互不相讓，誰也不願意將蘋果讓給他人。爭執不下的她們，決定讓主神宙斯來判定誰才是最美的女神。然而，老奸巨猾的宙斯並不願意得罪自己的妻子和兩個女兒當中的任何一位，沒有做出評判，只是告訴三位女神，人間最聰明的人是特洛伊的帕里斯王子，不妨請他來擔任裁判，選出女神中最美的那位。

於是三位女神與宙斯的信使赫爾墨斯，一起出現在了帕里斯王子的面前。

赫爾墨斯遞給他一顆金蘋果，並傳達了宙斯的旨意：「帕里斯，我相信你有著人世間最聰明智慧的頭腦、最冷靜的判斷力，現在，我命令你評判這三位女神哪位最美，並將金蘋果交給勝利者。」

　　看著面前三位同樣具有奪人心魄美貌的女神，帕里斯難以抉擇，何況他也知道，自己的決定將註定引發其他兩位女神的怒火。為了解決爭執，他向三位女神致意道：「尊敬的女神，妳們的容顏那麼完美無瑕，我的肉眼實在無法判斷出究竟誰更美一點。我可以將蘋果分成三份，這樣就不需要爭了。」

　　可是，三位驕傲的女神並不接受他的調解，她們要求他一定要選出當中最美的一個。三人再一次爭執起來，雅典娜指責阿芙洛狄忒佩戴著她那條神奇的腰帶——那會讓每個看到她的人都愛上她，

▲ 雅各‧喬登斯的畫作——《金蘋果事件》。畫中描述在神宴上未受邀請的象徵糾紛的女神厄里斯，一怒之下將一個刻有「給最美女神」字樣的金蘋果擺在宴席上，從而引起三女神之間的一場紛爭。

這是不公平的；阿芙洛狄忒則反擊說，雅典娜的戰盔也裝飾了她，會讓她顯得更加高貴獨特。看到她們兩人爭執不休，赫拉忽然對帕里斯說：「如果你把金蘋果送給我，我將賜予你無盡的財富，你將成為世界上最富有的國王。」

聽到她的話，雅典娜和阿芙洛狄忒立刻停止了爭執。雅典娜轉身對帕里斯說：「我可以賜予你最智慧的大腦，你將成為世界上最聰明、最有魅力的人，只要你將金蘋果給我。」 阿芙洛狄忒不甘示弱，立刻接著說：「你已經擁有了智慧的大腦和富有的王國，不需要她們的賜予了，但是我，我可以給你這個世界上最美麗的女人。只要你將金蘋果給我，你將娶到這個世界上最美麗的女人。」

阿芙洛狄忒的承諾讓年輕的帕里斯動心了，他思索了一下，走上前，將金蘋果放在了阿芙洛狄忒的手中。愛神發出勝利的笑聲，赫拉和雅典娜則憤怒地離去，並發誓要向帕里斯報復。

金蘋果之爭結束了，但人間的厄運卻降臨了。

阿芙洛狄忒履行諾言，以愛神的力量，讓帕里斯得到了世上最美的女人的愛情──斯巴達國王墨涅拉俄斯的妻子海倫和帕里斯一見鍾情，私奔而去。而赫拉和雅典娜藉此報復，她們支持希臘人組成了聯軍，圍困特洛伊城長達十年之久，使得人間變成了一片焦土，災禍不斷……

因為一顆金蘋果的爭執而最終導致了特洛伊戰爭，蘋果之爭（an

apple of discord）也就成為了災難、麻煩、爭端的代名詞。

西元 2 世紀，古羅馬歷史學家馬克·朱里·尤斯丁首先將這個詞做為了一個固定成語使用，此後，這個語詞開始廣泛流傳，成為了一個具有固定含意的典故。

史達林就曾經在《不要忘記東方》一文中，用過這個典故：「帝國主義者一向把東方看作自己幸福的基礎。東方各國的不可計量的自然富源（棉花、黃金、煤炭、礦石），難道不是世界各國帝國主義者的『糾紛的金蘋果』嗎？」可見這個典故使用之廣泛。

▲ 德國著名畫家彼得 · 保羅 · 魯本斯根據金蘋果的傳說創作了油畫《帕里斯的裁判》，並以自己的妻子海倫 · 富曼做為美神阿佛洛狄忒的模特兒。畫面中站在阿佛洛狄忒右邊的女神是天后赫拉，左邊的是雅典娜，復仇三女神之一則露面於天空。

阿喀琉斯之踵 (Achilles' Heel)
強者的隱憂

「歌唱吧！女神，歌唱帕琉斯之子阿喀琉斯的憤怒，這憤怒給阿開亞人帶來了無限的苦難。很多勇敢的靈魂就這樣被打入哈迪斯的冥土，許多英雄的屍骨淪為野狗和兀鷹之口。自從人中之王、阿特柔斯之子與偉大的阿喀琉斯自相爭鬥的那一日起，宙斯的意志開始得到貫徹。」

史詩《伊利亞特》的作者荷馬說，整個《伊利亞特》，「阿喀琉斯的憤怒是我的主題」，被荷馬花費大量筆墨描寫的這位阿喀琉斯，在著名的特洛伊戰爭中起到了舉足輕重作用，他有「宙斯鍾愛的壯勇」，號稱「希臘第一勇士」。

阿喀琉斯是海洋女神忒提斯（Thetis）和凡人英雄珀琉斯（Peleus）的孩子。據說，忒提斯曾經預言過，自己將生下一個比其父親更為強大的孩子。這個預言後來被眾神之王宙斯知道了，原本希望迎娶忒提斯的祂不願意有一個比自己更強大的神祇出現，便將忒提斯嫁給了一個凡人——珀琉斯。

神與人類血統的結合，使得宙斯不必再擔心有比祂更為強大的孩子出生，而對身為母親的忒提斯來說，半人半神的血統使得她的

孩子阿喀琉斯將來無法避免死亡的命運。

　　疼愛孩子的母親想要為孩子改變必死的命運，於是忒提斯提著剛剛出生的阿喀琉斯的腳踝，將他浸在冥河之水裡，使得阿喀琉斯獲得了刀槍不入的身體。

　　可是忒提斯和阿喀琉斯都不知道的是，阿喀琉斯的腳踝因為握在母親的手中，並未浸潤到冥河水，這也成為了他那刀槍不入的身體上唯一的弱點。

　　長大後的阿喀琉斯果然成為了一個比他父親珀琉斯更強大的勇士。他參加了阿伽門農的軍隊，幫助阿伽門農向特洛伊城進攻。然

▲ 阿喀琉斯與導師喀戎。

而，阿伽門農因為失去了自己的女奴，搶走了阿喀琉斯心愛的奴隸。阿喀琉斯一怒之下，離開了阿伽門農的軍隊。失去了阿喀琉斯的希臘軍隊開始節節敗退，為了幫助自己國家，阿喀琉斯的好友派特羅克洛斯穿上阿喀琉斯的盔甲，假扮成他的模樣出征，卻被特洛伊主將赫克托耳王子所殺。失去好友的阿喀琉斯發誓要為好友報仇，他重披戰袍，回到了阿伽門農的軍隊。

勇猛的阿喀琉斯所向披靡，很快就捉到了特洛伊主將赫克托耳王子，這個殺死他好友的凶手。赫克托耳王子的庇護者太陽神阿波羅，要求阿喀琉斯放過自己的臣屬，可是憤怒的阿喀琉斯並未聽從阿波羅的勸告，他殺死了赫克托耳王子，並將他的屍體在地上拖行了三十圈。

阿喀琉斯的行為激怒了阿波羅，這位瞭解阿喀琉斯弱點的神祇拿出自己的弓箭，向阿喀琉斯的腳踝射去。

英雄轟然倒地，驗證了他「或者默默無聞而長壽，或者在戰場上光榮的死亡」的命運。

希臘的第一勇士，卻因為腳踝小小的創傷而亡，原來，再強大的存在，都會有致命的死穴。

古希臘的神話締造者們，用阿喀琉斯的腳踝告誡我們：千里之堤潰於蟻穴，不要陶醉於自己的強大，也許看不見的細微裂痕，正在悄悄吞噬你膨脹的不可一世的驕傲。只有清醒認識自己的缺陷與

不完美，才能避免悲劇的發生。

　　從此之後，阿喀琉斯之踵（Achilles' Heel）成為了歐洲最著名的諺語之一，告誡著我們，永遠要警惕那些細微之處，防微杜漸。

▲ 戰場上的阿喀琉斯。

希臘人的禮物 (Greek gift)
包藏禍根的禮物

　　特洛伊的王子帕里斯被愛神阿芙洛狄忒給他世界上最美麗的女人的承諾打動，將唯一的金蘋果給了阿芙洛狄忒，得罪了天后赫拉和戰爭女神雅典娜。

　　阿芙洛狄忒遵守了她的承諾，帶著帕里斯來到了斯巴達，在宴會上，讓他見到了世界上最美的女人——斯巴達國王墨涅拉奧斯的妻子海倫。阿芙洛狄忒施展愛神的魔力，令海倫愛上了初見的帕里斯。

　　幾天之後，國王墨涅拉奧斯要去往克里特島，囑咐海倫好好招待遠來的王子。趁著丈夫離開的機會，帕里斯立刻唆使海倫與自己私奔。海倫拋下了丈夫和孩子，帶著斯巴達的珍寶，與帕里斯王子前往了特洛伊。

　　墨涅拉奧斯很快從神使那裡得知了妻子私奔的消息，他怒火中燒，找到自己的哥哥阿伽門農，希望他帶兵進攻特洛伊，為自己討回公道。

　　阿伽門農建議召集當年起誓的英雄一起進攻特洛伊，墨涅拉奧斯接受勸告，找到了皮洛斯的國王涅斯托爾和他的兒子、阿爾戈斯

國王、歐博亞國王的兒子帕拉墨得斯、克里特島國王等，組成了聯軍，向特洛伊進發。

英雄們聚集了十萬軍隊，一千一百八十六艘船隻，聚集在奧利斯港灣。出發前，英雄們在岸邊獻祭，忽然間祭壇下面爬出了一條血紅的怪蛇，牠彎曲成環狀爬上了樹最高處的一個鳥巢，吃了一隻雌鳥和八隻雛鳥，然後變成了一塊石頭。預言家卡爾卡斯解釋說，英雄

▲ 古希臘第一美女海倫與特洛伊王子帕里斯私奔。

們要圍城九年，只有在第十年才能攻下特洛伊。

開航不久，希臘人就在米西亞遭遇到了可怕的風暴，迷失了方向，只能回到奧尼斯，第一次行動宣告失敗。

後來，英雄們整理好行裝，再一次向特洛伊出發。到了特洛伊的海岸，希臘人在城外修建了防禦工事，並派人去特洛伊談判，要求他們交還海倫和海倫帶走的珍寶。

然而，帕里斯王子並不願意交出自己的愛人和到手的財富，而特洛伊的預言家赫勒諾斯也預言說，神會讓特洛伊獲得最後的勝利。於是，特洛伊人拒絕了和談的要求，戰爭正式開始。

特洛伊城非常堅固，希臘人想盡辦法也無法攻破，而特洛伊人

也不敢貿然出城，只在城中堅守。希臘人侵占了附近的許多城邦，卻沒辦法攻下特洛伊城。激烈的戰爭持續了九年之久，許多的英雄都在這場戰爭中戰死了，但兩邊仍然是勢均力敵，希臘人無法攻下特洛伊，特洛伊人也無法消滅希臘人。

終於到了圍城的第十年，這也是神諭他們能攻下特洛伊的時候。這一次，聰明的奧德修斯想到了一個主意。

一天，希臘聯軍的戰艦突然揚帆離開了，特洛伊人觀察了很久，發現希臘人果真撤軍了，才敢打開城門跑到城外，他們在海灘上，看到了希臘人留下了一隻巨大的木馬。

這隻木馬異常雄偉，雕刻精美，令特洛伊人非常喜愛。有人提議將它拉進城去，做為戰利品留下，但有人卻說，這是希臘人留下的陰謀，應該燒掉或推進海裡。

正在這時，士兵們捉住了一個希臘人，希臘人告訴特洛伊國王，這隻木馬是希臘人用來祭祀雅典娜女神的，他們故意把木馬留下來，就是希望特洛伊人毀了木馬，從而引起天神的憤怒。但如果特洛伊人把木馬拉進城裡，就會給特洛伊人帶來神的賜福，所以希臘人把木馬造得這樣巨大，使特洛伊人無法拉進城去。

特洛伊國王相信了這個希臘俘虜的話，決定把木馬拉進城去。但木馬實在太大了，從城門進不去，特洛伊人只好拆掉了一段城牆，才將木馬安置在了城中。當晚，特洛伊人舉行了盛大的慶典，慶祝他們終於贏得了勝利，人們喝光了城中的美酒，喝得酩酊大醉。

深夜，那巨大的木馬卻發出了奇怪的聲響，只見木馬的腹部打開了，一個個全副武裝的希臘戰士從裡面跳了出來。原來，這正是奧德修斯的計謀，讓希臘士兵躲藏在木馬的腹中，然後讓人冒充俘虜誘騙特洛伊人將木馬拉進城去，這樣，他們就能輕鬆地攻進城裡去了。

　　希臘士兵輕易殺死了睡夢中的特洛伊守軍，打開了城門，引入

▲ 木馬屠城記一直被現代科學人視為神話故事，直至十九世紀時，業餘考古學者海因里希・施利曼（Heinrich Schliemann）才證實特洛伊城的遺址。

了藏身附近的大批希臘軍隊。希臘人輕鬆地占領了特洛伊城，奪回了他們的珍寶，以及美麗的王妃海倫。

這場持續了十年的特洛伊戰爭，在木馬的幫助下，至此終於結束了。

希臘人的禮物害死了眾多的特洛伊士兵，也讓整個特洛伊城淪陷，這嚴重的後果讓後人提到希臘的禮物（Greek gift）就覺得包藏禍心，因此，西方人給 Greek gift 確定了一個意義：存心害人的禮物。

現在，Greek gift 已經成為了一個有固定意義的固定短語，類似於中國的黃鼠狼給雞拜年之類的說法。

伊塔刻島 (Itaca)

故鄉

「文藝女神啊！請為我講述那位足智多謀的英雄，在攻破了、歷吧！他到過許多民族建立的邦國，瞭解了他們的思想。為了保全自己和同伴的生命，得以重返家園，他在驚濤駭浪之中受盡了痛苦的磨難。但是儘管他盡了自己最大的努力，卻不能使同伴生還，因為他們狂妄地褻瀆天神，居然吞食了赫利奧斯的牛群，憤怒的天神懲罰他們，不讓他們回家。女神啊！至高無上的宙斯的女兒，請隨便從哪裡講起吧！當時，所有其他勇敢的將士，都躲

▲《喀爾刻把杯子遞給奧德修斯》，是約翰·威廉姆·沃特豪斯所繪的油畫。畫中描述喀爾刻正在把盛有能使人變成豬的魔酒的杯子遞給奧德修斯。

過了黑暗的死亡，離開戰場，穿越海洋、回到故鄉、唯有他一人，心念愛妻，行在歸程之上……」

當其他的英雄都回到故鄉，奧德修斯卻不得不在異鄉流浪。他獨自在海上漂泊了十年，獨目巨人吃掉了他的同伴，女巫喀爾刻把他的同伴用巫術變成豬，又要把他留在海島上；他來到環繞大地的瀛海邊緣，看到許多過去的鬼魂；他躲過了女妖塞壬的誘惑歌聲，也逃過怪物卡律布狄斯和斯庫拉，卻被愛慕他的女神卡呂普索留在自己的洞府中，一心要他做自己的丈夫。因為沒有海船，奧德修斯無法離開，只能在卡呂普索的海島上待了好幾年，但他無時無刻不掛念著遠方的故鄉——伊塔刻島，還有島上的妻子和兒子。

▲《荷馬史詩》的作者荷馬和他的嚮導。

終於，憐惜他的女神雅典娜獲得了宙斯的恩准，答應讓他返回故鄉伊塔刻。她派遣弒殺阿爾戈斯的嚮導神赫爾墨斯前往奧古吉埃海島，向女神卡呂普索通報奧林匹斯眾位天神的意見，要求她放了奧德修斯。卡呂普索儘管不情願，卻也不敢違背宙斯的旨意，她幫助奧德修斯造出了海船，並提供了足夠的食物和清水，吹起一股柔和清涼的海風，送奧德修斯離開。

儘管有天神的憐憫，但海神波塞冬卻對奧德修斯盛怒未熄，祂吹起狂風引起風暴，將奧德修斯的海船打翻，試圖吞沒他。幸好在雅典娜的眷顧下，奧德修斯拼命游到了菲埃克斯人的國土。他向國王阿爾基諾斯講述了過去九年間的海上歷險經歷，獲得了國王的同

情。阿爾基諾斯準備了巨大的海船，挑選了五十二名健壯的水手，將奧德修斯送回了他闊別已久的故鄉——伊塔刻島。

奧德修斯滿懷深情地說：「我的家鄉是陽光燦爛的伊塔刻島。有一座涅里同山，巍峨壯觀，長滿了參天大樹，在我們的周圍，還有星羅棋布的眾多海島。距離並不遠，有杜利基昂、薩墨和樹木茂盛的紮昆托斯，伊塔刻是眾多島嶼中位置最偏遠的一個，而其他海嶼則位於太陽升起的東方。伊塔刻島上雖然崎嶇不平，多山多石，卻適合人類生長。我認為，世上再也沒有比它更迷人的地方了。那位美髮的女神卡呂普索曾試圖留我在她的洞府，做她的丈夫，還有那位基爾克夫人也讓我與她成親，儘管她們風情萬種，溫柔地勸說，都不能說服我，斷了我歸家的念頭，所以，故鄉和雙親是一個人心目中最親近的。即便是那些遠離故鄉遠離父母，在異國他鄉生活也很富有的人，也是如此。」正是他對故鄉強烈的思念，讓他抵抗住了女神的誘惑，戰勝了無數的艱險，終於回到他思念的地方。

奧德修斯對故鄉堅持而強烈的情感，隨著《荷馬史詩》的風行而流傳，他所心心念念的伊塔刻島，也漸漸演變成了故鄉的代名詞。

如果西方人提到伊塔刻島，那他們說起的就不僅僅是一個地名，而是他們心中最親近的故鄉。

海妖之歌 (Sirens's song)
蠱惑人心的蜜語

　　女妖塞壬三姐妹是河神埃克羅厄斯的女兒，她們是從父親的血液中誕生的，有著美麗的面孔和鷹的羽翼。她們擁有動人的歌喉，那天籟般的嗓音可以和神使赫耳墨斯的牧笛相媲美。塞壬三姐妹因為與繆斯比賽音樂落敗而被拔去了雙翅，只好在海岸線附近遊弋，有時會變幻為美人魚，用婉轉的歌聲來引誘過往的水手，聽到歌聲的人往往會失魂落魄，最終落得個船毀人亡。

▲ 女妖塞壬在引誘落水者。

　　塞壬三姐妹居住的小島位於墨西拿海峽附近，並與海妖斯基拉和卡呂布狄斯為鄰。也正是如此，那一帶海域屍骨成堆，顯得陰森恐怖。

　　當奧德修斯還在艾尤島的時候，女巫喀耳刻就警告他說：「奧德修斯，當你經過塞壬居住的海島時，一定要告訴你所有的夥伴，用蠟將耳朵塞起來，千萬不能聽到她們的歌聲。如果你想聽

一聽塞壬的歌聲，就讓你的夥伴們先把你的手腳捆住，綁在桅杆上。你越是請求他們將你放下，他們就得把你捆得越緊。」

這天，在外流浪了十多年的奧德修斯，終於踏上了回家的旅途。他和同伴一起，乘船向他的故鄉——伊塔刻島進發。

在航行到第三天黃昏的時候，湛藍的海面上突然泛起了綠色的泡沫，片刻之間，海水變得陰森碧綠。船上的眾人感到非常驚恐，彷彿已經看到了那些受害者的靈魂伴隨著即將來臨的風暴在空中舞蹈，並訴說著無邊的苦海和美妙的歌聲。水手們都被這種恐怖的氣氛壓抑得全身戰慄，紛紛向奧德修斯求助說：「偉大的奧德修斯啊！請用你神一般智慧和無所不能的勇氣，帶領我們離開這片陰森恐怖的不歸之海吧！」

奧德修斯抬手眺望了一下遠處隱約可見的塞壬島，並用力握了一下拳頭，試圖驅除心頭那一閃而過的悸動。

「無論如何也要闖過這個可怕的魔鬼之島！」想到此，奧德修斯立刻命令舵手將船停住，並按照喀耳刻的囑咐，親手割下一塊蜜蠟，將它塞住了所有夥伴的耳朵。

輪到他自己的時候，他卻在心中不停地自問：「是塞住耳朵，避免誘惑，還是綁住自己，聆聽魔歌呢？」

這個像神一樣偉大的人略微遲疑了一下，最終還是決定聽一聽塞壬女妖的歌聲。

於是，他打了個手勢，讓手下的人用鐵索將自己綁在了航船中

間的桅杆上。

航船繼續前行，在到達塞壬島的時候，海面上突然飄來了悠揚的旋律。那歌聲穿透奧德修斯耳鼓直抵他的心靈，令他異常地陶醉和神往。塞壬三姐妹在唱著：

來呀，奧德修斯，榮耀的希臘人，

請停下來，傾聽我們的歌聲！

沒有一隻船能駛過美麗的塞壬島，

除非舵手傾聽我們美妙的歌聲。

優美的歌給你們快樂與智慧，

伴隨你們平安地航海前進。

塞壬女仙完全知道在特洛伊的原野，

神祇使雙方的英雄備嚐生活的艱辛。

我們的睿智如普照天下的日月，

深知人間發生的戰爭與愛情……

塞壬的歌聲就像惡魔般在奧德修斯的體內遊走纏綿，輕輕地觸動著他的神經。她們三姐妹看到船隻駛近了，立刻化身為美麗的女子來到了綠色的海岸上。姐妹們在眾人面前翩翩起舞，金色的光線揉進了每一根青絲，濃密的睫毛下那雙微垂的雙眼就像水晶一樣剔透，粉嫩的雙唇微微開啟，飄溢出攝人心魂的魔歌。

聽著聽著，奧德修斯感覺自己此刻置身於雲朵之上，並且看到了自己的故國家鄉。他美麗的妻子正在寢宮中撫摸著自己戰袍上的

▲ 奧德修斯聆聽塞壬的歌聲。

圖案，眼裡滿是思念的淚水。愛子站在身邊，大聲地喊著爸爸。他
正想上前擁抱自己的妻兒，卻發現自己竟被繩子綁住了。奧德修斯
向手下大聲叫喊，命令他們給自己鬆綁，可是這些人像聾子一樣，
只顧著拼命地搖櫓。這時，他看見自己的妻子遭到了強盜的凌辱，
兒子也被趕出了宮殿，流落街頭。見此情形，奧德修斯眼睛都紅了，
真想抽出寶劍，將那些作惡的人剁成肉泥。可是，他的身上綁著拇
指粗的繩子，根本無法動彈。他拼命地掙扎，並不停地做手勢，請
求將自己放下桅杆。沒想到，他的夥伴們不但不給他鬆綁，反而越
捆越緊，並且還再加了一道繩子。奧德修斯越發憤怒，他大罵手下
的人忘恩負義，罵著罵著便昏了過去。過了許久，他迷迷糊糊醒來，
突然產生了一股抑制不住的慾望，想奔到島上與美麗的塞壬在一起。
可是，無論他如何請求、咒罵、做手勢、掙扎，他的夥伴們都無動
於衷，仍然不顧一切奮力地搖槳前行。

船漸漸駛過了女妖們的領土，美妙的歌聲消失了，奧德修斯也彷彿從幻夢中甦醒了過來。他的同伴們取出了耳中的蜂蠟，又起身為他鬆綁，大家齊心協力，繼續向著家鄉的方向駛去。

在海上孤寂的旅行中，所見的是一望無際的茫茫大海，看不到起點，看不到終點，航海者內心充滿無法排解的孤獨。這時，有溫暖甜蜜的動人歌聲響起，總能喚起水手們內心深處對故鄉的留戀，對愛情的嚮往，對甜蜜生活的渴望，他們很容易被蠱惑，陷入那海妖歌聲織就的幻夢裡，迷失了自己的旅途，也喪失了寶貴的生命。

對真正的航海者來說，忍受孤獨，抵抗住這魅惑的歌聲，是到達彼岸的必要修練。而對生命旅途中的所有人來說也都一樣，那些蠱惑人心的蜜語，或許都像海妖的歌聲一樣，會將你引入萬劫不復的深淵，能夠以堅強的信念抗拒那些誘惑，你就能如奧德修斯一樣，成為人生的英雄。

珀涅羅珀的織物 (Web of Penelope)
永遠做不完的工作

奧德修斯的計謀讓希臘人終於攻下了特洛伊城，搶回了美女海倫，但木馬帶來的殺戮也惹惱了天神們。天神轉動命運的輪盤，讓奧德修斯在外流浪，遲遲無法返回自己的家園。

▲ 珀涅羅珀以織布為名，拒絕了所有的求婚者。

就在奧德修斯想方設法要回到家園的時候，他的妻子和兒子也正在家裡焦急地期盼著他的消息。因為奧德修斯久久未歸，海外各島上來了許多勢力強大的王公貴族，他們都是來自杜利基昂、薩墨、林木茂盛的托昆托斯和山石陡峭的伊塔卡。這些人覬覦奧德修斯留下的財富，強行在奧德修斯的宮殿裡住下來，向奧德修斯的妻子珀涅羅珀求婚。

珀涅羅珀並不願意改嫁，一心等待著自己深愛的丈夫。但這些求婚者深怕自己離去之後被其他求婚者占了先機，全都不肯離開，住在奧德修斯家尋歡作樂。按照習俗，珀涅羅珀不能趕走這些遠道

而來的求婚者，只能好酒好肉地招待著他們。每天，女僕們為客人們獻上精緻的菜餚和麵包，金杯盛滿的美酒，而這些求婚者們，只需要在吃飽喝足之後，唱歌跳舞，盤算怎樣獲得更大的快樂。

求婚者們享受著奧德修斯家的財富，卻不忘逼迫珀涅羅珀改嫁自己。奧德修斯的遲遲未歸令珀涅羅珀壓力巨大，為了安撫求婚者們，她只好承諾說，等她織完了手頭上這塊布匹，她就會選擇一位求婚者改嫁。「這塊布是為老王拉埃爾特斯織的裹屍布，如果我沒能及時完成，當死神突然將他抓住的那一天，阿開奧斯婦女會指責我說，他生前那麼富有，死後連一塊裹屍布也沒有。」

這要求令求婚者無法拒絕，他們只得答應了珀涅羅珀的要求。從此，白日裡人們總是能看到珀涅羅珀在織布機上忙碌著。然而，每個人都能看到珀涅羅珀的辛勞，可是那塊布匹，卻始終沒能完工。

就這樣，三年的時間過去了，求婚者們依舊賴在奧德修斯家，無恥地享受著免費的招待。終於有一天，珀涅羅珀的兒子特勒馬科斯受不了了，他大聲對這群求婚者們宣布：「全都離開我的家，要嘛花自己的錢或者再到另一家去白吃白喝。如果你們賴著不走，願意死皮賴臉地來耗費我的財產，那麼我就會向天神們祈禱，讓祂們把厄運降臨到你們頭上，不能夠活著走出這座寬大的府第！」

聽到這番嚴厲的告誡，求婚者們面面相覷，這時，一個叫做安提諾奧斯的求婚者跳出來，說：「能言善辯、顛倒黑白的特勒馬科斯！你因何如此氣憤，讓我們背上黑鍋！阿開奧斯的求婚者並沒有

錯，錯在你的母親，那位善使心計的女人！現在已是第三年了，轉眼就要進入第四年，她一直在欺騙眾人，她對每個人都許下諾言，使每個人都抱著希望，但心中盤算的卻是另外一回事！她說當布匹織完就會選擇一個人改嫁，可是從那以後，她就白天在織機前忙碌，晚上卻點起火把，拆毀織布。如果不是一位知道真相的女僕告訴了我們這個陰險的騙局，我們至今還被蒙在鼓裡呢！今天，珀涅羅珀必須選擇一個阿開奧斯人並嫁給他，否則我們永遠不回家或去其他地方！」

正在這時，一個滿臉滄桑的乞丐走了進來，他正是漂泊數十年的奧德修斯，在雅典娜的守護下，終於找到了回家的路。

父親的歸來讓特勒馬科斯勇氣大盛，他和父親一起，殺死了那些蠻橫無理的貴族求婚者們，奪回了屬於自己的家。

忠誠的珀涅羅珀終於等到了自己的丈夫，她的布匹，也終於可以織完了。

因為珀涅羅珀的忠貞不二，英語中的珀涅羅珀（Penelope），現在也成為了貞婦的同義詞，還產生了 with a Penelope faith（堅貞不渝）這個短語。而珀涅羅珀的織物（Web of Penelope）也就用以表示永遠也做不完的意思了。

水仙花 (Narcissus)

自戀情結

▲ 美男子納西塞斯。

納西塞斯是河神和仙女結合生下的孩子，在祂出生之後，祂的母親得到神諭：這個新降生的孩子將會是天下第一美男子，但美好的容貌也將帶給祂災難，祂將會因為迷戀自己的容顏，落得悲慘的命運。為了讓孩子逃避神諭的應驗，納西塞斯的母親將祂放在了人跡罕至的山林中成長，不讓任何人看到祂，也不讓祂看到自己的容顏。

納西塞斯在山林裡自由自在地成長。儘管只有祂自己一個人，但山林裡的小動物愛戀著祂舉世無雙的容顏，紛紛圍繞在祂身邊，跟隨祂奔跑跳躍，也令祂並不孤單。

一天，山林女神厄科無意間來到了森林裡，在繁盛的樹蔭下、青翠的草地上，她看到了沉睡的納西塞斯。少年英俊的臉龐讓厄科一見鍾情，她久久凝視著這天神厚愛的睡顏，不忍離去。納西塞斯

從睡夢中醒來，看到了面前專情凝視自己的少女，祂從未見過這樣的生物，陌生而疑惑地問她：「妳是誰？」

山林女神厄科想要回答納西塞斯的問話，可惜，就如她的名字echo 回聲一樣，她只能重複別人的話語，卻無法發出自己的聲音，於是她只能回答：「妳是誰？」「妳是誰？」「妳是誰？」

不斷重複自己話語的少女令納西塞斯再也不耐煩和她溝通了，祂旁若無人地走開，在山林中繼續自己的生活。少女完全無法將自己的目光從納西塞斯身上移開，她癡癡地跟著納西塞斯，用久久地凝視表達著自己的深情。

終於，少女癡情的目光令納西塞斯對自己的容顏開始產生好奇，自己究竟是什麼樣的呢？為什麼她要一直盯著自己？納西塞斯決定去看看自己長什麼樣子。他開始走出山林，想要到林邊的池塘裡去照照自己的面容。

清澈的湖水裡，倒映著的是一張舉世無雙的面容：捲曲的頭髮迎著陽光，閃出耀眼的光芒，如天空般深邃的眼睛，高挺的鼻樑，玫瑰般鮮紅的嘴唇，組合成一張毫無瑕疵的臉。這完美無瑕的面孔讓納西塞斯不由得驚呆了，祂生平第一次感受到了愛神的魔力。

厄科女神長久守護著納西塞斯，等待著祂回應自己的愛情，但納西塞斯就像著了魔一樣，只顧欣賞自己俊美的倒影，再也沒有理她。傷心的少女一無所獲，她起身離開了納西塞斯，漫無目的地走進了森林，將自己藏在了山林中，再也沒有出現。從此以後，人們

漫步在寂靜的山林，當你發出聲音的時候，偶爾還能聽見山林女神的回應，這就是 Echo（回聲）給你的回答。

再說納西塞斯，祂沒日沒夜地用充滿愛慕的眼睛凝視著自己在水中的影像，並且不由自主地俯下身去想吻水中的美人，可是吻到的卻只是冰冷透亮的溪水。祂將雙手伸入水中，想擁抱這個絕世的佳人，可是水面卻泛起一片漣漪，影像不見了。納西塞斯傷心地哭了起來，祂乞求道：「別離開我，親愛的朋友！」過了一會兒，平靜的水面上又浮現出那張美麗的面孔。祂迫不及待地說：「留下來，我愛你！」納西塞斯又一次向水中的影像伸出手，就在祂碰觸到水面的一剎那，那張至愛的臉再次消失在波光中。納西塞斯以為自己已經永遠失去了他，便痛苦地撕扯著自己的頭髮。這時水面再次平靜下來，納西塞斯發現那個美人鬢髮蓬亂，面容蒼白，不禁被這幅景象刺痛了，而痛哭起來。

為了不失去湖中的美人，納西塞斯就日夜守護在湖邊，不寢不食、不眠不休地俯身看著水中的倒影。

後來，納西塞斯倒在岸邊的綠草地上，死亡的黑暗遮住了祂的雙眼。

當初，納西塞斯對厄科的冷淡讓報應女神娜米西斯非常不滿，決意教訓祂。但愛神憐惜納西塞斯，勸阻了報應女神。為了平息報應女神娜米西斯的怒火，她將死後的納西塞斯變成了一朵開放在池塘邊的白色花。這清幽脫俗而高傲孤清的花，每天都能垂著頭，對

著湖面欣賞自己美妙的倒影。而這種花，也被女神命名為 Narcissus，
也就是水仙花。

　　因為納西塞斯的傳說，水仙花從此也成為了自戀的代名詞，它
終日在湖邊垂首，只願欣賞自己的容顏。就算被變成了水仙花，也
不後悔，只因為在祂心目中，自己擁有舉世無雙的容貌。

　　後來，心理學家貝姆在他的心理學經典著作《人格理論》中，
把自戀這種心理情緒叫做「水仙花情結」（Narcissus Complex），後
來的人沿用了他的說法，從此這個詞就做為心理學術語而留存了下
來。

▲ 納西塞斯與仙女厄科。

金羊毛 (Golden Fleece)
理想與幸福的追求

玻俄提亞國王阿塔瑪斯娶了雲神涅斐勒為妻，生下了女兒赫勒和兒子佛里克索斯。但是，婚後的阿塔瑪斯愛上了一個叫做伊諾的女人，他拋棄了妻子，娶了伊諾為妻，涅斐勒一怒之下，留下年幼的兒女，回到了雲間生活。

涅斐勒走後，赫勒和佛里克索斯成為了伊諾的眼中釘，受盡了虐待。涅斐勒從雲上看到了孩子們的不幸遭遇，請求宙斯向這個國家降臨災禍，拯救自己的孩子。宙斯派自己的信使赫爾墨斯送給了赫勒和佛里克索斯一隻長著翅膀的、有金色羊毛的公羊。

◀ 拿著金羊毛的伊阿宋。

兩個孩子逃出了宮殿，騎著公羊飛過了陸地和海洋。在途中，姐姐赫勒因為頭暈，從羊背上掉下去，落在海裡淹死了，佛里克索斯則平安地到達黑海沿岸的科爾喀斯。國王埃厄忒斯接納了這個孩子，並把女兒許配與他。佛里克索斯為了感謝宙斯對他的庇佑，將金羊宰殺後獻祭給了宙斯，而金羊毛則送給了埃厄忒斯。

　　得到金羊毛的埃厄忒斯非常高興，將其獻給了戰神阿瑞斯。阿瑞斯告訴埃厄忒斯，他必須好好守護金羊毛，因為金羊毛已經和他的生命緊緊聯繫在一起，如果失去了金羊毛，他也會死去。於是，埃厄忒斯將金羊毛釘在了紀念阿瑞斯的聖林裡，並派了一條火龍把守。

　　金羊毛的故事成為了傳說，許多人都希望能得到這代表著財富和榮譽的寶物，無數的英雄為了得到它踏上了征程，但卻沒有一個人能成功地得到它。直到有一天，一個叫伊阿宋的年輕英雄來到了科爾喀斯。

　　伊阿宋原本是個王子，但父親埃宋在他年幼時就被弟弟珀利阿斯篡奪了王位，並將他們父子趕出了國境。父子四處流浪，尋找著復仇的機會，直到他們遇到了著名的教育家喀戎。喀戎非常欣賞堅毅果敢的伊阿宋，收他為學生，將自己的畢生所學都傳授給他。

　　在喀戎的教導下，伊阿宋成長為了一個英姿颯爽的年輕英雄，但這也引起了叔叔珀利阿斯的警惕。為了除掉這個可怕的敵人，珀利阿斯找到伊阿宋，對他說，如果他能夠取回傳說中的金羊毛，自

己心甘情願將王位拱手奉上。

伊阿宋接受了珀利阿斯的挑戰。他請來最優秀的船匠建造了一艘大船，又找來了自己師從喀戎時，身負絕技的同窗好友做伴，划起船槳，向科爾喀斯進發。

來到科爾喀斯的伊阿宋，首先拿著象徵和平的橄欖枝走進王宮，去覲見國王埃厄忒斯。伊阿宋並未隱瞞來意，直接向國王說明了自己的請求，希望國王將金羊毛賜給自己。聽了他的話，國王哈哈大笑：「金羊毛是我國的珍寶，怎麼可能輕易給你呢？不過，我很欣賞你的勇氣，如果你能做到兩件事情，那我可以將金羊毛給你。」

「您說吧！為了復仇，做什麼我都在所不辭！」伊阿宋果斷地說。

「我有兩頭神牛，牠們腳有銅蹄，鼻孔噴火，凶猛無比。黎明時，你要駕著牠們去耕種四畝貧瘠的土地。當土塊被犁起後，要撒下毒龍的牙齒，到了晚上，牙齒會長成凶惡的武士，你必須用劍把他們一一刺死。其次，在掛著金羊毛的樹林裡，有一條毒龍日夜守候著。你必須想辦法打敗牠，才能取得金羊毛。」

聽到這令人恐懼的任務，跟隨伊阿宋的人都驚呆了。伊阿宋也毫無把握，但事已至此，他只能硬著頭皮答應了。

回到住所，他思前想後，卻不知道如何完成自己的任務。就在這時，一個少女找到了伊阿宋，告訴他，她可以幫助伊阿宋完成任務。

原來，這少女正是國王的女兒美狄亞。她在宮殿裡看到了英俊的伊阿宋，對他一見鍾情，決定幫助伊阿宋拿到金羊毛。她給了伊阿宋一種藥膏，讓他塗滿全身，就可以獲得神奇的力量，打敗銅牛。

伊阿宋接受了美狄亞的藥膏和愛情。

第二天早上，他將藥膏塗滿了全身、劍和盾牌，來到山谷，準備迎接戰鬥的到來。山谷裡放著巨大的鐵鑄軛和犁，憑一個人的力量根本無法搬動。就在這時，神牛出現了，牠們鼻孔噴著烈焰，八條銅蹄踏在地上，每走一步，田野都隨之震動。

神牛看到了伊阿宋，低下頭向他衝來，想要用巨大的牛角頂翻他。伊阿宋輕輕鬆鬆地轉身躲過，並用雙手抓住神牛的牛角。藥膏的神力讓他變得力大無窮，神牛怎麼都無法掙

▲ 美狄亞幫助伊阿宋盜走了金羊毛。

脫，一下子就被拖到鐵犁旁邊。伊阿宋用力按下牛頭，逼著兩頭神牛不得不跪在地上，被裝上了鐵軛。

被打敗的神牛服輸了，牠們拉著犁，乖乖地向前走著，犁出了深深的壟溝。伊阿宋順利地播種下了毒龍的牙齒。很快，夕陽西下，播種好的田裡長出了身披鎧甲的武士，手裡的長槍閃耀著刺眼的光芒。他們執起長槍，向伊阿宋衝過來。

聰明的伊阿宋舉起一塊巨石扔了過去，隨後跪在地上，用盾牌遮住了自己。巨石揚起遮天的灰塵，令武士們看不清身邊的人，還以為敵人已經打過來了，他們怒吼著，向身邊的「敵人」進攻。等到這群愚蠢的武士內訌得差不多了，伊阿宋輕輕鬆鬆地解決了剩下的幾個筋疲力盡的武士。

埃厄忒斯非常驚訝，但眾人都目睹了這個事實，他也無法反悔，只能承認伊阿宋完成了第一個任務。

聽出埃厄忒斯語氣裡的不情願，伊阿宋生怕國王會臨時反悔，決定當天晚上就去盜取金羊毛。

伊阿宋讓其他的同伴都回到船上準備，自己帶著美狄亞和會彈七弦琴的俄耳甫斯出發了。在迷宮一樣的森林裡，他們找到了那棵釘著金羊毛的橡樹。閃閃發光的金羊毛下，躺著的是那條巨大的毒龍，那條巨大的毒龍睜大一雙永不閉合的眼睛，警惕地掃視著四周，稍有聲響，便張牙舞爪地撲過去。

「俄耳甫斯，快彈你的七弦琴！」美狄亞指揮著俄耳甫斯彈起七弦琴，婉轉的琴音飄盪在樹林間，令人漸漸心神安寧起來。凶猛的毒龍也低下了頭顱，慢慢進入了夢鄉。看到這時，伊阿宋飛快地

衝上前去，從樹上摘下了金羊毛，然後帶著美狄亞和俄耳甫斯，離開了森林，回到了船上，連夜返航了。

埃厄忒斯得知了自己女兒的背叛，派出士兵追趕伊阿宋一行，但為時晚矣，伊阿宋他們先行一步，已經趕回了希臘，成為了金羊毛新的主人。

在故事的開頭，金羊毛是財富和權力的象徵，它是宙斯的賞賜，代表著神的恩典，是國王擁有神的眷顧的標誌。隨著伊阿宋憑藉自己的聰明才智獲得了金羊毛，他拿回了原本屬於自己的王位，也獲得愛情，從此，金羊毛就成為了一切具有追求價值的事物的象徵。

英雄們透過冒險獲得認可，得到幸福，這個時候，金羊毛已經不僅僅是一件物品，給獲得者帶來勝利和榮耀，而是那些英雄們追求幸福和理想的指向。

阿里阿德涅的線 (Ariadne's thread)

解決問題的線索

▲ 米諾陶洛斯半身像，現藏雅典國家考古學博物館。

克里特島的國王米諾斯趕走了前任國王拉達曼迪斯，搶奪了他的王位，為了證明自己獲得王位是應當的，他便向海神波塞冬祈求，希望波塞冬庇佑自己。波塞冬回應了米諾斯的請求，賜給他一頭巨大的白色公牛，要求他將其獻祭給自己。

可是，這頭公牛實在太美麗了，米諾斯捨不得將之獻出去，就殺了另外一隻公牛獻祭給了波塞冬。波塞冬對米諾斯的食言非常憤怒，詛咒了米諾斯的妻子帕西菲，使其患上了嗜獸癖。

為了不讓其他人知道王后奇怪的嗜好，米諾斯請來著名的建築師、雕刻家代達羅斯，為帕西菲製造了一隻木製母牛，將她藏入其

中。可是，因為代達羅斯製作的雕像太過逼真，就像有靈魂一樣，吸引了白色公牛，白色公牛與之交配，使得帕西菲懷孕了，並生下了一隻牛頭人身的怪物——米諾陶洛斯。

米諾陶洛斯是個殘暴凶猛的怪物，牠有著牛一樣的力量，並且喜愛食用兒童的嫩肉。為了困住牠，米諾斯請代達羅斯建造了一個異常複雜的迷宮，將米諾陶洛斯放在了迷宮的最深處。這迷宮迂迴曲折，所有進去的人都會迷失方向，不由自主地走到岔道上，再也找不到來路，最後死在迷宮裡。

米諾斯進攻了希臘城邦，希臘人為了求和，答應每九年送來七對童男童女，做為獻給米諾陶洛斯的祭品。在獻祭了許多的童男童女之後，雅典人開始指責他們的國王，說他將臣民們的孩子送到克里特島任人屠殺，自己的孩子卻要繼承王位，享受榮華富貴。聽到子民們的指責，雅典王子忒修斯主動請纓，願意親自去餵牛頭怪。他向父親保證，說自己一定能制伏米諾陶洛斯，安全回來。國王答應了他的請求，將他送上了前往克里特島的海船。

忒修斯帶著其他的童男童女來到了克里特島。在米諾斯的宮殿裡，米諾斯國王的女兒阿里阿德涅見到了忒修斯，第一眼就被他的非凡氣度吸引，而愛上了他。得知忒修斯將要進入米諾陶洛斯的迷宮，阿里阿德涅偷偷塞給了他一個線團和一把有魔力的寶劍，並告訴了他使用的方法。

忒修斯帶著線團和寶劍，領著其他的童男童女走進了迷宮。剛一進迷宮，他們就聽見了米諾陶洛斯低沉的吼叫，其他的童男童女們害怕地四散逃了，可是，他們都沒能找到出去的路，在迷宮中迷失了方向。忒修斯最為鎮定，他取出線團，將一頭繫在了迷宮的入口處，然後放開線團，慢慢地往迷宮中走去。

走了很久很久，經過了無數的岔道，忒修斯終於來到了迷宮的最深處，找到了正在進食的米諾陶洛斯。

忒修斯偷偷走到米諾陶洛斯的背後，趁牠專心進食的時候，用寶劍刺向了米諾陶洛斯的心臟，殺死了牠。隨後，忒修斯在迷宮中找到了走散的其他人，帶領他們沿著自己先前留下的線，走出了迷宮。

阿里阿德涅線團引導著忒修斯王子走出了那個錯綜複雜的迷宮，所以，那些引導人們走出困境的關鍵，我們稱它為解救人們的阿里阿德涅線團。

在人生旅程，前進和探索之路總是如迷宮般迂迴曲折，險象環生，它是如此的神祕，激發勇敢的人們以最大的熱情踏上這條坎坷的路。每踏出一步，都如同在迷宮之中的探索，只要你堅持不放棄，就一定能找到屬於你的阿里阿德涅線團，順著它的指引，找到光明的前路。

▲ 忒修斯手裡拿著阿里阿德涅給他的線團，準備進入迷宮。

奧吉亞斯的牛圈 (the Augean stables)
最骯髒的地方

▲ 大力神赫拉克勒斯。

眾神之王宙斯與底比斯國王之女阿爾克墨涅生下了一個孩子，名字叫赫拉克勒斯。因為父親的身分特殊，阿爾克墨涅不敢留下這孩子，便將他放到了野外。正巧，天后赫拉和雅典娜從這片原野經過，看到這可愛的新生兒，心生愛意，在雅典娜的勸告下，赫拉便給這孩子餵起奶來。

誰知赫拉克勒斯吸食得太過用力，將赫拉咬痛了，赫拉生氣地丟下了孩子。雅典娜並不知道赫拉克勒斯就是阿爾克墨涅的孩子，又將他送到宮殿，託付阿爾克墨涅撫養。就這樣，赫拉克勒斯又回到了母親的身邊。

後來，赫拉才知道自己餵食的正是自己情敵的孩子，她派了兩條毒蛇去宮殿裡殺死襁褓中的孩子，但吸食了赫拉乳汁的赫拉克勒

斯繼承了她的神力，擁有了不死之身和無比的神力。他輕鬆扼死了兩條毒蛇，粉碎了赫拉的陰謀。

赫拉並不死心，一直想要加害赫拉克勒斯，但卻始終未能得逞。赫拉克勒斯漸漸長大，長成了一個英勇無比的大力士。赫拉便指示亞各斯的國王歐律斯透斯徵召赫拉克勒斯服役，赫拉克勒斯向神請示，赫拉又以神諭告知赫拉克勒斯，說他必須為歐律斯透斯完成十二件苦差事。而其中一件，便是要為奧吉亞斯清洗他的牛圈。

奧吉亞斯是古希臘西部厄利斯的國王，他非常富有，光牛就養了三千頭以上。其中有三百頭腿腳潔白如雪的公牛，兩百頭毛色鮮紅如火的公牛，另外還有十二頭獻給太陽神的潔白似天鵝的神牛，俊美非常。奧吉亞斯非常喜歡自己的牛，為了這些牛，他建造了一個巨大的牛圈，將所有的牛都圈養了起來。可是，奧吉亞斯從來不讓人打掃牛圈，這牛圈已經有三十年都沒有清掃過，裡面牛的糞便堆積如山，混雜著牛身上的臭味，骯髒不堪，十分難聞。

赫拉克勒斯向奧吉亞斯承諾，他可以用一天時間就清洗乾淨這巨大的牛圈，如果他能完成這個任務，那奧吉亞斯就得將這些牛的十分之一贈送給他。奧吉亞斯認為赫拉克勒斯根本無法完成這個任務，就答應了他。

赫拉克勒斯拆掉牛圈兩邊的圍牆，又在牛圈的一端挖了深溝，將附近阿爾裴斯河和珀涅俄斯河的河水引了過來，奔流的河水從牛圈流過，巨大的沖力將牛圈裡厚厚的牛糞全沖走了。一天之後，牛

圈變得乾乾淨淨，所有的汙物都沒有了。赫拉克勒斯修好圍欄，前去面見奧吉亞斯國王，要求他兌現自己的承諾。

可是，奧吉亞斯背信棄義，否認了自己的承諾，赫拉克勒斯只好離開了。

數年之後，他為歐律斯透斯效勞，率領大軍殺入了厄利斯王國，親手射死了奧吉亞斯。

赫拉克勒斯的這個「奧吉亞斯的牛圈（the Augean stable）」成為了西方的一個典故，用來形容非常骯髒的地方。後來，這個詞又得到了進一步引申，用來表示某些積弊、不良的制度和守舊的習俗等。

馬克思、恩格斯等人經常在自己的著作中用到這個片語，比如恩格斯就曾寫過：「路德不但掃清了教會這一奧吉亞斯的牛圈，而且也掃清了德國語言這個奧吉亞斯的牛圈，創造了現代德國散文，並且撰作了成為十六世紀《馬賽曲》的充滿勝利信心的讚美詩的詞和曲。」

槲寄生 (Viscum album)

幸福

特洛伊城被攻下之後，特洛伊王子赫克托耳的主將、安奇塞斯王子與愛神阿芙洛狄忒的兒子埃涅阿斯帶領剩下的族人乘船逃難，最後到達了義大利，建立了羅馬城。

▲ 埃涅阿斯背著瞎眼的父親逃出特洛伊城。

定居下來的埃涅阿斯想要讓死去的父親復活，就去懇求一位女先知西比爾，希望能幫助他去地府會見亡父。

　　女先知告訴他，黝黑的冥界大門是晝夜敞開的，前往冥界很容易，但回來則只有少數天神的後代才能辦到。一路上都是攔路的密林，還要兩次渡過斯提克斯河，要想不在這幽暗的樹林裡迷路，埃涅阿斯必須找到一根黃金的樹枝。這根樹枝是冥后帕爾塞福涅的聖物，它藏在一棵枝葉茂密的樹裡，葉子和枝丫都是黃金的，只有被命運允許摘下它的人，才能在繁茂的樹冠中找到這黃金的樹枝，否則的話，就算用鋼刀也無法砍下它來。

　　女先知的話讓埃涅阿斯非常煩惱，不知如何才能找到這黃金的樹枝。這時，兩隻鴿子飛到了他面前，埃涅阿斯認出這是他母親愛神阿芙洛狄忒的鳥，便立刻向鴿子禱告說：「請你們做我的嚮導，把我引到林中那根遮蓋這沃土的吉祥金枝吧！還有你，我的母親、愛神，在這前途未卜的時刻，不要把我拋棄！」說完，那兩隻鴿子立刻向前飛去，但始終保持著能讓埃涅阿斯看到的高度。牠們帶著埃涅阿斯來到了惡臭難聞的阿維爾努斯的入口，找到了一棵雙體樹，在繁茂的枝葉中，埃涅阿斯看到了一根金色的樹枝，黃金的樹葉閃著光，杏黃色的小漿果藏在金色的樹葉下。它正是埃涅阿斯所要尋找的金枝——槲寄生。

　　埃涅阿斯帶著槲寄生找到了女先知，在女先知的陪伴下，進入了冥府。

起初，他們遭到了冥河渡河者卡隆的阻攔，但女先知拿出了被司命之神祝福過的金枝，立刻讓卡隆心中的怒氣消失了。卡隆將他們帶上了渡船，安全地擺渡過了冥河。在槲寄生的幫助下，埃涅阿斯終於見到了自己的父親。

　　而在北歐神話中，也有槲寄生的故事——

　　光明之神巴德爾夢見自己不久將死於非命，為了保住兒子的性命，巴德爾的母親愛神弗麗嘉便造訪了世界上所有的元素，包括風、火、水、土，及所有的動植物，要它們立誓，不得傷害巴德爾的性命。可是，當她看到寄生在樹上的槲寄生時，覺得這植物連根都沒有，太過柔弱，根本無法傷害巴德爾，並未要求它立誓。

　　弗麗嘉的行為讓巴德爾備受嘲笑，他的朋友用東西丟他，但他母親的力量和誓約起效了，砸向巴德爾的東西怎麼也無法傷到他。然而，邪惡之神羅奇發現了並未和弗麗嘉訂下契約的槲寄生，他用槲寄生做了一個有毒的箭頭，在巴德爾和他的盲人兄弟厚德比賽箭術時，用槲寄生的箭頭換下了厚德的箭。巴德爾被槲寄生做成的箭頭貫穿了胸膛，驗證了他將會死於非命的預言。

▲ 西元十八世紀，冰島手抄本中的巴德爾之死插畫。

弗麗嘉想盡一切辦法想要挽救兒子的生命，卻都失敗了。她傷心地哭泣，眼淚落在了巴德爾胸前的槲寄生上，槲寄生紅色的果實變白了，巴德爾也起死回生，回到了人間。

狂喜的弗麗嘉原諒了槲寄生，並承諾，無論是誰站在槲寄生下，她都會賜給那個人一個親吻，以分享她兒子死而復生的喜悅。

因為光明之神波爾德的起死回生，維京人相信，槲寄生能將人由死亡中帶回來。從此之後，西方人將槲寄生視為避邪的植物，象徵著愛、和平與寬恕。英國人相信它可以治療疾病，保護人們免於巫術的影響，奧地利人將槲寄生放在門檻上以防止做噩夢，瑞典人用槲寄生做為尋找黃金礦脈的探測棒，而奧地利和義大利的某些地區，則一直流傳著槲寄生能使人隱形的說法。

因槲寄生象徵著愛與幸福，它也就成為了西方人最重要的節日——耶誕節最重要的裝飾植物，每一棵聖誕樹上，都要掛上槲寄生。此外，因為傳說中弗麗嘉的承諾，當一個女子站在槲寄生下面時，任何人都可以親吻她，而她不能夠拒絕。

地獄之犬 (Cerberus)
冥府守門者

剛剛來到霍格華茲的哈利波特和他的小夥伴們無意間闖入了一個神祕的房間。驚訝地發現，他們正面對著一隻怪物般的大狗的眼睛，這隻狗大得填滿了從天花板到地板的所有空間。牠有三個腦袋，三雙滴溜溜轉動的凶惡的眼睛，三個鼻子——正朝他們的方向抽搐、顫抖，還有三個流著口水的嘴巴，口水黏糊糊地從泛黃的狗牙上落下來。

這隻三頭巨犬看守著的正是霍格華茲最重要的東西之一——魔法石。J.K. 羅琳選擇牠來守護魔法石，正是因為，在希臘神話中，牠是凶惡的冥府守門者——刻爾勃路斯。

在但丁的《神曲》中，三頭巨犬是地獄第三環的守衛者：「我來到了第三環，那詛咒的永恆的苦雨冷淒淒，不停地下，又下得那麼急，還有紛飛的雪花，在濃黑的空氣中傾盆潑下，潑在那大地上，惡臭到處散發。刻爾勃路斯，那凶殘而怪異的猛獸，牠有三個咽喉，朝著那些沉淪此地的人狂吼。牠有血紅的眼睛，油汙而黝黑的鬍鬚，肚皮很大，手上長著尖銳的指甲；牠猛抓住那些鬼魂，剝它們的皮，把它們撕碎。雨雪也使鬼魂們如狗一般嚎叫不止。這些悲慘的受苦

亡魂不斷地轉來轉去，用這邊的身軀遮蔽那邊的身軀。刻爾勃路斯這隻大蛆蟲，一見我們便大張三張血口，向我們齜出牠那滿嘴獠牙；牠那四肢無一能夠停下。我的老師伸出他的雙手，抓起泥土，攢成泥球，投入那些貪婪的大口。如同一隻餓狗狂吠不停，只是在咬住食物時才變得安靜，因為牠要使出力氣，把食物一口吞進，魔鬼刻爾勃路斯的三副醜惡嘴臉，此刻也是這樣平靜下來，但牠仍在朝著鬼魂們吼叫不止，鬧得鬼魂們真想變成聾子。」在這裡，三頭犬守護的，是地獄中貪食者接受懲罰的那一層。

　　而大力神赫拉克勒斯必須為歐律斯透斯完成的十二個任務中最

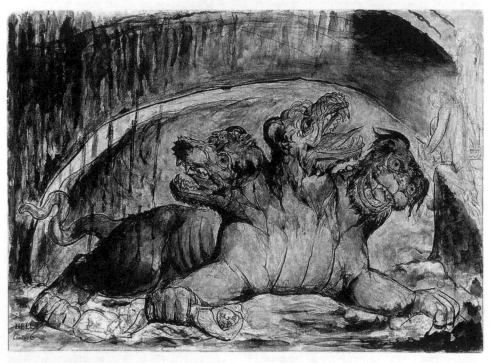

▲ 三頭巨犬刻爾勃路斯。

後的一個，就是把刻爾勃路斯從地獄帶到人間。

　　相傳，赫拉克勒斯首先前往厄琉西斯城去找精通陰陽世界祕密的祭司。找到祭司奧宇莫爾珀斯之後，照著祭司的建議先洗刷自己殺害肯陶洛斯人的罪孽，成了無罪之身後，祭司開始傳授給他祕道。赫拉克勒斯擁有了這種神力，就不再害怕地獄，來到了地獄入口忒那隆城。由神界與人界的信使赫耳墨斯帶領著，來到達了冥王哈得斯的管轄地。城門前有許多悲哀的陰魂在遊蕩，它們一見活人就嚇得四處逃竄，只有兩個靈魂在那巋然不動，它們是戈耳工怪物墨杜薩和墨勒阿革洛斯的靈魂。

　　赫拉克勒斯見它們不動，以為要和他搏鬥，立即揮劍要砍戈耳工，赫耳墨斯急忙阻攔他，告訴他說死人的靈魂都是空的，有血有肉的人是傷不到它們的。赫拉克勒斯收回劍，一轉身剛要走，恰好看見了他的兩個朋友忒修斯和庇里托俄斯，就和他們打了聲招呼。他們倆本來是這裡向冥后珀耳塞福涅求愛的，結果卻被冥王哈得斯發現，被鎖在了他們休息的石頭上。兩人一看是老朋友赫拉克勒斯和他們說話，趕緊伸出手向他求救。赫拉克勒斯力氣很大，他抓住忒修斯的手，用力一拉，就把他解救出來了。當他再去救庇里托俄斯時，腳下的大地開始猛烈震動，最終沒救出庇里托俄斯。

　　繼續向前走，赫拉克勒斯又看見了阿斯卡拉福斯，這個人曾經誣陷珀耳塞福涅偷吃了哈得斯的紅石榴，珀耳塞福涅的母親得墨忒耳因為女兒的名譽受損，就把他變成一隻貓頭鷹，並在他的身上壓

了一塊大石頭。赫拉克勒斯幫他把大石頭移開，殺了哈得斯的一頭牛給他解渴，這一舉動觸怒了牧牛人墨諾提俄斯。二人展開了搏鬥，赫拉克勒斯將他攔腰抱起，並用力捏折了他的肋骨，冥后為他求情，他才得以保全性命。

冥王哈得斯在冥府的門口擋住了赫拉克勒斯的路，赫拉克勒斯張開手中的箭，正擊中冥王的肩膀，痛得他大叫不止。當赫拉克勒斯提出要牽走惡狗刻爾勃路斯時，祂立即就答應了，不過提出一個條件，赫拉克勒斯牽狗時不允許使用武器。赫拉克勒斯也答應了。他披著他曾經捕殺的那頭巨獅的皮去捉刻爾勃路斯，那隻惡狗正昂著牠三個頭狂叫，聲音如雷聲一般。赫拉克勒斯快速上前用兩手緊緊夾住牠的三個頭，刻爾勃路斯的大尾巴使勁搖晃，企圖抽打赫拉克勒斯，但赫拉克勒斯雙手死死地卡住牠脖子不放，僵持了一會兒後，終於把牠制伏了。

赫拉克勒斯帶著刻爾勃路斯從另一個出口回到陽間，結果地獄惡狗非常害怕陽光，剛一出來就嚇得吐出了毒液，毒液滴到地上就長出了含有劇毒的烏頭草。

當赫拉克勒斯把刻爾勃路斯交給歐律斯透斯時，他嚇呆了，幾乎不敢相信自己的眼睛。直到此時，歐律斯透斯才不得不承認要想除掉宙斯這個兒子是不可能的了。無奈之下，他只得吩咐赫拉克勒斯將刻爾勃路斯送回冥府，還給了牠的主人。

▲ 赫拉克勒斯擒獲刻爾勃路斯。

　　刻爾勃路斯是厄喀德那和堤豐的後代，希臘神話中的地獄看門犬，據說原本牠有五十個頭，但後來因為雕刻的需要，被減少為三個。牠的形象非常可怕，有許多個頭，還長著蛇的尾巴，脖子上也纏繞著毒蛇，牠的嘴裡可以噴出毒液，落到地上還能變成有毒的烏頭植物。

　　在很多傳說中，刻爾勃路斯負責守衛冥界的大門，牠允許每一個死者的靈魂進入冥界，但不讓任何人出去，因為牠的凶惡，很少人能夠從冥界回來。古希臘人有在死者的棺材裡放一塊蜜餅的習俗，據說就是為了討好刻爾勃路斯。

安泰俄斯 (Antaeus)
力量自有其來源

　　安泰俄斯是大地女神蓋亞和海神波塞冬的兒子。他是個高大得像山一樣的巨人，長有一隻眼睛，生在前額中間，眼珠有車輪那麼大。他呼一口氣就像一陣風暴，會把成百座房子的屋頂掀翻，把成千上萬的人颳到空中轉。他的母親、大地女神蓋亞賜給了他無窮的力量，只要他站在大地之上，就能源源不斷地從大地母親那裡汲取到能量，沒有人能夠打敗他。

　　安泰俄斯居住在利比亞，他強迫所有經過自己土地的人都必須和他摔角，只有贏的人才能通過。但是，沒有人能像他一樣有著永遠也用不完的力量，所有經過的人都被他殺死了。安泰俄斯將這些人的頭骨收集起來，供奉在他父親波塞冬的神廟裡。

　　英雄赫拉克勒斯知道了安泰俄斯的暴行，決定為民除害。

　　他來到利比亞，向巨人安泰俄斯挑戰。因為有著無比的神力，第一次，赫拉克勒斯輕輕鬆鬆地將安泰俄斯打倒在地，可是，安泰俄斯很快便站了起來，並且增加了十倍的力量向赫拉克勒斯撲了過來。

　　經過一番搏鬥，赫拉克勒斯再次將安泰俄斯打倒了。可是，接

觸地面的安泰俄斯再次從大地母親那裡汲取了更多的力量，又一次站了起來，重新和赫拉克勒斯糾纏在了一起。經過一番艱苦的戰鬥，赫拉克勒斯第三次將安泰俄斯打敗了。

▲ 《赫拉克勒斯和安泰俄斯》（Hercules and Antaeus），青銅雕像，高 46 釐米（包括基座），安東尼奧・波拉約洛（Antonio del POLLAIUOLO, 1441 ～ 1496) 創作於西元 1475 年，現收藏於佛羅倫斯國立巴哲羅美術館。

安泰俄斯滿身是傷地趴在地上，動彈不得。可是，赫拉克勒斯很快發現，安泰俄斯身上的傷瞬間就奇蹟般地復原了，他很快便站了起來，再一次向赫拉克勒斯挑戰。赫拉克勒斯知道安泰俄斯的祕密了：他無窮的力量來自於大地的給予。

　　這一次，赫拉克勒斯再也沒有給他接觸大地的機會，他抓住了安泰俄斯，將他高高舉到了空中。失去了大地力量來源的安泰俄斯再也無法恢復力氣了，赫拉克勒斯輕易地扼死了他，為利比亞的人們除掉了這個禍害。

　　安泰俄斯（Antaeus）是希臘神話故事中著名的巨人，象徵著男性的力量。香奈兒還曾經出了一款叫做 Antaeus 的香水，借用的正是男性力量的含意。安泰俄斯的形象在後來的文學作品中經常被引用，但丁在他的《神曲》中，將安泰俄斯說成了守衛地獄第九層的衛兵。

　　安泰俄斯的故事則告訴我們：力量自有其來源，一旦脫離了你的基礎，你將失去最重要的力量。後來，它也常常被用來比喻精神力量不能脫離物質基礎，或一個人不能脫離他的祖國和人民。海涅在他的《論浪漫派》中，就曾用安泰俄斯的例子來舉例：「巨人安泰俄斯只有在腳踏著母親大地時，才堅強無比，不可征服，一旦被赫拉克勒斯舉到空中，便失去力量，同樣，詩人也只有在不離開客觀現實的土壤時，才堅強有力，一旦昏昏沉沉地在藍色太空中東飄西盪時，便變得軟弱無比。」

赫爾墨斯 (Hermes)
欺騙

泰坦神阿特拉斯有七個女兒，祂們住在阿耳卡狄亞地區的庫勒涅山，都是山林女神。其中，年齡最大、長得最美的叫做邁亞。因為長相美麗，她被天神之王宙斯看上了。宙斯在庫勒涅山的山洞裡誘姦了邁亞，不久，她便生下了一個叫做赫爾墨斯的男孩。

赫爾墨斯才出生不久，就趁母親不在的時候，從搖籃中跑了出來。在洞口，祂看到了一隻巨大的烏龜，便殺死了烏龜，用烏龜的殼、三根樹枝和幾根弦做成了世界上第一把七弦琴。後來，祂又跑到皮埃里亞山谷，從祂哥哥阿波羅的牛棚裡偷走了五十頭牛。為了不讓阿波羅順著牛的足跡找到牛，赫

▲ 赫爾墨斯與智慧女神雅典娜。

爾墨斯還在牛腳上綁上樹枝和葦草，這樣，當牛走路的時候，身後的葦草就會抹掉牛腳印。祂為了不讓人發現自己的腳印，還故意穿了一雙大草鞋，好讓別人認為是大人的足跡。

在路上，赫爾墨斯遇到了一位老人，就送給老人一頭牛，囑咐老人不要透露自己的行蹤。隨後，赫爾墨斯將牛趕到了遠處的一個牛棚裡，殺了兩頭牛，將牠們獻祭給了神，隨後又將牛肉吃了，然後回到了祂和母親所住的山洞裡，呼呼大睡起來。

阿波羅發現自己的牛少了五十頭，怒氣沖沖地到處尋找。祂遇到了赫爾墨斯曾經遇過那位老人，老人並沒有替赫爾墨斯隱瞞，告訴了阿波羅祂曾經帶牛經過的事實。阿波羅立刻找到了赫爾墨斯居住的山洞，向赫爾墨斯的母親邁亞討取自己的牛。

聽到阿波羅的質問，邁亞非常驚訝，她指著赫爾墨斯睡著的搖籃說：「怎麼可能呢？這剛剛出生的孩子，怎麼能夠偷走祢的牛呢？不相信的話，

▲ 太陽神阿波羅。

110

祢可以自己找找，看能不能找到祢的牛。」阿波羅立刻在山洞裡搜索起來，但怎麼也找不到自己的牛。

「祢這狡猾的小偷，再不肯老實承認，我就把祢從山谷的裂口，丟到地獄去！」阿波羅對著赫爾墨斯大叫起來，「祢別想騙我。」可是，赫爾墨斯始終都不承認是自己偷了牛，阿波羅又沒找到證據，於是祂將赫爾墨斯帶到了宙斯的面前，請宙斯來判斷是非。

阿波羅對宙斯說：「父親，這個嬰兒，別看祂還小，祂的頭腦卻連大人也不及呢！祂把我的五十頭牛不知藏到哪裡去了。如果不是一個老人告訴了我，老實說，我還不知道這群牛到底是誰偷的。求求父親，讓祂把牛還給我。」

宙斯看著這襁褓裡的小小嬰兒，問：「祢是在什麼地方撿到這個孩子的？為什麼我也未曾看過祂。」聽到祂的話，赫爾墨斯立刻回答說：「父親，還有在座的眾神們，請聽我講句話，我叫赫爾墨斯，我的母親是山林女神邁亞，請祢們承認我。眾神之父，像我這樣小的孩子，難道有本領趕走五十頭牛？我還摸不到牛鼻子呢！」

「好了，」宙斯什麼都明白了，祂笑著說，「這種小孩子吵架，用不著我來判定，祢們還是自己解決吧！赫爾墨斯，祢幫著祢哥哥去找他的牛。」

阿波羅只好帶著赫爾墨斯離開了宙斯的神殿。

赫爾墨斯知道，總有一天阿波羅會找到這些牛的，而宙斯也不肯庇護祂，於是，祂向阿波羅承認了自己偷了牛的事實。在阿波羅

大發雷霆之前，祂又拿出了那用龜殼做成的七弦琴，將它送給了阿波羅，希望能求得祂的原諒。阿波羅見那豎琴音色優美，非常喜歡，很高興地收下了，也原諒了赫爾墨斯的行為。

　　赫爾墨斯是希臘神話中的商業之神、畜牧之神、行路者的保護神、魔法的庇護者，祂聰明狡詐，也被視為欺騙之術的創造者。據說，祂曾經偷走過宙斯的權杖、波塞冬的三股叉、阿波羅的金箭、阿爾忒彌斯的銀弓與阿瑞斯的寶劍。

　　因為被視為欺騙的代名詞，赫爾墨斯在伊索寓言中還曾經被嘲笑：赫爾墨斯想知道祂在人間受到多大的尊重，就化作凡人，來到一個雕像者的店裡。祂看見宙斯的雕像，問道：「這個值多少錢？」雕像者說：「一個銀元。」赫爾墨斯又笑著問道：「赫拉的雕像值多少錢？」雕像者說：「這個比較貴一點。」赫爾墨斯又指著自己的雕像問道：「這個多少錢？」雕像者說：「如果你買了那兩個，這個就送你！」

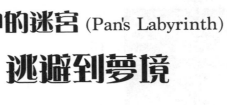

潘神的迷宮 (Pan's Labyrinth)
逃避到夢境

1944 年，二戰期間的西班牙仍然籠罩在佛朗哥法西斯獨裁政權的陰霾之下，軍隊四處搜捕屠殺共產黨員和民主人士。12 歲的奧菲莉亞跟著身懷六甲的母親卡門，去西班牙北部與繼父維達會合。而她的繼父維達是負責在西班牙北部鎮壓、逮捕當地游擊隊的法西斯軍官，是個殘暴的傢伙，他接卡門母女同住，不過是為了確保卡門順利生下自己的繼承人。

母親一直只能臥床休息，繼父和其黨羽每天以殺人為樂，這讓敏感的奧菲莉亞感覺孤獨而痛苦，她開始沉浸於幻想之中，聊以自慰。

在來找繼父的路上，奧菲莉亞曾經遇見了一隻竹節蟲似的精靈，精靈隨著她一直到了住地。晚上，精靈帶領她到磨坊旁邊的一個迷宮中，據說，這個迷宮是傳說中的冥界之神為祂留在人間的女兒留下的入口。在這裡，奧菲莉亞見到了迷宮的守門人，長著山羊犄角和透明眼珠的半獸人潘神。

潘神告訴奧菲莉亞，她其實是冥界之神走失的女兒，要重回她的王國，奧菲莉亞必須在迷宮接受三個挑戰。潘神給了奧菲莉亞一

▲ 潘神。

本書，讓她一個人照著書上說的完成任務。

第一個任務是解救一棵古樹，因為有一隻古蟾住在樹的根部，讓這棵樹開不了花，奧菲莉亞要讓古蟾吃下潘神給她的魔法石，將古蟾中的金鑰匙拿出來。儘管弄髒了衣服，奧菲莉亞還是完成了任務。

第二個任務，是要用潘神給的粉筆畫一個門，門後會有豐盛的大餐，但不能吃，必須在沙漏滴完之前，到門後的一個小房間裡拿到東西回來。可是，這次奧菲莉亞沒有抵抗住美食的誘惑，她在桌上的美食中拿了兩顆葡萄，因此被房中的怪物發現，在犧牲了潘神的兩個精靈寵物之後，逃了出來。

奧菲莉亞的失敗讓潘神大失所望，決定離開她。此時，奧菲莉亞的母親難產而死，只留下了新生的嬰兒。母親去世，奧菲莉亞沒有了牽掛，準備逃走，卻被抓了回來。

潘神再次回來找到了奧菲莉亞，答應再給她一次機會，但要求奧菲莉亞用她弟弟純潔的血打開通往冥界的大門。善良的奧菲莉亞拒絕傷害自己的弟弟，潘神失望地走了。這時，繼父找了過來，抱走了小嬰兒，一槍打死了奧菲莉亞。

走出迷宮的繼父被游擊隊員包圍了，他將嬰兒交給一個曾經偽裝為他的僕人的女游擊隊員後，被游擊隊殺死了。

而此時，奧菲莉亞的血開啟了冥界的大門，她的靈魂回到了冥界之神的身邊。原來，對於弟弟生死的選擇只是冥界之神和潘神對她的考驗。現在，身為公主的她在地底下統治了幾個世紀……而現實世界裡，她的身體已逐漸冰冷。

潘神的迷宮是一部魔幻現實主義的佳作，它將殘酷的現實與光怪陸離的幻想世界連接起來，以幻想世界襯托現實世界的殘酷與黑暗，而它們之間的聯繫，靠的正是潘神這個神話中的人物。

潘神是傳說中的牧神，照顧牧人和獵人，但是祂的形象也被視為惡魔的形象，是恐慌與噩夢的代表。在後來的傳說中，祂也被視為幫助孤獨的航行者驅逐恐怖的神，是一個引導者的形象。這也正是這部作品選擇祂做為引導者的原因，祂代表恐懼，但同時也代表對抗恐怖，祂代表噩夢，但同時也帶領人們逃避到夢境。

美杜莎 (Medusa)

可怕與醜陋

　　希臘半島西部有個叫做阿戈斯的國家，國王亞克里修斯有個女兒叫達娜，達娜生得十分美貌，深得父親的疼愛。但亞克里修斯一次在特耳菲神廟祭祀的時候，得到了太陽神的神諭，說他會死在自己外孫的手中。

　　為了不讓神諭成真，國王建造了一座青銅製成的高塔，將達娜關在裡面，高塔下有人把守，不准任何人接近，以免女兒會結識男人，生下孩子。高塔高聳入雲，被高居天上的宙斯發現了，祂看到獨居塔內、美麗非凡的達娜，立刻心動，便化作一道金雨，從高塔唯一的窗子落了進去，與達娜相見。

　　達娜與宙斯陷入了愛河，十個月之後，她生下了一個健康的男嬰，並為他取名叫柏修斯，意即金光閃閃。

　　亞克里修斯這時才知道自己的外孫已經誕生了，他大驚失色，但看到疼愛的女兒和可愛的外孫，無論如何也無法痛下殺手。於是，他命人將達娜母子放進一個大木箱中，將箱子丟進了海裡，任他們母子自生自滅。

　　海浪洶湧，但達娜母子有神的庇護，一直未被海水吞沒。木箱

隨著海水漂流到了一個叫做賽普勒斯的島上，被國王波利得特克斯的弟弟迪克提斯救了起來。迪克提斯見柏修斯聰明可愛，便收他為養子。

在達娜和迪克提斯的精心照料下，柏修斯長成了一個俊美勇敢的少年。國王波利得特克斯早就看上了美麗的達娜，想要娶她為妻，可是達娜以要撫養柏修斯為理由拒絕了他，所以他一直視柏修斯為眼中釘。看到長大成人的柏修斯，波利得特克斯心中越發妒恨。

一天，在波利得特克斯的生日宴會上，波利得特克斯大宴皇室貴族，他刻意邀請柏修斯赴宴，想要找機會奚落他。恰好柏修斯是空手赴宴，波利得特克斯便大肆奚落柏修斯，被激怒的柏修斯於是開口承諾，無論國王想要什麼東西，他都會取來送給國王做為生日禮物。

柏修斯的話正中波利得特克斯下懷，於是他故意說，要蛇髮女妖美杜莎的頭顱。年輕好勝的柏修斯完全不知道美杜莎的可怕，一口答應了波利得特克斯，說會為他取回美杜莎的頭顱。

柏修斯害怕母親擔心，便不辭而別，偷偷離開了賽普勒斯，前去尋找傳說中的美杜莎。

美杜莎是百怪之父福耳庫斯和海妖刻托的女兒，她原本是一個美麗的少女，海神波塞冬被她的美貌所吸引，與她在雅典娜的神廟裡交合，沒想到激怒了身為處女的雅典娜，為了懲罰她，雅典娜將她的頭髮變成了盤繞扭動的蛇，而凡是看到她眼睛的人，都會變成

石頭。

　　柏修斯一路尋找美杜莎到了海邊。為了幫助他，雅典娜變幻成一個老漁夫，現身告訴柏修斯，要打敗美杜莎，必須先找到三位灰娘，只有她們才知道美杜莎在什麼地方，以及如何殺死她。她還送了柏修斯幾件寶物：神使赫爾墨斯一雙可以飛天的鞋，冥神哈得斯戴上便可以隱身的帽子，一個能隨意伸縮、任何猛獸都咬不穿的皮袋，一把削鐵如泥的鑽石寶劍，以及自己的盾牌。

　　柏修斯按照雅典娜的指點找到了灰娘居住的島嶼。灰娘三姐妹是三個蒼老的婦人，她們三人輪流共用一隻眼睛，誰使用那隻眼睛的時候，另外兩個人就無法看見任何東西。柏修斯偷偷在灰娘身邊躲起來，趁其中一個人將眼睛取下來交給另一個人時，將眼睛搶了過來。他威脅灰娘說，如果不告訴他美杜莎的住所和殺死她的辦法，他就將這唯一的眼睛踩碎，讓她們再也看不到東西。迫於無奈，灰娘只好告訴了他美杜莎的居所，並告訴他，如果從鏡子裡去看，就不會被美杜莎的眼睛變成石頭。

　　按照灰娘的指點，柏修斯找到了美杜莎居住的島嶼。他不直接看美杜莎的眼睛，而用雅典娜的盾牌映出她的正確位置，並趁著她熟睡的時候，慢慢背對著靠近美杜莎，用寶劍砍下了她的頭顱。隨後，他戴上隱身帽，穿上飛天鞋，帶著美杜莎的頭顱，順利地離開了。

　　回到了賽普勒斯，正在和大臣們宴飲的波利得特克斯看到柏修

斯平安歸來，難以置信，便指責柏修斯根本沒能殺死美杜莎，只是嚇得逃回來而已。

柏修斯打開了隨身的皮袋，拿出美杜莎的頭顱，說：「如果你們不相信，便用雙眼看清楚吧！」波利得特克斯他們都看了過來，無一例外地全被變成了石頭。

▲ 柏修斯斯割下美杜莎的頭顱。

在整個希臘神話中，美杜莎是形象最可怕的一個，她的頭髮全是由不斷蠕動的海蛇組成的，她的頭上和脖子上布滿鱗甲，還長著野豬的獠牙，這樣的形象讓人不寒而慄。而更令人感到恐懼的是，只要看到她的眼睛，就會被變成石頭。

因為她的形象如此醜陋而令人心生恐懼，所以常常被藝術家用在象徵性的徽章、建築的裝飾物，甚至錢幣上。在她死後，雅典娜將她的頭顱放在了自己的盾牌和胸甲的中央，因此，後來很多的軍隊都將她的形象放在了士兵的盾牌上，一則可得到戰爭女神雅典娜的眷顧，二則因其醜陋面容和石化的能力，可以令敵人感覺害怕而退縮。

米達斯的手指 (Midas Touch)
點石成金

　　米達斯是弗里吉亞國王戈耳狄俄斯和女神庫柏勒的兒子，也有一種說法，說是他們收養的孩子。在米達斯還是嬰兒的時候，就有螞蟻向他的嘴裡搬運食物，有人說，這預示著他將來必然會成為鉅富。

　　長大後的米達斯繼承了弗里吉亞的王位。

　　弗里吉亞是著名的玫瑰花國度，國內種植著聞名遐邇的玫瑰花，國王米達斯是個出色的花匠，擁有全世界最美麗的玫瑰園。

　　有一天，米達斯的僕人在花園裡抓住了一個酒醉的禿頂老人。這個老人有一個肥厚的鼻子、一副大鬍子以及兩隻公豬耳朵，他喝得醉醺醺的，說著讓人無法理解的醉話。

　　人們將他綁了起來，送到了國王面前。

　　米達斯看到這老人，立刻認出了他。原來，這老人正是酒神狄俄尼索斯的養父西勒諾斯，米達斯曾經在酒神節上見過他。米達斯趕緊命令人們給西勒諾斯鬆綁，將他請到賓客的位子上，命人送上美食佳釀，盛情款待著西勒諾斯。

　　米達斯招待西勒諾斯的宴會舉行了十天十夜。到了第十一天，

酒神狄俄尼索斯來到了米達斯的玫瑰園，看到米達斯對自己的養父如此恭敬殷勤，酒神非常高興，他向米達斯承諾，可以實現他的一個願望，以回報他對自己養父的招待。

米達斯大喜過望，他想了一會兒，向狄俄尼索斯請求說：「我希望能有一種能力，只要我手指碰到的東西，都會變成金了。」狄俄尼索斯答應了他的請求，給了他點石成金的手指，就帶著西勒諾斯離開了。

米達斯萬分興奮，他第一時間伸出手去觸碰自己面前的酒杯，酒杯立刻變成了黃金的；他伸出手碰了碰玫瑰園裡盛放的玫瑰，玫

▲ 米達斯向酒神狄俄尼索斯提出自己的願望。

瑰花立刻變成了黃金玫瑰，金色的玫瑰花瓣閃耀著耀眼的光澤；他不斷地在宮殿裡使用著自己點石成金的能力，將他碰到的物品一一變成了黃金。

最初的興奮過後，米達斯從自己新能力中冷靜下來，他感覺到餓了，便命令僕人送上了食物。可是，當他一觸碰到盤中的麵包的時候，麵包立刻變成了黃金麵包，根本無法食用。

米達斯現在發現，自己的這項能力可能會成為一個巨大的災難，他開始驚慌起來，不知如何是好。就在這時，米達斯年幼的小女兒走了過來，扯著父親的衣角，想要父親抱她。看到自己可愛的小女兒，米達斯本能地抱起了她，他的手指觸碰到了女兒的肌膚，柔軟細嫩的肌膚立刻變成了硬梆梆冷冰冰的黃金，整個人也變成黃金雕像了。

現在，米達斯國王更加懊悔他的選擇了。他跪了下來，哭泣著向狄俄尼索斯禱告，「我錯了，黃金根本比不上我的孩子重要，它不能替代真實的東西，求你收回這黃金手指，將我的孩子還給我！」

狄俄尼索斯聽到了米達斯的祈求，知道他已經理解了財富的意義，答應了他的請求。他讓米達斯前往派克托羅斯河裡洗澡，米達斯照著做了，當他的手觸碰到水面時，河水裡的沙子立刻變成了黃金，隨後，他的能力也消失了，他的小女兒也恢復回來模樣了。

從這以後，米達斯就開始憎恨一切財富。

▲ 米達斯後來又受到了太陽神阿波羅的捉弄，長出驢耳朵。圖中，太陽神阿波羅和牧神潘比賽音樂，長出驢耳朵的米達斯站在旁邊。

　　米達斯的故事告訴了我們，人不要太過貪婪，對人而言，還有比金錢更重要的東西。不過，米達斯的故事後來生成了一個典故，叫米達斯的手指（Midas Touch），指的就是點石成金、化腐朽為神奇，非常善於生財的意思。Midas Touch 這個詞經常會被用來形容那些善於理財的大師，比如股神巴菲特，就被人誇讚有米達斯的手指（Midas Touch）。

月桂 (laurel)

榮耀

　　太陽神阿波羅是天神宙斯和勒托的兒子，主宰光明、文藝和醫藥。大洪水過後，地上出現了一條巨大的毒龍，四處肆掠，吞食了不少的人畜。人們祈求阿波羅為民除害，殺掉這可怕的毒龍。阿波羅答應了人類的請求，祂舉起自己的神弓，輕輕鬆鬆就射死了毒龍，解除了人們的災難。

　　射死毒龍後的阿波羅回到了奧林匹斯山，在路上，祂遇見了小愛神厄洛斯。厄洛斯正在擺弄自己的小小弓箭，看見那細小的弓箭，阿波羅取笑祂說：「小朋友，這麼小的箭是射不死人的，收起祢那小孩子的玩意兒吧！祢看看我的弓箭，只有這樣的弓箭才能殺死凶猛的野獸。我剛剛就射死了一條毒龍，那毒龍大得祢只要看到都會嚇呆的。雖然祢會用這張小弓箭煽起情人們胸中的愛火，不過，我覺得有些誇張。」

　　看見阿波羅那洋洋得意的樣子，厄洛斯非常惱火，祂說：「阿波羅，祢別誇誇其談，當心我的箭射中祢。咱們走著瞧，看看到底誰的箭更厲害。」說完，祂拿出了一支金子做成的箭，張開弓，將

金箭射向了阿波羅的心臟。隨後，祂又拿出了一支鉛做成的箭，看到河神珀紐斯的女兒、可愛的水澤仙女達芙妮正在河邊玩耍，便搭上弓，向達芙妮的心射去。

原來，那金子做的箭是愛神之箭，被射中的阿波羅立即燃起熱烈的愛火，愛上了祂第一眼看中的達芙妮。可是，那鉛做的箭卻會令人厭惡愛情，現在的達芙妮，根本不可能接受任何人的愛情了。阿波羅的愛意越旺盛，達芙妮就越反感。

▲ 小愛神厄洛斯製弓。

阿波羅不由自主地向達芙妮靠近，想要親近這可愛的女神，但達芙妮並不願意祂親近自己，大聲讓祂走開，自己也像隻羚羊一般向山谷中逃去。阿波羅在她身後追趕，並且大聲叫喊：「美麗的女郎，請妳不要害怕，不要這樣跑著躲避我。羊在狼前逃跑，鹿在獅子前逃遁，鴿子鼓著雙翅急急地躲開鷙鷹的利爪，都是因為懼怕要吞食牠們的敵人。可是我是為了愛妳呀！我怕妳的嫩足為荊棘刺傷，我怕妳失足跌在崎嶇不平的石頭上，妳跑慢一點吧！我也慢慢地追。妳知道愛妳的人是誰嗎？我不是鄉野村民，也不是看守牛羊的牧人，宙斯是我的父親，我本人是歌舞文

藝之神和太陽神，阿波羅是我的名字，許多地方的人民崇敬我。唉！我能給世人神諭，對自己愛情的前途卻不知將會如何；我的箭百發百中，可是卻被一支更加厲害的箭射傷；我掌管醫藥，熟知百草的療效，可是卻沒有一樣藥能治癒我的病痛……」

達芙妮無法解釋自己心中的厭惡之情，只是本能地想著離開，但她根本跑不過阿波羅，眼見阿波羅越追越近，她不由得大聲向父親呼救：「父親，快幫幫我，讓大地裂開把我吞進去吧！或者改變我身體的形狀，避開阿波羅可怕的愛」。

▲ 這幅《阿波羅與達芙妮》是法國浪漫主義畫派畫家泰奧多爾・夏塞里奧的作品。

她的父親，河神珀紐斯聽到了女兒的呼救，將她變成了一棵月桂樹。大地裂開來，她的兩腿陷入大地，成為了紮入地下的樹根，她的手臂變成了樹枝，她的頭髮變成了濃密的樹葉。

追趕上來的阿波羅看到這樣的情景，傷心地抱著樹幹哭泣，祂對月桂樹說：「妳雖然沒能成為我的妻子，但是我會永遠愛著妳。我要用妳的枝葉做我的桂冠，用妳的木材做我的豎琴，並用妳的花裝飾我的弓。同時，我要賜妳永遠年輕，不會老。」

從此之後，月桂樹就成為了阿波羅最喜愛的樹。

因為阿波羅的恩賜，它終年常青。後來，阿波羅還將月桂樹的樹枝做成花冠，做為最高的榮耀，授予那些建功立業的人。而做為文藝的主宰，祂也賜給出色的詩人們「桂冠詩人」嘉獎。

　　此後，人們開始模仿阿波羅的行為，為那些戰後勝利歸來的英雄們，以及在比賽中獲勝的優勝者們，戴上月桂做成的花冠。所以在英文當中，laurel 也就多了一個表示榮耀的含意，而那個花冠，也被叫做桂冠。

第Ⅱ章

上帝之手

來自《聖經》的典故

伊甸園 (Garden of Eden)

樂園

▲ 希羅尼穆斯‧波希所描繪的伊甸園。

耶和華創造了天地之後,覺得寂寞,便用地上的塵土造了一個人,耶和華將生命吹在他鼻孔裡,讓他成為了有靈氣的活人,給他取名叫做亞當(意即人)。為了安置亞當,耶和華在東方的伊甸建造了一個園子。

園子裡有各種的樹木從地裡長出來,開滿各種奇花異卉,非常好看;樹上的果子還可以做為食物。院子裡還有生命樹和分別善惡的樹。耶和華又讓河流從伊甸園裡流出來,滋潤著園子,河水從伊甸園分為四條:第一條河叫比遜河,環繞哈腓拉全地,那裡有金子、珍珠和紅瑪瑙;第二條河叫基訓河;第三條河叫底格里斯河,從亞述的東邊流過;第四條河就是幼發拉底河。

後來，耶和華覺得亞當一個人在伊甸園裡太過寂寞，說：「那人獨居不好，我要為他造一些生靈幫助他。」於是，耶和華用土製造成野地裡各式各樣的走獸和天空中各式各樣的飛鳥，都帶到亞當的面前。耶和華看亞當怎樣稱呼這些活物，那就成為了牠們的名字。亞當給空中的飛鳥、野地的走獸都取了名字，但是他還是沒有配偶來幫助他。耶和華便讓亞當陷入了沉睡，當他睡著時，耶和華從他身上取下了一條肋骨，造成了一個女人，帶她來到了亞當的面前。

亞當看到這新誕生的女人，說：「這是我骨中的骨，肉中的肉，可以稱她為女人，因為她是從男人身上取出來的。」因此，人要離開父母和妻子結合，二人成為一體。夫妻二人，就算赤身露體在一起，也不會覺得羞愧，因他們原本就是一體的。亞當給這新誕生的女人取名叫夏娃，因為她是眾生之母。

就這樣，亞當和夏娃赤裸著絕美的形體，在伊甸園裡無憂無慮地生活著，品嚐著園內甘美的果實，欣賞著園中的佳樹、田野的鮮

▲ 米開朗基羅的《創造亞當》，屬於西斯廷禮拜堂壁畫《創世紀》的一部分。

花，天空的飛鳥和野地的走獸，履行修理看守的職責。

　　伊甸園，曾經是人類始祖生活的樂園。那裡沒有殺戮，沒有饑荒，沒有地震、洪水，有的只是豐盛的食物，被奇花異草裝飾的美麗風景，不被打擾的寧靜生活。然而有一天，亞當和夏娃被趕出了伊甸園，在大地之上，他們必須辛苦地求生，面對野獸的侵擾，面對各種天災，開荒、耕種，才能獲得基本的生活所需。

　　也許正是因為如此，才讓人們如此地懷念伊甸園，人們在不斷的想像中將它描述成了天堂，因為它已經成為了人類永遠無法回去的地方。不論是彌爾頓還是渡邊淳一，所感慨追逐的，都是人類真正的樂園——伊甸園。

被咬過的蘋果 (apple)

誘惑

　　亞當和夏娃在伊甸園過著幸福甜蜜的日子，無憂無慮。耶和華囑咐他們說：「園子裡樹上各式各樣的果子，你們都可以隨意食用，但只有分別善惡樹上的果子，你們不能吃，因為你們吃了一定會死。」亞當和夏娃一直遵守著耶和華的叮囑，從來不去碰分別善惡樹上的果子。

　　然而，耶和華用土所造的活物當中，只有蛇最狡猾。蛇對夏娃說：「上帝說過不許你們吃園中所有樹上的果子嗎？」夏娃告訴牠：「園中樹上的果子，我們都可以吃，但只有園子正中那棵樹上的果子，上帝曾經說：『你們不可以吃，也不可以碰，以免死去。』」蛇對女人說：「你們不一定死。因為上帝知道，你們吃了那棵樹上的果子，眼睛就明亮了，你們就能和上帝一樣知道善惡了。」夏娃見那棵樹上的果子生得異常好看，又可以食用，非常喜愛，聽說它能使人有智慧，就摘下果子來吃了，又將那果子也給了她丈夫亞當吃了。亞當吃的時候，因為太過緊張害怕，有一塊果肉卡在了喉嚨，後來就變成了男人的喉結。所以喉結一詞也叫 Adam's apple（亞當的蘋果）。吃過果子，他們兩人的眼睛都亮了起來，這才知道自己是赤身裸體

▲ 在蛇的誘惑下，亞當和夏娃偷吃了禁果，被逐出伊甸園。

的，便拿來無花果樹的葉子，為自己做成衣服穿起來。

　　天颳起了涼風，耶和華在園子裡行走。亞當和夏娃聽見神的聲音，就藏到園裡的樹木中去了，躲著耶和華。耶和華呼喚亞當，問他：「你在哪裡？」亞當說：「我在園子裡聽見祢的聲音，我很害怕，因為我是赤身露體的，所以我藏起來了。」耶和華說：「誰告訴你赤身露體呢？難道你吃了我吩咐你不可以吃的那樹上的果子嗎？」亞當說：「是祢賜給我，與我同居的女人，她把那樹上的果子給我，我就吃了。」耶和華便問夏娃：「妳為什麼要做這樣的事呢？」夏娃說：「是那蛇引誘了我，我才吃的。」

　　耶和華非常生氣，祂對蛇說：「你既然做了這樣的事，那就必須要受到詛咒，比一切的牲畜野獸更甚。你以後必須用肚子行走，終生吃土。我還要叫你和女人彼此成為仇人；你的後裔和女人的後

裔也彼此成為仇敵。女人的後裔要傷你的頭，你要傷女人的腳跟。」

說完，耶和華又轉頭對女人說：「我會多多增加妳懷胎的痛苦，妳生兒育女必然遭受眾多苦難。妳必依戀愛慕妳的丈夫，妳的丈夫必管轄著妳。」然後對亞當說：「既然你聽從了你妻子的話，吃了我吩咐你不可吃的那樹上的果子，大地也將因為你的緣故受詛咒。你必然終生勞苦，才能從地裡獲得食物。地上會給你長出荊棘和蒺藜來，你也要吃田間的菜蔬。你必須汗流滿面才能勉強吃飽，直到你歸了土，因為你是從土而來的，你本是塵土，仍要歸於塵土。」

耶和華又說：「人現在已經與我一樣，能知道善惡。現在如果他們伸手摘生命樹上的果子吃，那就會永遠活著了。」於是，耶和華把亞當和夏娃趕出了伊甸園，讓他們去耕種自己的土地，又在伊甸園的東邊安設基路伯和四面轉動發火焰的劍，把守著通往生命樹的道路。

從此，亞當和夏娃再也不能回到伊甸園了。

在《聖經》中，亞當和夏娃受了蛇的誘惑，吃了善惡樹上的果子，結果導致人類被逐出了伊甸園。這個被咬過的蘋果，也就成為了誘惑的象徵。

因為希臘神話中帕里斯金蘋果的故事，人們習慣性地將伊甸園中的果子也當作了蘋果，再加上在拉丁語中，「蘋果」（mālum）的單字與「罪惡」（mǎlum）非常相似，所以也導致人們將蘋果視為伊

甸園的「禁果」。

　　到了今天，這被咬了一口的蘋果變得更加家喻戶曉，它靜靜地躺在各個電子設備的背後，安靜地昭示著它最引以為豪的魅力：這是你無法抵擋的誘惑。就好像當年人類的祖先亞當和夏娃無法抵擋果子的誘惑一樣，今天的人類後裔，同樣無法抵擋蘋果的誘惑。

該隱 (Cain)

弒親者

亞當和夏娃被從伊甸園中逐出之後，在大地上定居下來。

一日，夏娃懷孕產下了一個男孩。

亞當說：「耶和華使我得了一個男子。」於是，他給他的第一個孩子，也是人類的第一個孩子取名叫做該隱，意即「得」。

沒過多久，亞當和夏娃又生下了他們的第二個孩子，亞伯，意即虛空。

該隱負責種田；亞伯負責牧羊。

有一天，他們向耶和華獻祭。該隱拿出了田裡出產的果子做為貢品，獻給耶和華；亞伯把羊群裡的頭生的羊和羊的油脂獻上。

在兩人的貢品中，耶和華看中了亞伯和他的供物，沒有看中該隱和他的供物。

看到耶和華沒有選擇自己，該隱心中大大不悅，臉色也變了。耶和華注意到了該隱的不滿，對該隱說：「你為什麼變了臉色？如果你愛上帝，積善德，怎麼可能不得到上帝的喜愛呢？你如果做惡事，不信奉上帝，那罪責就在你眼前。它會像愛上你一樣跟著你，而你卻必須制伏它，不可為它所控制。」

可惜的是，該隱並未聽進耶和華的勸誡。

一天，該隱與亞伯在田間說話時，該隱忽然暴怒毆打著亞伯，並把他殺害了。

▲ 該隱殺害了亞伯。

耶和華察覺到了該隱的暴行，他問該隱說：「你的兄弟亞伯在哪裡？」該隱回答說：「我不知道！」

耶和華又說：「你對你兄弟亞伯做了什麼事呢？我聽到了你兄弟從田裡向我哀求的聲音。大地已經開了口，它從你手裡接受了你兄弟的血。現在，你必在這地上受到詛咒。從此以後，你種田，大地也不會再給你效力，回報你的辛勞。你將會在這大地流離飄盪。」

該隱向耶和華求情說：「上帝啊！您給我的刑罰太重，這罪責我無法承受。您驅逐我離開這地方，從此以後我再也見不到您，我在這大地流離飄盪，只要見到我的人就會殺死我。」

仁慈的耶和華接受了該隱的請求，祂對該隱說：「凡是殺該隱的人，將會遭到七倍的報復。」祂還給該隱立了一個記號，以免其他人誤殺了他。

於是，該隱離開了耶和華，前往了伊甸園東邊的挪得之地，從此再也不見耶和華了。

該隱是人類生育的第一個孩子，而他還有一個著名的代稱——弒親者。他是人類歷史上，第一個殺死自己親人的人，承擔著原始的血罪。他犯下了不能為神所諒解的罪惡，遭到了神的放逐。

不過，大概是出於對基督教旨的抗議與解讀，在後來的很多文學作品中，藝術家更愛把該隱描繪成反抗的英雄形象。

拜倫、華茲華斯和柯爾律治都曾描寫過這個人物。拜倫在他的詩劇《該隱》中，把該隱描寫成了一位具有反叛精神，崇尚自由，反對專制神權的英雄。

而現在大名鼎鼎的共濟會，更是自稱為該隱的後代，因為該隱雖不為神所喜愛，卻具有知識、智慧的心靈。

約瑟的彩衣 (Joseph's coat of many colours)
寵愛的標誌

雅各住在迦南地，也就是他父親寄居地。

約瑟這時十七歲，是雅各的小兒子，和哥哥們在一起牧羊。

雅各愛約瑟勝過愛他的其他孩子，因為約瑟是在他年老時才出生的。他給約瑟做了一件彩衣，其他的孩子都沒有。約瑟的哥哥們見父親愛約瑟勝過愛他們，心中嫉恨約瑟，常常斥責他。

一天，約瑟做了一個夢，他將夢的內容告訴了哥哥們：「我夢見我們在田裡捆禾稼，我捆的禾稼排排站著，你們的禾稼都圍著我的禾稼下拜。」他的哥哥們回答說：「難道你要做我們的王，管轄我們嗎？」因為這個夢，哥哥們越發恨約瑟了。

後來，約瑟又做了一個夢，他又告訴了哥哥們：「看哪，我又做了一個夢，夢見太陽、月亮和十一個星星都向我下拜。」他還把夢的內容告訴了父親雅各，雅各責備他說：「你做的這是什麼夢？難道我和你的母親、兄弟都要俯伏在地，向你下拜嗎？」雖然如此說，但父親卻把他說的話記在了心裡。

約瑟的哥哥們去示劍放羊，父親雅各就對約瑟說：「你的哥哥們在示劍放羊，我要你去他們那裡，看看哥哥們是否平安，羊群是

否平安，回來報信給我。」約瑟便出了希伯崙谷，往示劍去了。

約瑟在田野中迷了路，有人遇見他，就問他在找什麼，他說：「我在找我的哥哥們，求你告訴我，他們在何處放羊？」那人說：「他們已經走了，我聽說他們要往多坍去。」約瑟便去追趕哥哥們，在多坍遇見了他們。

哥哥們遠遠地看見了約瑟，說：「那個做夢的來了。」趁他還沒有走到跟前來，幾個兄弟就密謀要害死他，「來吧！我們將他殺了，丟在一個坑裡，就說有惡獸把他吃了。我們且看他的夢將來怎麼樣。」

流便聽見了，想要救他，說：「我們不可害他的性命，讓他流血。我們可以把他丟在這野地的坑裡，但不可下手害他。」

約瑟到了他哥哥們那裡，他們剝了他的外衣，讓他穿那件彩衣，把他丟在一個空空的大坑裡。那坑是空的，裡頭沒有水。

哥哥們坐下吃飯，看見有一夥米甸的以實瑪利人從基列來，用駱駝馱著香料、乳香、沒藥，要帶到埃及去。

猶大就對眾弟兄說：「我們殺我們的兄弟，藏了他的血有什麼益處呢？不如將他賣給以實瑪利人，不要下手害他。因為他是我們的兄弟，我們的骨肉。」眾弟兄於是聽從了他的話。

有些米甸的商人從那裡經過，哥哥們就把約瑟從坑裡拉上來，以二十舍客勒銀子的價格，把約瑟賣給了以實瑪利人。

這樣，約瑟就被帶到埃及去了。

▲ 約瑟到了埃及後，被賣給了法老的內臣、護衛長波提乏。

　　流便回到坑邊，見約瑟不在坑裡，就撕裂衣服，回到兄弟們那
裡，說：「弟弟不見了，怎麼辦才好呢？」大家商量後便宰了一隻

公山羊，把約瑟的那件彩衣染了血，打發人送到父親那裡，說：「我們撿到了這個。請認一認是你兒子的外衣嗎？」

父親認出了他親手為約瑟做的衣服，就說：「這是我兒子的外衣。有惡獸把他吃了，約瑟被撕碎了、撕碎了。」雅各說完便撕裂衣服，腰間圍上麻布，為他兒子悲哀了多日。

因為約瑟擁有一件父親親手製作的彩衣，原本彩衣應該是王子或是家中的長子才能穿著的，所以才遭到了哥哥們的嫉妒。不過，他後來在埃及當上了宰相，與兄弟相認，與其兄弟一起被視為以色列十二列祖之一。

在《聖經》中，約瑟曾經有四件標誌性、隱含深意的衣服，分別是彩衣、血衣、囚衣和細麻衣，各有其象徵。其中，約瑟的彩衣是他獨有的，也是區別於眾兄弟、他備受寵愛的標誌。這一說法後來被當作了一個固定的含意。因此，約瑟的彩衣也就成為了寵愛的標誌以及榮譽的象徵。

曼德拉草 (Mandrake)
巫術藥劑

　　在霍格華茲的植物課上，哈利波特他們需要學會給曼德拉草換盆。這種草長著綠中帶紫的葉子，看上去很普通，但當你拔起它時便會發現，它的根並不是普通的草根，而是一個非常難看的嬰兒。它的皮膚是淺綠色的，上面斑斑點點，當你拔起它，它會扭動著身體，兩腳亂蹬，揮著尖尖的小拳頭，咬牙切齒，一旦離開泥土便開始扯著嗓子大喊大叫。

　　而這只是曼德拉草的幼苗，它們的哭聲會令人昏迷幾個小時，但如果它長大了，哭聲則會令人致死哦！不過，它的根還是一種強效恢復劑，能夠使被變形的人或中了魔咒的人恢復到原來的狀態，在《哈利波特2：消失的與密室》中，正是它讓看到蛇影後石化的學生恢復正常的。

　　不過，這種曼德拉草並非 J.K. 羅琳的創造，而是現實生活中真實存在的植物。

　　早在《聖經·創世紀》之中，就已經記載了它的存在：割麥子的時候，流便往田裡去，看見了風茄，便拿來給他母親利亞。拉結看到了，便對利亞說：「請妳把妳兒子的風茄給我一些吧！」利亞

並不願意：「妳奪了我的丈夫，還要奪我兒子的風茄嗎？」拉結回答她：「為了妳兒子的風茄，今夜他可以與妳同寢。」到了晚上，雅各從田裡回來，利亞出來迎接他，說：「你要與我同寢，因為我是用我兒子的風茄把你僱下了。」那一夜，雅各就與她同寢。

上帝應允了利亞，讓她懷孕，給雅各生了第五個兒子。

利亞和拉結是一對姐妹，她們都是雅各的妻子，拉結美貌俊秀，雅各比較偏愛她，耶和華見利亞失寵，便使她生育，給雅各生了五個兒子。而拉結始終未生育，她放棄晚上和雅各同寢的權利，就是為了風茄，因為風茄正是傳說中，可以幫助婦女懷孕的植物。

▲ 高更名作──《雅各與天使搏鬥》

風茄，正是 J.K. 羅琳筆下的曼德拉草。大約是因為根莖長得似人形的緣故，從很早以來，曼德拉草都被巫師和祭司們用作通靈藥物的成分。傳說曼德拉草長在絞刑架下，由吊死的男人的精液滋養著，需極小心才能將它從地上挖走——拔出它時，曼德拉草會發出人類的尖叫聲，令人毛骨悚然。

　　莎士比亞就曾經讓茱麗葉說出了「像曼德拉一樣的尖叫刺破天空，那聲音使聽到的人發狂」這樣的話語。

　　除了助孕和恢復人形之外，人們還給曼德拉草賦予了相當多的能力。有人把它叫做「榮耀之手」，認為它能將所有東西變成兩份，它還被當作催情藥物或者麻醉劑使用，它的根被曬乾用作護身符或是用作祈求生育的護符。

諾亞方舟 (Noah's Ark)

救贖

　　亞當和夏娃由於偷吃了禁果，被上帝逐出伊甸園。此後亞當活了九百三十歲，和夏娃生了很多子孫後代。亞當的後人遍布整個大地。亞當的長子該隱殺死弟弟亞伯，揭開了人類互相殘殺的序幕。從此，人類逐漸滋生了仇殺、怨恨、憎惡、掠奪、爭鬥、嫉妒等暴力和罪惡。這種罪惡年復一年演變增加，達到了無以復加的地步。

　　上帝對人類的這種罪孽，感到憂傷和憤怒，祂後悔創造了人類萬物，決定用洪水將這個罪惡的世界沖毀。祂站在高空俯瞰人間，自言自語道：「我要將所有的人、走獸、昆蟲和飛鳥，全部從地上滅除！」

　　但是，上帝又捨不得將所有的生物毀滅。祂希望留下新的人類和物種，讓他們認識到自己的罪惡，改過自新，重新建立一個美好、善良的理想世界。

　　亞當的後裔中，有一個人叫諾亞。諾亞生了三個兒子，名叫閃、含和雅弗。在上帝看來，諾亞是一個「義人」，他品行善良，沒有人類那種固有的罪惡。諾亞安守本分，經常告誡周圍的人，要及早停止作惡，從罪惡強暴的生活中脫離出來。可是人們對他的勸誡不

以為然，照樣我行我素，作惡享樂。諾亞眼看感化不了周圍的人，只好盡心盡力將自己的三個兒子教育好。三個兒子在諾亞的嚴格教育下，沒有隨波逐流誤入歧途。

在滅除人類和動物之前，上帝決定留下諾亞全家，包括諾亞夫婦二人，和他的三個兒子、兒媳，讓他們肩負起繁衍新人、建立新世界的重任。上帝對諾亞說：「現在這個世界敗壞了，凡是有氣血的人，都成了罪惡的泉源。他們的生命都走到了盡頭，我要將他們和大地全部毀滅。你現在就動手，用歌斐木造一個大方舟。」

上帝告訴了諾亞造方舟的辦法：方舟要分上中下三層，長三百肘，寬五十肘，高三十肘。方舟的門開在側邊。七天之後，洪水將在大地上泛濫，凡是有血肉、有氣息的活物，都要被毀滅。上帝告誡諾亞和他的妻子、兒子和兒媳婦，一同進入方舟躲過劫難。

◀ 諾亞建造方舟。

為了保全物種，建立新世界，上帝叮囑諾亞說：「乾淨的牲畜，每種帶上七對公母，不乾淨的每種帶上一對；空中的飛鳥每種帶上七對；地上的昆蟲，每種帶上兩個，留作衍生後代的種子。你要備足糧食，足夠你全家和這些動物食用。」

　　諾亞聽了上帝的話，帶領全家開始建造方舟。他們走進森林，砍伐了一株最大的歌斐樹木，將歌斐木枝椏砍去，按照上帝的旨意，日夜不停修建方舟。第六天，方舟建成了，諾亞將上帝叮囑的飛禽走獸、昆蟲飛鳥捉進方舟避難，放入了足夠的食物和水；諾亞全家也進入方舟，等待大災難的來臨。

　　當諾亞六百歲，二月十七日那一天，上帝踐行了祂的誓言。大淵的泉源都裂開了，天上的窗戶也敞開了。四十個晝夜的大雨降落到地上，洪水氾濫在地上四十天，水往上漲，把方舟從地上漂起。水勢浩大，水位大大地往上漲，方舟在水面上漂來漂去。洪水在地上極其浩大，天下的高山都淹沒了。水勢比山高過十五肘，山嶺都淹沒了。凡在地上有血肉的動物，就是飛鳥、牲畜、走獸，和爬行在地上的昆蟲，以及所有的人都死了；凡在旱地上、鼻孔有氣息的生靈都死了；凡地上各類的活物，連人帶牲畜、昆蟲，以及空中的飛鳥，都從地上除滅了，最後，整個世界只留下諾亞和那些與他同在方舟裡的人類和動物。

　　水勢浩大，洪水在地上一共肆虐了一百五十天。上帝記掛著諾亞和他方舟裡的所有飛禽走獸，就叫風吹遍大地，讓洪水漸漸退去。

大淵的泉源合攏了，天上的窗戶也關閉了，水勢漸退，七月十七日，山頂都現出來了，方舟停在了阿拉臘山上。諾亞和動物們，都得救了。

▲ 大洪水。

　　上帝製造了一場幾乎滅絕整個世界的大洪水，但祂卻指點人類製造出了生命最後的方舟，保全了生命的火種。諾亞的方舟是人類最後的希望象徵，當人類沉浸在罪惡與敗壞中時，是諾亞的正直獲得了上帝的憐憫，並最終救贖了自己和整個世界的生物。

　　諾亞方舟的意義，是告訴了人類，就算末日來臨，就算整個世界傾覆，人類依然還有希望，這希望不是來自於外界，而是來自於人類本身。唯有人自己可以挽救自己，唯有人類自己，才能找回人生的希望。諾亞方舟永遠都將存在，它其實正是人類自我救贖能力的物化表現。

鴿子 (pigeon)

和平與希望

上帝的怒火引發了大洪水，但幸好有被上帝所看重的諾亞，他的方舟挽救了人類和動物。在漫長的洪水漸漸退去之後，方舟裡的人得救了。

過了四十天，諾亞打開了方舟的窗戶，放出一隻烏鴉出去探路。那烏鴉飛來飛去，尋找了很久，卻沒能找到一塊陸地。於是，諾亞又放出了一隻鴿子，要看看水從地上退了沒有，鴿子飛了很遠很遠，但到處都是水，鴿子找不到落腳之地，只能又飛回了方舟。諾亞將鴿子接進了方舟，過了七天之後，他再次將鴿子從方舟放了出去。

這次，鴿子直到晚上才飛回方舟，回來時嘴裡叼著一個新鮮的、剛剛擰下來的橄欖葉，看到這青綠的葉子，諾亞知道，地上的水退了，植物已經長出來了。他又等了七天，再次將鴿子放了出去，這次，鴿子就不再飛回來了。

到諾亞六百零一歲，二月二十七日這天，諾亞撤去方舟的船艙蓋觀看，發現地面已經全乾了。

上帝告訴他說：「你和你的妻子、兒子、兒媳都可以出方舟了。在你那裡凡有血肉的活物，飛鳥、牲畜和一切爬在地上的昆蟲，都

要帶出來，叫牠在地上多多滋生，天天興旺。」於是諾亞和他的家人帶著一切走獸、昆蟲、飛鳥，和地上所有的動物，各從其類，走出了方舟，重新在大地上生活並繁衍生息了下來。

而那隻帶來最初大地消息的鴿子，也就成為了人類心目中希望的象徵。後來的基督教甚至把牠當作了「聖靈」，成為人們心目中庇佑和平的象徵。

時間很快到了 1940 年，法西斯的鐵蹄踐踏了世界上最古老的城市之一——法國巴黎，而著名的畫家畢卡索，當時正僑居巴黎。這位畫家深受自己父親的影響，非常喜愛鴿子，鴿子那安靜祥和的姿態，給他留下了強烈的印象。

當時，畢卡索的隔壁住著一位叫米什的老人，老人在第一次世界大戰中失去了左臂，現在兒子和媳婦都參加了反法西斯的游擊隊，只剩下他和十二歲的孫子相依為命。小男孩在家養了一群白鴿，他經常將竹竿綁上寬寬的白布條，揮動竹竿指引鴿子們飛翔和歸巢。同樣對鴿子的熱愛，使得畢卡索和這一家人成為了親熱的好朋友。

不久，前線傳來了父母戰死的噩耗，失去雙親的痛苦令小男孩對法西斯充滿了仇恨，他覺得逗引白鴿的竹竿上綁著的白布條如同投降的小白旗，於是將白布扯了下來，換成了象徵復仇火焰的紅色布條。

然而，鮮豔的紅色布條很快就引起了德國巡邏士兵的注意。他們覺得那在視窗揮舞的紅色火焰是向游擊隊報信的標誌，士兵們衝

上樓，毫不留情地將小男孩從窗邊扔了下去，孩子就這樣摔下樓，死去了。士兵們連籠子裡的鴿子也不放過，覺得牠們會是報信的信使，於是一頓掃射，將鴿子全殺死了。

悲憤的米什老人在鴿籠中找到了最後一隻奄奄一息的白鴿，他捧著鴿子找到了畢卡索，向他哭訴了事情的經過，並請求大師為他留下最後的紀念，以紀念自己那在法西斯槍口下慘死的孫子。

憤怒與悲傷充滿了畢卡索的胸腔，他提起筆，揮筆畫出了一隻栩栩如生的白鴿，永恆飛翔的白鴿，代表了畫家和所有在法西斯統治下的人們對和平生活的渴望，以及人類心中那永不磨滅的希望。

▲ 畢卡索的名畫《抱鴿子的孩子》。

1950 年 11 月，為紀念在華沙召開的世界和平大會，畢卡索又特意創作了一隻銜著橄欖枝的飛鴿。後來，智利的著名詩人聶魯達為這鴿子取了個名字──「和平鴿」（Peace pigeon），由此，鴿子被正式公認為和平的象徵。

從此以後，和平鴿的形象開始出現在各個場合。從每個小小的集會到全世界共同參與的奧運會，都會有放飛和平鴿的儀式，正是因為和平鴿代表和平、希望、團結和聖潔，牠是人類對美好生活的殷殷期盼。

伯利恆的明星 (Star of Bethlehem)

領袖

在加利利拿撒勒城，有一個童女瑪利亞，她剛剛和大衛家族的約瑟訂婚不久，但尚未結婚同房。

一日，天使加百列奉上帝之命，告訴瑪利亞即將懷孕生子，生下的孩子要取名耶穌。天使說道：「妳兒子耶穌，將要成為一個至高無上的人物，上帝會將先祖大衛的位子傳給他。他統領的國家，將延續不絕沒有窮盡。」

瑪利亞聽後誠惶誠恐：「我相信全能的上帝，可是我尚未和丈夫同房，怎麼能懷孕生子呢？」

天使說道：「聖靈將要降臨到妳身上，所以上帝會庇護妳。因為妳所生的孩子是聖者，是上帝的兒子。妳親戚以利沙伯，也就是祭司撒迦利亞的妻子，年邁體衰，一直沒有孩子，六個月前也懷孕了。上帝說的話，都會應驗的。」

瑪利亞原本是一個對上帝虔誠的人，聽了天使的話，更加順服上帝的旨意。

瑪利亞的未婚夫約瑟，是一個老實守本分的木匠。當他得知瑪利亞懷孕的事情後，既驚訝又氣憤。驚訝的是，他和瑪利亞兩小無

猜，青梅竹馬，他知道她不是那種輕浮孟浪的人，怎麼會突然懷孕了呢？氣憤的是，瑪利亞懷孕的事實，就擺在他眼前，他感到巨大的恥辱。思前想後，善良的約瑟決定維護瑪利亞的名譽，不是張揚地和她退婚。

約瑟的心事讓上帝知道了，當天晚上祂派出天使曉諭約瑟：「大衛的子孫約瑟，關於你未婚妻懷孕的事情，請你不要多想，這全是上帝的旨意，她將要生一個兒子，取名叫耶穌。你只管將瑪利亞迎娶過來，你的兒子耶穌，要將百姓從罪惡中救贖出來。」

▲ 受胎告知。

約瑟原本是一個虔誠信服上帝的義人，聽了天使的話，他即刻將瑪利亞迎娶了過來，只是沒有同房。約瑟小心侍奉瑪利亞，一點也不敢懈怠。

時隔不久，羅馬政府進行第一次大規模的人口普查，目的是更好的控制稅源。約瑟帶著身孕已久的瑪利亞，前往伯利恆申報戶口。

伯利恆的客棧住滿了客人，他們只好在客棧的馬廄裡面將就一宿。半夜時分，瑪利亞腹中疼痛。忽然，一道神聖的光輝籠罩住了馬廄，噴嚏、踢打蹄子的馬，睜大了眼睛安靜了下來，靜待著萬王之王的降生。

耶穌降生後，瑪利亞用破布將聖嬰裹住，安放在馬槽中。

在伯利恆的鄉間野外，一群牧羊人在看護著他們的羊群。這時候天使降臨，輝煌的榮光照亮了牧人的四周，牧羊人感到十分害怕。天使說道：「我是在給你們報告喜訊，你們不要害怕。在伯利恆，誕生了你們的救世主。那個嬰兒，用布包裹的，躺在馬槽裡面。」天使說完，一列天兵降臨，高唱讚美詩：

在至高之處，

榮耀歸於神，

在地上平安，

歸於他所喜悅的人。

好奇的牧羊人，在伯利恆的馬廄中找到了約瑟夫婦，看到了安放在馬槽裡的聖嬰。他們將天使的話四處傳開了。瑪利亞親耳所聞，親眼所見，更加相信這是上帝的靈驗。

有三個博士從東方來到了耶路撒冷，他們說：「將會成為猶太人之王的嬰兒剛剛在那裡誕生了。我們在東方看見了代表他誕生的明星，特地來拜見他。」

希律王聽到這樣的說法，心中不安，耶路撒冷城中的人，也因

此覺得不安。希律王召集了祭司長和民間的文士，問他們說：「基督會生在什麼地方呢？」這些人回答說：「在猶太的伯利恆。因為有先知曾經說過，猶大地的伯利恆啊，你在猶大諸城中，並不是最小的那個。因為將來從你這裡將會誕生一位君主，統治我以色列的人民。」

於是，希律王偷偷召來了那幾個博士，仔細詢問他們那顆明星什麼時候出現。然後他派遣他們前往伯利恆，對他們說：「你們去仔細尋訪那小孩子。如果尋到了，就來報信，我也好去拜會他。」

這幾個人聽了希律王的話，就前往伯利恆去了。他們在東方天空看到的那顆明星，忽然就在他們的前頭行進，一直行進到那小孩子所在的地方，就在他頭頂上停住了。博士們看到那顆明星，非常歡喜，他們照著星星的指點，進了屋子，看到了小孩子和他的母親瑪利亞。他們俯伏跪拜那小孩子，然後打開寶盒，拿出了黃金、乳香和沒藥，做為禮物獻給了耶穌。

後來，博士們因為在夢中接到了上帝的指示，知道希律王想要殺害這孩子，並未回去見他，而是從別的路回家去了。他們走後，加百列在夢中向約瑟顯靈，讓他帶著孩子和瑪利亞逃往埃及，以躲避希律王的殺害，直到希律王死了之後，再回來。

在耶穌基督誕生的時刻，賢者們看到伯利恆的天空上出現了一顆明星，便知道有一位聖人誕生於伯利恆。

因此，伯利恆的明星，也就成為了耶穌基督的代名詞。

　　後來，這個詞的詞義被進一步發揮，用來比喻那些為別人指明前進方向、帶領眾人的領袖人物。

　　現在，我們還能經常看到這顆伯利恆的星星，因為它就是聖誕樹頂上最大最明亮的那顆。它閃耀著亙古的光輝，指引著後人前進的路途。

▲ 耶穌誕生。

猶大的親吻 (Judas kiss)

背叛

　　耶穌最信任的是他的十二個門徒，給了他們權力，使他們可以驅趕汙鬼，醫治各式各樣的病症。

　　這十二個門徒分別是：西門，又叫彼得；他的兄弟安得烈；西庇太的兒子雅各和雅各的兄弟約翰；腓力和巴多羅買；多馬和稅吏馬太；亞勒腓的兒子雅各和達太；奮銳黨的西門，還有加略人猶大。他讓著十二個門徒前往各處，去為人們解決災厄。

　　然而，祭司們卻在密謀，想要殺害耶穌。他們商議，要用詭計將耶穌殺掉他，但不可在過節的日子，以免民間生亂。此時，耶穌已經預感到了他的命運，他對門徒說：「看啦！我們上耶路撒冷去，人子要被交給祭司長和文士。他們要定他死罪。又交給外邦人，將他戲弄鞭打，釘在十字架上。第三日他要復活。」

　　在十二門徒當中，猶大是個聰明但是貪婪的傢伙，他善於理財，是門徒中管理錢財的那一位。

　　猶大知道了祭司們想要殺死耶穌的事情，他去見祭司長，說：「我可以把耶穌交給你們，你們願意給我多少錢？」祭司們給了他三十個銀幣，並與他約定，在合適的時機，他就要幫助他們殺死耶

穌。

　　除酵節的一天，門徒來問耶穌：「逾越節的筵席要在哪裡預備？」耶穌說：「你們進城去，到某人那裡，對他說：『夫子說：我的時候快到了，我與門徒要在你家裡守逾越節。』」門徒遵照耶穌的吩咐準備好了逾越節的筵席。

　　到了晚上，耶穌與他的十二個門徒圍坐著，正在吃飯的時候，耶穌說：「我告訴你們：你們之中有一個人要出賣我。」門徒們都非常驚訝，他們一個一個地問耶穌：「主，這個人是我嗎？」耶穌回答說：「和我同時把手蘸到了盤子裡的人，就是要出賣我的人。人子是必須要去死的，就如同經上所寫的那樣。但出賣人子的人就有禍了！那人如果不生在這世上倒好。」聽到這話，猶大問道：「拉比，這人是我嗎？」耶穌告訴他：「是的，你說得對。」

◄ 最後的晚餐
中，與耶穌同坐
的十二門徒。頭
上沒有光環的
是出賣耶穌的
加略人猶大。

接著，耶穌就拿起餅來，祝福，再分開遞給門徒，說：「你們拿著吃，這是我的身體。」又拿起杯子來，祝謝了，遞給他們，說：「你們都喝這個，因為這是我立約的血，為多人流出來，使罪惡得以被赦免。但我告訴你們：從今以後我不再喝這葡萄汁，直到我在我父的國裡和你們喝新的那日子。」

耶穌帶著門徒往客西馬尼而去，見到門徒們因為困倦睡著，他感嘆：「現在你們還在睡覺安歇嗎？時候到了，人子被出賣給罪人了。起來，我們走吧！看哪！賣我的人近了。」就在這時，猶大來了，還帶著許多佩戴刀棒的人們，這是他從祭司長和長老們那裡帶來的人。

猶大私下跟帶來的人說：「我與誰親吻，誰就是你們要找的人。你們可以拿住他。」隨即，他走到耶穌的跟前說：「請拉比安。」並與他親吻。

耶穌看到他的行為，對他說：「朋友，你來要做的事，就做吧！」於是那些人上前來，捉住了耶穌。

跟隨耶穌的一個人拔出刀來，將大祭司的僕人砍了一刀，削掉了他一個耳朵。耶穌阻止了他的行動，對他說：「收刀入鞘吧！凡動刀的，必死在刀下。你想，難道我不能求天父現在為我差遣十二營多天使來嗎？若是這樣，經上所說事情必須如此的話，怎麼應驗呢？」於是，耶穌毫不反抗地被祭司們捉住了，門徒都離開他逃走了。

祭司們商定要處死耶穌，看到耶穌被定了罪，猶大忍不住良心的譴責，後悔了。

　　他把三十個銀幣拿回來交還給了祭司長和長老，說：「我出賣了無辜之人的血，有罪了。」可是祭司長說：「那和我們有什麼關係呢？你自己的過錯你自己承擔吧！」於是，猶大將銀幣丟在了大殿裡，離開了大殿，自縊身亡了。

▲ 猶大之吻。

而那三十個銀幣，被祭司長們買了窯戶的一塊田，專門埋葬外鄉人，因那銀幣是買了耶穌性命的「血價」，所以那塊田直到今天還被稱為「血田」。

　　猶大用他的吻讓凶手們找到了耶穌，也給自己留下了永遠的烙印。一個吻，一個原本代表親熱、喜愛的行為，卻隱藏著傷害的目的，成為了變節和背叛的標誌。身為耶穌的十二使徒之一，猶大原本也應該成為被後人景仰、受上帝眷顧的賢者，可是，他卻放縱自己貪戀的惡慾，僅僅為了三十個銀幣，就出賣了他的信仰。

　　最終，他也因為自己的惡行付出了生命的代價，但死亡並不能救贖他犯下的大錯，背叛者這個名號將永遠跟隨著猶大，成為他永遠無法洗刷的汙點。而猶大之吻，也從此成為了背叛的象徵。

巴別塔 (tower of babel)

隔離

　　大洪水退去之後，諾亞的子孫們離開方舟，開始在地面定居。隨著人們的繁衍，人數越來越多，於是人們打算向東遷移。在古巴比倫附近的示拿地，他們遇到了一片開闊的平原，決定在這裡定居下來。

　　定居之後，他們開始商量說：「來吧！我們要建造一座城和一座塔，塔頂通天，傳揚我們的名。」於是，他們開始做磚，把磚當石頭，又拿石漆當灰泥，壘起高高的塔，建起宏偉的城。

　　彼時，大地上的人們都說著一樣的語言，輕鬆的交流讓人們的幹勁十足，塔也越來越高，幾乎要通到天上了。

　　一日，耶和華降臨人間，想要看看人們所建造的城市和高塔，但祂驚訝地發現，這高塔是如此的高，幾乎要刺破祂的天堂，並且人類的團結令祂感到恐懼，「看哪！他們成為一樣的人民，都是一樣的語言，如今既做起這事來，以後他們所要做的事，就沒有不成就的了。」耶和華說，「我們下去，在那裡變亂他們的口音，使他們的語言彼此不通。」

　　於是，耶和華將人類分散到了地上各個地方，讓他們的語言變

得不同，各地的人類再也無法溝通，他們也就無法繼續聯合起來建造那座高塔了。耶和華感到的威脅，也就被解除了。

也有人說，當年建造這座高塔的人，是為了向上帝宣戰，「上帝沒有權選擇高處，而把低處留給我們，所以我們會建造高塔，並於塔頂設一偶像，要他手持利劍，並擺出向上帝宣戰的樣子。」他們希望建造足以到達天空的高塔，與上帝開戰，追求信仰自我的權力，於是遭到了上帝的懲罰。

不管原因是什麼，現在唯一能確定的是，這座未能完工的高塔後來被取名巴別塔。巴別，也就是古希伯來語中「混亂」的意思，也有人習慣於稱呼它為「通天塔」，因它當年懷抱著人類直抵天空的夢想。

今天，巴別塔的廢墟仍然靜靜地佇立在美索不達米亞平原上，見證著巴比倫城曾經的繁華。千萬年的幼發拉底河和底格里斯河依然奔湧，所有的河流終將匯集到一個地方——大海，但人類曾經的不屈、堅持，直指天空的堅韌，共同一致的夢想，卻早已變得隔離、混亂，失去了共鳴的能力。

2003 年，一本叫做《巴別塔之犬》的小說登上了《紐約時報》等暢銷書排行榜首，隨即流行到了整個世界。男主角保羅的妻子從樹上墜地身亡，現場目擊者只有他們家的狗，保羅想要得知妻子究竟是自殺還是意外，於是，他決定教會狗說話。小說的標題，正是

借用了巴別塔的概念，它既是男主角和狗之間無法溝通的現實，也象徵了他和妻子之間的疏離和觀念鴻溝。

巴別塔（tower of babel），這座《聖經》裡成為導致全世界人類分離隔閡的導火索的高塔，今天已經成為了人與人之間難以融通的隔閡的代名詞。語言、習俗、種族、觀念，各種不同，都令得人類難以接受與自己不同的人，而這樣的隔離，造成了多少的不和、衝突與戰爭呢？不如讓大家都靜下心來想想，你心中是否也有一座巴別塔？

▲ 荷蘭畫家彼得 · 勃魯蓋爾（1525～1569）所畫的《巴別塔》。

莎樂美 (Salome)

嫉妒

　　希律王的繼女、希羅底之女、猶太王國的公主莎樂美是個舉世無雙的美人，她的美貌，令希律王對她寵愛有加，而所有見到她的人，也都會為她傾倒。她像隻迷途的鴿子……她像風中搖曳的水仙……她像美麗的花朵……像白蝴蝶，一旦她跳起舞來，沒有人能拒絕她迷人的風姿。

　　可是有一天，她遇到了先知約翰。約翰因為指責希律王娶了自己兄弟腓力的妻子希羅底，被希律王關進了監獄。希律王想殺了他，但約翰在百姓心中的地位太高，希律王怕引起眾怒，始終不敢殺了他。任性的莎樂美聽到了約翰的聲音，執意跑到監獄去見這與她母親作對的人。然而，當她看到那如潔白的象牙雕像一樣的先知時，立刻陷入了深深的愛戀。

▲ 在希律王前舞蹈的莎樂美。

高貴的先知身上映著銀色的光輝，如月光一般貞潔，他用嚴厲的語言斥責著這不義之人的女兒——充滿罪孽的公主，但這一切並未使莎樂美退卻。鋒利如刀的語言在她耳中卻如酒一般甜美，愛戀迷亂了莎樂美的心，她毫不掩飾地向約翰傾述自己的情感，卻遭到了無情的拒絕。

　　約翰的決絕令莎樂美悶悶不樂。在希律王的生日晚宴上，希律王看出了莎樂美的不悅，他要求莎樂美為自己跳舞，莎樂美不為所動，於是他承諾，只要莎樂美願意為自己跳舞，就答應她所要求的任何事情，就算是分割王國的一半領土也可以。

　　聽到國王的允諾，莎樂美脫掉了鞋子，換上華麗的七層紗衣，翩翩起舞。她纖細的雙腳就像一對純白的鴿子，地上舖滿的紅色玫瑰花瓣如血一樣鮮紅，使她如同在鮮血上舞蹈一樣，連月亮也彷彿變為赤紅。

　　一曲舞罷，希律王著迷不已，他向莎樂美讚歎：「太美了！太美了！莎樂美，過來，我會給妳任何妳想要的東西。」莎樂美向國王緩緩下跪，提出了要求：「我希望能給我一個銀製的盤子，裡面裝著約翰的頭。」

　　莎樂美的要求令國王大驚失色，他並不願意處死這上帝的先知。他請求莎樂美提出另一個要求：「我懇求妳，莎樂美，要求其他東西。向我要求我王國的一半領土，我都會給妳，但不要對我提出這項要求。」他要求以美麗的綠寶石或者白色孔雀來交換莎樂美的願望，

但這瘋狂的公主卻頑固地堅持自己的要求，她只要先知約翰的頭。

　　曾經許下的諾言令希律王無法違背，先知約翰就這樣悲慘地失去了自己的生命。他驕傲的頭顱被放在銀色的盤子裡，送到了莎樂美的面前。看著自己的愛人，莎樂美深深吻上了約翰的唇，可是，那純淨的雙眼卻再也無法睜開凝視著她，那吐出惡毒咒罵的舌頭也不再說話了。

▲ 達文西門徒貝爾納迪諾・盧伊尼所畫的《斬首約翰》。

「啊！ 約翰，約翰，你是我唯一愛的人。……我終於吻了你的嘴。你唇上的味道很苦，難道是血的滋味嗎？……或許那是愛情的滋味……他們說愛情的滋味苦……但那又怎樣？那又怎麼？我終於吻了你的嘴，約翰。」莎樂美終於實現了自己的願望，但她品嚐到的，卻是苦澀的愛情滋味。

「世界上只有兩種感情能把人永恆地聯繫在一起，要嘛是愛，要嘛是恨。如果他不能愛妳，那麼就讓他恨妳吧！」莎樂美瘋狂的愛情沒有得到約翰的回應，於是，她用更強烈的恨去毀掉她的愛人。

完美艷麗的面容，令人神魂顛倒的七層紗舞，越是美麗，就越能令人感覺到，絕美皮相下的那吞噬人心的可怕嫉妒心。因為得不到，所以就毀掉他，她後悔嗎？是的，她悔恨落淚，但卻依舊放任自己被強烈的嫉妒感吞噬，犯下那不可挽回的大錯。從此以後，提到莎樂美，人們就會想起，那親吻愛人首級的、被嫉妒葬送的少女。

索多瑪 (Sodom)

淫亂

摩押平原有五座城，分別是索多瑪、蛾摩拉、押瑪、洗扁和比拉。索多瑪和蛾摩拉是兩座充滿罪惡的城市，城裡的人心驕氣傲，富人糧食飽足，豪奢安逸，卻從未想到扶助困苦和窮乏之人，他們狂傲而不敬虔，多行可憎之事。

一天，耶和華來到亞伯拉罕家，告訴亞伯拉罕說，索多瑪和蛾摩拉這兩座城的罪惡太重，已經傳到了自己的耳中，現在祂將要下到人間去察看這兩座城中人們的行為，看是否和傳到祂耳中的聲音一樣。若是真的，祂將要剿滅這兩座城。

亞伯拉罕心存不忍，問耶和華：「城中的人無論善惡，您都全部要剿滅嗎？如果那城中有五十個道義之人，您還會剿滅那地方嗎？不能為了城裡這五十個道義之人，饒恕其他的人嗎？若是將道義之人和惡人一樣地看待，都殺掉了，這絕對不是您的行為。您是審判全人類的主，怎能不公平行事呢？」

耶和華說：「如果我在索多瑪城中看到了五十個道義之士的話，我就因為他們饒恕那地方的所有人。」亞伯拉罕又說：「我雖然渺小如灰塵，但有些話卻要對主說。如果這五十個道義之人少了五個，

您就因為少了五個就毀滅整座城嗎？」耶和華說：「我如果在那裡見到四十五個道義之人，也不毀滅那座城。」亞伯拉罕又問：「假如您在那裡見到四十個呢？」耶和華說：「就為這四十個道義之人，我也不會做這事。」亞伯拉罕又說：「求主不要動怒，聽我說。假如在那裡見到三十個道義之人又怎麼樣呢？」耶和華說：「我在那裡如果見到有三十個，我也不會做這事。」亞伯拉罕又說：「我還敢對主說話，假如在那裡見到有二十個又怎麼樣呢？」耶和華說：「就因為這二十個道義之人的緣故，我也不毀滅那座城。」亞伯拉罕說：「求主不要動怒，我再說一次。假如在那裡見到十個呢？」耶和華說：「就因為這十個人，我也不毀滅那座城。」耶和華與亞伯拉罕說完了話就走了，亞伯拉罕也回到自己的地方去了。

這天，耶和華派出的兩個天使來到了索多瑪城。

亞伯拉罕的姪子羅得，和妻子、兩個女兒在索多瑪城定居。

他正坐在索多瑪城的門口，看到兩位天使，就站起來迎接，拜伏於地下，說：「我的主，請你們到僕人家裡洗洗腳，住一夜，清早起來再走吧！」天使拒絕他的請求，說他們要在街上過夜。但羅得殷切地邀請他們，他們這才答應進了羅得的屋子。

羅得拿出最好的酒、肉、乳酪招待客人。晚飯吃過，他們剛剛熄燈躺下，就聽見門外人聲鼎沸，好多索多瑪城的居民，將羅得家的大門圍堵的水洩不通。他們叫嚷著：「今天晚上到你們家的兩個客人在哪裡？把他們放出來，我們要玩樂一番！」

羅得聽了十分害怕，他知道這裡的居民什麼事情都能做得出來，言外之意是要強姦（雞姦）兩位客人。他叮囑兩位客人不要輕舉妄動後，走出門去對那些暴民說道：「各位鄉鄰兄弟！請你們不要這樣作惡！請你們放過這兩個無辜的客人吧！」

來人哪裡聽得進羅得的哀告，他們一擁而上要進去搜捕兩個客人。羅得情急之下高聲喊道：「我有兩個女兒，她們都是處女。如果你們願意放過兩位客人，就讓我的兩個女兒隨你們去吧！」

▲ 亞伯拉罕燔祭獨子，是《創世紀》第二十二章的內容，講述了上帝對亞伯拉罕的考驗，同時也表現出了上帝對於基督徒的絕對權威，表明了「敬畏」和「信心」的重要意義。所以，亞伯拉罕是基督信徒的「信仰楷模」

眾人說道：「你這樣維護兩個客人，他們究竟是幹什麼的！」說著就要擠破大門。房內的兩個天使見狀，伸手將羅得拉了進去，朝門外揮揮衣袖，門外的人眼睛全都瞎了，他們哀嚎著，摸來摸去找不到房門。

客人對羅得說道：「你帶著你的家人、你所敬重的親朋好友趕快離開吧！我們是上帝的使者，上帝對這裡的罪惡十分震怒，派我們毀滅這個地方！」

羅得聽了這話告訴了妻子、女兒。

天亮了，羅得對索多瑪心懷依戀，遲遲捨不得走。

天使憐惜羅得一家，將他們領出城外，告誡羅得：「趕快逃命吧！記住不能回頭看，否則就會招致禍殃。不可在平原停留，要往山上跑才能保全性命！」

這時，上帝將硫磺和火降臨到了索多瑪城內，索多瑪城內即刻騰起了熊熊烈火，煙霧瀰散開來，城裡面的生靈和建築物都毀滅了。

逃亡的路上，羅得的妻子忍不住轉身後望，剎那間變成了一根鹽柱。

最後，羅得一家跑到了瑣珥。

羅得和女兒，孤零零住在瑣珥山上。大女兒對小女兒說道：「父親老了，而這裡又荒涼，沒有人煙。我們要想辦法給父親留下後裔。」於是，兩個女兒輪番給父親灌酒，羅得醉了，女兒就和羅得同寢，兩個女兒先後懷孕。大女兒生了一個兒子叫摩押，二女兒生了一個兒子叫便亞米。

伴隨索多瑪一起被上帝毀滅的，還有一個罪惡之城，名叫蛾摩拉。

索多瑪是《聖經》故事中，因為淫亂而被上帝毀滅的城市。根據文中的內容推斷，這所謂的淫亂，指的正是為基督教所不容的同性戀行為。因此，Sodom 一詞還衍生出了辭彙「Sodomy」，意即男

性之間的肛交。

　　當時的同性戀行為，將會遭到閹割、活埋、火刑等各種殘酷的刑罰，所以，人們將索多瑪的滅亡，附會成了上帝的旨意。而索多瑪真實的滅亡原因，根據文中的描述來看，很有可能是因為火山爆發導致的掩埋，使得一個城市一夜之間遭遇沒頂之災。

　　但是，不論索多瑪的真實滅亡原因是什麼，因為《聖經》中的故事，它已經成為了淫亂之城、罪惡之城的象徵。

▲《逃走中的羅得一家》，魯本斯作品，繪於十七世紀。

參孫 (Samson)

有勇無謀

有一個瑣拉人名叫瑪挪亞，他的妻一直不能生育。

某天夜裡，耶和華的使者向那婦人顯靈，說：「妳一向無法生育，如今妳可以懷孕生一個兒子。但妳必須小心謹慎，任何酒都不可以喝，一切不潔之物也都不可以吃。妳會生下一個兒子，但千萬不能用剃刀為他剃頭，因為他一生下來就是神的信徒，他將會從非利士人手中拯救以色列人。」婦人回去告訴了丈夫她獲得神諭的事，於是，這對夫妻向耶和華獻上了燔祭和素祭。

不久，婦人生下了一個兒子，給他取名叫做參孫。

參孫在耶和華的賜福中長大了。

一天，長大的參孫來到亭拿，在那裡看見了一個非利士的女子，他對這女子一見鍾情，便去請求自己的父母，想要娶她為妻。瑪挪亞夫婦並不願意兒子娶一位非利士人，因為非利士人都未受割禮，他們要求參孫娶一位兄弟的女兒或者本國的女子。可是他們並不知道參孫對這女子的喜愛純粹出於耶和華的掌控，因為他要找機會攻擊非利士人。

參孫堅持要娶那非利士女人為妻，瑪挪亞夫婦拗不過他，陪著

他來到了亭拿，去向那女子求親，並得到了那女子的承諾。在亭拿的葡萄園裡，參孫看到了一隻正值壯年的獅子。耶和華的靈大大感動參孫，給了他神力，他徒手撕裂了獅子，就好像撕裂一隻小羔羊一樣輕鬆。

可是這件事他並未告訴他父母。

過了些日子，參孫再去迎娶那女子，走到路邊時，他又看到了那隻死獅。此時，有一群蜜蜂在那死獅的肚內釀蜜，他便取了些蜂蜜出來，邊走邊吃。

到了父母那裡，他將剩下的蜂蜜給父母吃了，但沒有告訴他們這蜂蜜是從死獅的肚子裡取來的。

▲ 參孫殺獅子。

參孫設擺筵宴，接待那些來參加他們婚禮的人。非利士人派了三十個人陪伴那女子過來。參孫對他們說：「我出一個謎語給你們，如果你們能在這七天的筵席內猜出答案，我就給你們三十件裡衣，三十套衣裳。但是如果你們不能猜到答案，就得給我三十件裡衣，三十套衣裳。」

眾人答應了參孫的要求。參孫便說出了他的謎語：「吃的從吃者出來，甜的從強者出來。」眾人都無法猜出這謎語的答案，到了第七天，他們便對參孫的妻子說：「妳應該去哄騙妳的丈夫，探出謎語的意思告訴我們，否則我們就用火去燒妳和妳父親的家。你們請我們來，難道是要奪走我們所有的東西的嗎？」

　　參孫的妻子便去向參孫哭訴，說他並不愛自己，他出的謎語也沒有將謎底告訴自己。參孫告訴她，連對父母都未曾說過，何況是她呢？但妻子一直在參孫面前哭泣撒嬌，終於逼著參孫將謎語的意思說了出來。

　　在宴會的第七天，參加宴會的非利士人在參孫面前回答出了謎語：「有什麼比蜜還甜呢？有什麼比獅子還強呢？」參孫知道是自己的妻子洩露了祕密，對他們說：「你們若非用我的母牛犢耕地，就猜不出我謎語的意思來。」但他不想違背自己的誓言，便去到亞實基倫，殺了三十個人，奪了他們的衣裳，將衣裳給了猜出謎語的人。

　　這事令參孫非常生氣，他離開了妻子，回自己家去了。

　　他妻子的父親因為他離開，便將女兒嫁給了陪伴她出嫁的人之一。過了些日子，到了割麥子的時候，參孫帶著一隻山羔羊去看他的妻子，但他的岳父不讓他進去，並告訴他，自己已經將女兒改嫁了，她還有一個更美麗的妹子，可以代替姐姐嫁給參孫。

　　參孫並不願意，他想，自己現在就算加害非利士人也不算有罪

了。於是，他捉了三百隻狐狸，將狐狸尾巴一對一對地捆上，將火把捆在兩條尾巴中間，點著火把，把狐狸放進非利士人的禾稼，將堆集在一起的禾稼和橄欖園都燒光了。

非利士人知道這是參孫的所為，遷怒於參孫的岳父，將他和他的女兒都燒死了。這事令參孫更為憤怒，決定再向非利士人報仇。他斬殺了不少的非利士人，將他們砍成兩半，隨後前往了以坦磐。

非利士人為了報復，襲擊了參孫所在的以坦磐，逼猶太人交出參孫。參孫獲得了猶太人不殺害他的承諾，答應他們用兩條新繩捆綁住自己，交給了非利士人。

參孫被押到了利希，非利士人都迎出來觀看。這時，耶和華的靈大大感動了參孫，他手臂上的麻繩就像火燒的麻一樣，從他手上脫落下來。參孫隨手撿起一塊驢腮骨，殺死了一千個非利士人，順利地從非利士人手中逃脫了。

後來，參孫又愛上了一個叫大利拉的女子。非利士人的首領找到了大利拉，希望她能夠從參孫口中探查到他有如此神力的原因，並獲知如何能夠克制他，他們願意每人給她一千一百舍客勒銀子。

大利拉無法拒絕誘惑，便去問參孫，怎樣才能制伏他？參孫告訴她：「如果用七條未乾的青繩捆綁我，我就軟弱得像平常人一樣了。」於是，大利拉拿了七條未乾的青繩綁住參孫，然後說：「參孫哪！非利士人拿你來了。」參孫立刻就掙斷了繩子，就如同掙斷被火燒過的麻線一樣。大利拉很生氣，她對參孫說：「你欺騙了我，

對我說了謊話。現在，求你告訴我，到底如何才能捆綁你吧！」參孫告訴她：「若用沒有使過的新繩捆綁我，我就軟弱得像平常人一樣了。」大利拉就用新繩綁住了參孫，可是參孫又輕易將繩子掙斷了。大利拉並不死心，再次向參孫請求，參孫又說：「妳若將我頭上的七條髮綹，與線同織就可以了。」但這次的嘗試又失敗了，參孫輕鬆地將機上的橛子和線一起都拔出來了。

　　大利拉對參孫說：「你既不與我同心，怎麼說你愛我呢？你這三次都在欺哄我，沒有告訴我你為何有這麼大的力氣。」於是，她

▲ 參孫和大利拉。

每天都纏著參孫，逼迫他告訴自己事實。參孫被她纏逼，終於忍不住告訴了她真相：「從來人沒有用剃頭刀剃我的頭，因為我自出娘胎就被視為神的信徒。若剃了我的頭髮，我的力氣就會離開我，我便軟弱得像平常人一樣。」

大利拉見參孫終於說出了真相，便派人通知了非利士人過來。她哄著參孫在自己的膝頭上睡著，叫人剃掉了參孫頭上的七條髮綹，再告訴參孫說：「參孫哪！非利士人拿你來了。」參孫從睡夢中醒來，想要像前幾次一樣活動身體，卻不知道耶和華已經離開他了。

非利士人輕易地拿下了參孫，剜了他的眼睛，用銅鍊綁著他，把他關在了迦薩的監牢裡，命令他每日推磨。然而，參孫的頭髮被剃之後，又漸漸長起來了。

這天，非利士人的首領聚會，宴樂正歡的時候，他們將參孫從監牢中帶出來，想要戲耍他。房間裡站滿了非利士人，房頂上也站著大約三千個人，都在看如何戲耍參孫。

他們命他站在房子的兩根柱子中間，參孫對拉著他手的童子說：「求你讓我摸著托房的柱子，我要靠一靠。」

童子答應了他的要求。參孫左右手各抱著托著房子的兩根柱子，對耶和華禱告說：「主耶和華啊！求祢眷念我。神啊！求祢賜我這一次的力量，使我在非利士人身上報那剜我雙眼的仇。我情願與非利士人同死。」說完，他用盡全力力氣抬起了柱子。

失去支柱的房子立刻倒塌了，非利士人的首領和房間裡的眾人

都被壓在了房子下。參孫終於報仇了，但他也犧牲了自己的性命。

參孫是《聖經》中的大力士，力大無窮，勇猛異常，他生來就受神的眷顧，獲得了天賜的神力，是以色列的救星。

然而，在這眾多的光環下，參孫同時又是個頭腦簡單的傢伙，他魯莽衝動，行事自以為是，從不考慮後果，被身邊的愛人幾次三番地欺騙，卻毫無警覺之心，最終陷入困境，只好選擇與敵人同歸於盡。

參孫的形象，完全有別於傳統故事裡那些智勇雙全的英雄形象，而是一個優缺點都非常明顯的勇士。

有勇無謀，是對他最好的概括，所以後人在形容一些人只有蠻力而無智謀的時候，都愛用參孫來指代。

七十個七次 (seventy-seven times)
寬容

　　彼得對耶穌說：「主啊！我的兄弟得罪了我，我應該饒恕他幾次呢？饒恕他七次可以嗎？」耶穌說：「我對你說，不是七次，而是要饒恕七十個七次。」

　　然後，耶穌說了一個故事：「天國好像一個王，要和他僕人算帳。正在算帳的時候，有人帶著一個欠了一千萬銀子的人來。這個人沒有辦法償還這麼多錢，主人便吩咐說，把他和他的妻子、兒女，以及他所有的一切都賣了，來償還他的債務。這僕人匍匐在地向主人請求說：『寬容我吧！將來我會將債務都還清的。』那僕人的主人動了仁慈之心，便將這人放了，還免了他所有的債。

▲ 聖徒彼得。

　　這僕人走了出來，恰好遇見了他的一個同伴，正好這人欠他十兩銀子，僕人立刻揪著他，掐住他的喉嚨，說：『你快把欠我的錢還我。』他的同伴立刻跪下來向他央求，請他寬限，並答應將來一

定會還清欠債。然而，這僕人並不肯答應同伴的請求，他扯著對方，將對方送入了監牢，要等他還了所有的欠債才放他出來。

其他同伴們看到他的所作所為，非常憤怒，便把這事告訴了主人。於是，主人叫了這僕人前來，對他說：『你這惡奴才，你央求我寬限你的欠債，我就把你所欠的都免了。難道你不應該像我憐憫你一樣憐憫你的同伴嗎？』主人非常生氣，將僕人交給了掌刑人，要求他還清所有的欠債。」

最後，耶穌告訴彼得說：「你們每個人若不從心裡饒恕你的弟兄，那我的天父也要這樣待你們了。」

寬恕是《聖經》中一個極大的主題。上帝造人，神愛世人，儘管人原本就是因為犯了錯才會被神從伊甸園中趕出來的，但上帝並未放棄祂的子民，依舊以仁慈之心，關愛著祂的每一個信徒。

所以，我們要像上帝一樣愛人，愛人如愛己，赦免別人如同神赦免我們一樣。

要記住：神寬恕我的，永遠比我寬恕其他人的更多。我們都是罪人，都是不完美的，所以難免會傷害到其他人；同樣的，別人也有可能會傷害到你。不論是誰，都必須包容彼此的過失，憐憫才是人類最美化的素質。

饒恕冒犯你的人，饒恕七十個七次。

摩西 (Moses)

賢者

以色列的後人在埃及的土地上繁衍生長。從以色列帶領全家來到埃及定居，此後四百年間，猶太人由原來的七十多人，達到了兩百萬人。猶太人人丁繁茂，遍布埃及。

埃及法老對猶太人的擴張感到恐懼，而猶太人憑藉著聰明能幹，累積了大量財富，也招致了本地人的嫉妒。法老召集臣下商議：「你們看，猶太人現在比我們還多，而且還很富有強盛。一旦發生戰爭等變故，他們會對我們產生威脅，極有可能聯合仇敵，攻擊我們。所以我們要未雨綢繆，先發制人。」

有謀臣給法老出了一個惡毒的主意：從現在起就對猶太人進行限制，用繁重的勞役、嚴厲的監督，來折磨他們的肉體，以便縮短他們的壽命；對猶太男嬰進行大屠殺，凡是猶太人剛剛出生的男嬰，一律處死。

法老採取了這個建議，於是開始殘酷地奴役猶太人，讓他們做最苦最累的工作；法老召來猶太人的兩個接生婆，下旨道：「猶太人如果生下男嬰，一律處死，女嬰可以存活。」接生婆因為敬畏上帝，不敢殘害生靈，於是，猶太人更加繁衍生殖。法老見狀親自下令給

民眾：「凡是猶太人所生的男孩，全部丟到河裡面淹死；女孩可以保留性命。」

有一對猶太夫婦，生了一個兒子，模樣十分俊美。他們將孩子在家裡藏匿了三個月，由於懼怕法老的命令，取了一個蒲草箱，抹上石漆和石油，將孩子放進箱子裡面，扔進了河邊的蘆葦叢。孩子的姐姐捨不得弟弟，遠遠觀望。

這時，法老的女兒來到河邊洗澡，看到了箱子，就命令婢女將箱子拿過來。她打開箱子看到了孩子，那孩子哭了起來，她可憐這孩子，說：「這是希伯來人的一個孩子。」孩子的姐姐看到了，對法老的女兒說：「我去希伯來婦人中叫一個奶媽來，為妳餵養這孩子，可以嗎？」法老的女兒答應了。女孩就去叫了母親來。法老的女兒讓這婦人將孩子抱去餵養，並答應給她報酬。婦人將孩子帶回餵養，等到他長大了，又把他帶到了法老的女兒那裡，做了她的兒子。

法老的女兒給她取名叫摩西，意思是，因我把他從水裡拉出來。

摩西長大了，到他的兄弟那裡，看到一個埃及人在打一個希伯來人，他見周圍沒有人，便把埃及人打死了，埋在沙土裡。可是這事情被他的同族傳了出去，法老聽說，便想殺了他，摩西只好逃到米甸去。在米甸，他娶了米甸祭司流珥的女兒，結婚生子。

一日，摩西正在幫自己的岳父牧羊的時候，耶和華的使者在荊棘裡火焰中向他顯現，告訴他說：「我的百姓在埃及所受的困苦，我看見了，我下來是要救他們脫離埃及人的手，讓他們出了那地，

到美好寬闊流奶與蜜之地。故此，我要打發你去見法老，使你可以將我的百姓以色列人從埃及領出來。」但摩西說：「我是什麼人，怎能將以色列人從埃及領出來呢？他們一定不會相信我，也不會聽我的話。」於是耶和華賜給了摩西可將手杖變成蛇，以及能夠令手上的大痲瘋消失的能力，他還告訴摩西，若是這兩個神跡他們都不信，那他可以從河中取水倒在旱地上，那些水會變成血。

摩西便帶著他的妻子和兩個兒子，回埃及去了。摩西去見了埃及法老，但法老並不信仰耶和華，就算見到摩西展現的神跡，也不肯減少以色列人所承擔的徭役。於是，耶和華在埃及依次降下了血災、蛙災、虱災、蠅災、畜疫之災、瘡災、雹災、蝗災和黑暗之災，

▲ 摩西被埃及公主救起。

後來，又把埃及所有的長子，從坐寶座的法老，直到囚牢中人的長子，以及一切頭生的牲畜，全部都殺死了。

埃及法老這才承認了耶和華的神威，他召了摩西來，讓他帶著六十萬以色列人從蘭塞出發，往疏割去。

可是這時候，埃及法老改了心意，帶領軍隊趕了過來，在紅海邊靠近比哈希錄的地方，追上了摩西帶領的以色列人。以色列人看到埃及人趕來，非常害怕，就對摩西說：「難道在埃及沒有墳地，你要把我們帶到曠野裡死嗎？為什麼要將我們從埃及帶出來呢？」摩西安慰他們說，耶和華會救大家的，他們只管靜默不要作聲就好了。

於是，耶和華讓摩西向海水伸出祂的手杖，祂便用大東風，讓海水一夜退去，水分開來，海就成了乾地。以色列人下海走了過去，水都在兩邊成了牆垣。埃及人跟著追下海去，耶和華便讓埃及的軍兵混亂，讓他們的車輪脫落，難以追上以色列人。

等以色列人都走過去之後，耶和華又讓摩西向大海伸出手杖，讓海水復原，埃及人想要逃跑，耶和華把他們推翻在海裡，讓埃及軍隊全被海水吞沒了。

就這樣，耶和華將以色列人從埃及人的手中拯救了出來，以色列人看見耶和華所做的一切，就敬畏耶和華，也信服了祂和祂的僕人摩西。

摩西是先知中最偉大的一位，舊約中提到摩西約一百七十次，新約提到他七十幾次。可見摩西在以色列人歷史上的地位。他是猶太人的民族領袖，是偉大的戰士、政治家、詩人、道德家、史家、希伯來人的立法者。他曾親自和上帝接談，受祂的啟示，領導希伯來民族從埃及遷徙到巴勒斯坦，他得到了神所頒布的《十誡》，即《摩西十誡》，這成為了希伯來人的法規。

可以說，摩西是《聖經》記載中，最受神恩寵的先知，就算是三千多年後的今天，他依然還受到眾多教徒乃至非教徒的尊重。

▲ 摩西雕像。

世間之鹽 (The salt of the earth)

高尚

　　《馬太福音》中，耶穌曾經向他的門徒們傳教。他說：「虛心的人有福了，因為天國是他們的。哀慟的人有福了，因為他們必得安慰。溫柔的人有福了，因為他們必承受地土。飢渴慕義的人有福了，因為他們必得飽足。憐恤人的人有福了，因為他們必蒙憐恤。清心的人有福了，因為他們必得見神。使人和睦的人有福了，因為他們必成為神的兒子。為義受逼迫的人有福了，因為天國是他們的。人若因我辱罵你們，逼迫你們，捏造各樣壞話譭謗你們，你們就有福了。應當歡喜快樂，因為你們在天上的賞賜是大的。在你們以前的先知，人也是這樣逼迫他們。你們是世上的鹽。鹽若失了味，怎能叫它再鹹呢？以後無用，不過丟在外面，被人踐踏了。你們是世上的光。城造在山上，是不能隱藏的。」

　　「你們是世上的鹽」，耶穌用鹽來讚美自己的門徒，是因為鹽在古代是一種非常珍貴的食物。在《聖經》中，鹽曾經多次做為淨化祭品的物品來使用。「耶和華吩咐摩西說，你要取馨香的香料，就是拿他弗、施喜列、喜利比拿，這馨香的香料和淨乳香各樣要一般大的份量。你要用這些加上鹽，按做香之法做成清淨聖潔的香。」

「凡獻為素祭的供物都要用鹽調和，在素祭上不可缺了你神立約的鹽。一切的供物都要配鹽而獻。」潔淨的香需要加上鹽，獻祭的貢品需要用鹽調和，因鹽乃是一種尊貴而聖潔之物。

除此之外，在《聖經》中，鹽還有永恆的含意，人們愛用「鹽約」拿來形容訂立永遠不變的契約。「凡以色列人所獻給耶和華聖物中的舉祭，我都賜給你和你的兒女，當作永得的份。這是給你和你的後裔，在耶和華面前做為永遠的鹽約（鹽即不廢壞的意思）。」

「你們的話要時刻帶著恩慈，用鹽調味，是你們知道該怎樣回答個人。」「你們心裡要有鹽，彼此和睦相處。」《聖經》裡處處

▲ 耶穌帶領門徒進入耶路撒冷。

都可以看到鹽的身影，它是西方人心目中一種尊貴而聖潔的物品，直到伊莉莎白時代，貴族們的餐桌上都會擺著一個很大的鹽罐，因此還產生了短語：「Please sit above the salt.（請上座）」

耶穌用鹽來讚美自己的門徒，而世間之鹽（The salt of the earth）這一說法，也成為了一個固定的短語，被用來形容高尚、尊貴、正直的人。「You are the salt of the earth.」就是說，你是一個正直高貴的人。

天使的號角 (Angel's trumpet)

末日

《新約 · 啟示錄》中記載了這樣一幕：當羔羊揭開第七印的時候，天上寂靜了大概兩刻。約翰看見了神面前站著七位天使，神賜了七支號給祂們。另外有一位天使拿著金香爐，站在祭壇旁邊。他將許多香獻在了金壇上，和眾聖徒一起祈禱。那香的煙和眾聖徒的祈禱都上升到神的面前。天使拿著香爐，盛滿了壇上的火，倒在地上，隨即便雷聲轟轟，閃電交加，大地開始震動了起來。而拿著七支號的七位天使，準備要吹響手中的號角。

第一位天使吹號了，有冰雹與火攙著血落在地上。地的三分之一和樹的三分之一都被燒了，一切的青草也被燒了。

第二位天使吹號了，就有彷彿被點燃的大山扔在了海裡。海的三分之一變成了血，海中的活物死了三分之一，船隻也壞了三分之一。

第三位天使吹號了，就有燒著的大星，好像火把從天上落下來，落在江河的三分之一，和眾水的泉源上。這顆星星名叫「茵陳」，眾水的三分之一便變成了茵陳。因為水變苦了，死了許多人。

第四位天使吹號了，太陽的三分之一，月亮的三分之一，星辰

的三分之一,都被擊打。於是日月星的三分之一都黑暗了,白晝的三分之一沒有光,黑夜的三分之一也沒有光。約翰看見一隻鷹飛在空中,並聽見牠大聲說,三位天使要吹響其餘的號角,你們住在地上的人,將要面臨災禍了。

第五位天使吹號了,約翰就看見一顆星從天落到地上。上帝將深淵的鑰匙賜給它,它打開了那無底坑,便有煙從坑裡往上冒,好像大火爐的煙。太陽和天空,都因這煙昏暗了。有蝗蟲從煙中飛出來,耶和華賜給了牠們能力,就好像地上蠍子的能力一樣。上帝吩咐牠們說,不可傷害地上的草和各樣樹木,唯獨要傷害額上沒有神

▲《吹號角的天使》,這幅畫表現了畫家相信的一種光明和黑暗的二分法的象徵。右邊那仍帶著睡意、將醒未醒的形象是黎明的象徵,她正被中間那三個英雄氣質的天使的號角聲驚醒。左邊那個正在逃走的形象是黑夜的象徵。

印記的人。但祂也不許蝗蟲害死他們，而要讓他們遭受五個月的痛苦。這痛苦就像蠍子螫人的痛苦一樣，讓人在那些日子裡求生不得，求死不能，就算想死，卻也死不成。那些蝗蟲的形狀，就好像準備出戰的馬一樣，頭上戴的好像金冠冕，顏面好像男人的顏面。牠們的頭髮像女人的頭髮，牙齒像獅子的牙齒，胸前有甲好像鐵甲。牠們翅膀的聲音，好像許多車馬奔跑上陣的聲音，牠們有尾巴像蠍子，尾巴上的毒鉤能傷人五個月。從無底坑中來的一個叫做亞巴頓（破壞）的使者，是牠們的王。

三樣災難的第一樣過去了，但還有兩樣災禍要來。

第六位天使吹號了，約翰聽見有聲音從神面前金壇的四角出來。那聲音吩咐那吹號的第六位天使，讓祂放了捆綁在伯拉大河的四個使者。那四個被釋放的使者早就準備好了，到某年某月某日某時，要殺人的三分之一。祂們帶著二萬的軍馬，那些騎馬的胸前有甲如火，還有紫瑪瑙與硫磺。馬的頭好像獅子頭，有火，有煙，有硫磺，從馬的口中出來。這幾樣就殺死了三分之一的人，其他沒有被這災難殺死的人，仍然不悔改自己所做的錯事，還繼續祭拜鬼魔，和那些不能看，不能聽，不能走，金、銀、銅、木、石的偶像，也不悔改他們那些凶殺、邪術、姦淫、偷竊的事。

他又看到一位大力的天使從天上下來，身上披著雲彩，頭上有彩虹，臉如太陽一般榮耀，兩腳像火柱。這天是手中拿著展開的書卷，他用右腳踏海，左腳踏地，開始大聲呼喊，好像獅子的吼叫，

祂喊完了，就有七雷發聲。約翰知道這七雷發聲的意思，正好寫出來，卻被天上的聲音阻止。那天使還向神起誓說，不會再拖延了。

在第七位天使吹號發聲的時候，神的奧祕就成全了，正如神所傳給祂僕人眾先知的佳音。大災難已經過去，基督的國度已開始了。世上的國成了我主和主基督的國。他要做王，直到永永遠遠。

▲ 末日審判。

《新約‧啟示錄》是《聖經》中最難理解的一部分，對它的解釋五花八門，但對這一段公認的就是，它預言的是世界末日的情景。耶和華要審判那些不信仰自己，而去祭拜鬼魔，多行罪惡之事的人們，當七位天使依次吹響號角的時候，大地上的生物都會被滅絕和清洗，從而重新建立其基督的國。因此，天使的號角也就預示這世界末日的到來。

而著名的曼陀羅，因其具有強烈的毒性，也被人稱為「天使的號角」，借用的正是象徵末日和死亡的含意。

泥足巨人 (feet of clay)
外強中乾

　　巴比倫王尼布甲尼撒在位的第二年，他做了一個夢，搞得心裡煩亂，不能睡覺。他召集了術士、用法術的、行邪術的和迦勒底人，對他們說：「我做了一個夢，心裡煩亂，要知道這是什麼夢。」迦勒底人說：「願王萬歲。請將那夢告訴我，我就可以講解了。」可是尼布甲尼撒回答他說：「夢我已經忘了。你們若是不能將我的夢和夢的講解告訴我，我將凌遲處死你們。你們若是能夠講出我的夢，並向我解釋它，那我就會賜給你們豐厚的獎賞和榮譽。」

　　這些人再次向尼布甲尼撒請求，讓王告訴他們夢的內容，這樣他們就可以解釋了。但王回答說：「你們這是在故意拖延，你們明明知道我已經把夢忘記了。如果你們還不能將夢告訴我的話，我將狠狠地懲罰你們，因為你們欺騙了我。」這些人無計可施，因為除了不與世人同居的神明，沒有人能回答出王所問的問題。

　　尼布甲尼撒國王大發雷霆，吩咐士兵們殺掉巴比倫所有的哲士。但以理從國王的護衛長那裡得知了這件事，他去求見了國王，請求他的寬限，說自己不久便會將夢的講解告訴國王。國王答應了他的請求。

但以理回到自己的居所，和同伴們一起祈求上帝施捨憐憫，告知他們國王夢的奧祕，以免巴比倫的哲士都因此而被殺害。上帝回應了但以理的請求，在夜間的異象中向他昭示了國王夢的祕密。

　　於是，但以理趕緊去見國王，並告訴國王說：「你所問的那奧祕事，哲士、用法術的、術士、觀兆的都不能告訴王，只有上帝能顯明奧祕的事，祂已將日後必有的事指示尼布甲尼撒王。」

▲ 古巴比倫強盛的象徵──空中花園。

　　「國王啊！你夢見了一個巨大的人像，這人像非常高，非常光耀，它站在你面前，樣子十分可怕。這人像的頭是用金子製成，胸膛和膀臂是銀的，肚腹和腰是銅的，腿是鐵的，腳是半鐵半泥的。

你看見有一塊非人手鑿出來的石頭打在這像半鐵半泥的腳上，把這人像的腳砸碎了。於是，金、銀、銅、鐵、泥都一同被砸得粉碎，被風吹散，再也找不到了。打碎這人像的石頭也變成了一座大山，大得占滿了整個大地。」

「這個夢要這樣解釋。國王啊！你是諸王之王，天上的上帝已將國度、權柄、能力、尊榮都賜給你。凡是世人所住之地的走獸，以及天空的飛鳥，都交付在你手，使你掌管這一切。你就是那金頭。在你之後，會有另外一個國家興盛，不及你現在的國家，這是銀的。又有第三國，就是銅的，也會掌管天下。第四國，必然堅壯如鐵，鐵能打碎克制百物，又能壓碎一切，那國也必打碎壓制列國。你看見人像的腳和腳趾頭，一半是窯匠的泥，一半是鐵，那國將來也必然分開。你既見鐵與泥摻雜，那國也必有鐵的力量。那腳趾頭，既是半鐵半泥，那國也必然半強半弱。你看見鐵與泥摻雜，那國民也必與各種人摻雜，卻不能彼此相合，正如鐵與泥不能相合一樣。當那列王在位的時候，上帝必另立一國，永不敗壞，也不歸別國的人，卻要打碎滅絕那一切國，這國必存到永遠。你看見那非人手鑿出來的一塊石頭從山裡出來，打碎了金、銀、銅、鐵、泥，就是天上的神所另立的一國。」

聽完但以理的解釋，尼布甲尼撒國王大為誠服，俯伏在地向但以理下拜，並吩咐人給但以理奉上了供物和香品。

據說，尼布甲尼撒國王所夢到的這個金頭銀臂銅腹鐵腿半鐵半泥腳的巨人像，預示的正是巴比倫帝國的命運。金頭指的是巴比倫大帝國，銀胸和銀臂代表波斯國，銅腰國指的是希臘，鐵腿國則是羅馬。而除了這個看起來非常準確的預言之外，這個故事還為我們留下了一個很著名的典故，泥足巨人（feet of clay）。

雖然擁有金、銀、銅、鐵這樣堅硬的身軀，但因為腳是用泥做成了，也就成為了這看似恐怖的巨人最大的弱點，使得它被一塊石頭砸碎了。從此以後，人們就把 feet of clay 一詞引申為看似強壯的物件的弱點了，特別是指偉人或受崇拜人物的缺憾、弱點。

這個詞被經常地使用於日常生活中，葉卡捷琳娜時代的沙俄，就曾被西歐人稱為泥足巨人，而現在，西方人也曾把中國比喻為泥足巨人。有趣的是，列寧也把這個詞回饋給了西方人，將帝國主義稱為泥足巨人。

所羅門 (as wise as Solomon)
智慧

　　所羅門與埃及王法老結親，娶了法老的女兒為妻。所羅門尊重
耶和華，遵行他父親大衛的律例，進行獻祭。因為耶和華的宮殿還
沒有建成，所羅門就到基遍去獻祭，因為那裡有極大的邱壇，他在
那壇上獻一千頭牛做燔祭。

　　在基遍，耶和華在夢中向
所羅門顯靈，對他說：「你想
要我賜你什麼東西，都可以向
我請求。」所羅門說：「祢的
僕人，我的父親大衛在祢面前
懷著誠實、公義、正直的心，
祢就向他大施恩典，又為他存
留大恩，賜他一個兒子坐在他
的位上，正如今日一樣。耶和
華，我的神啊！祢讓僕人我接

▲ 俄羅斯人繪製的所羅門王手持聖殿模型。

了父親大衛做王，但我還年輕，不知道該如果去做。我住在祢所挑
選的臣民當中，這些人太多了，所以求祢賜我智慧，可以辨別是非。」

因為所羅門所求的是智慧，令耶和華非常高興，祂對所羅門說：「既然你所求的是這件事，也不為自己求長壽、求財富，也不求滅絕你仇敵的性命，那我可以接受你的請求。我答應你所要求的事，賜你聰明智慧，甚至於在你以前沒有像你這樣的智慧，在你以後也沒有像這樣的智慧。你所沒有要求的，富足、尊榮，我也都會賜給你，只要你在世的日子，列王中就沒有一個人可與你相比的。只要你效仿你的父親大衛，信仰我，遵守我的律例、誡命，我也會使你長壽。」

所羅門醒了，發現這是自己做的一個夢。

他回到了耶路撒冷，站在耶和華的約櫃前，獻燔祭和平安祭，又為他眾臣僕擺設筵席。

一天，有兩個婦人來到了所羅門王的門前。

其中一個說：「我的主啊！我和這婦人住在同一間房裡。我們兩個人同住，除此之外，房中再也沒有其他人了。她在房裡的時候，我生了一個男孩，三天之後，這個婦人也生了個孩子。一天夜裡，這個婦人晚上睡覺的時候，不小心將自己的孩子壓死了。她就半夜偷偷起來，趁我睡著，把我的孩子抱走放到自己的床上，又將她自己的死孩子放到了我懷裡。天要亮的時候，我起來給孩子餵奶，結果發現孩子死了。等到天亮了，我細細地察看，發現這孩子並不是我生的那個，是被她偷換了的。」

另一個婦人立刻反駁說：「不對，活的孩子是我的，死的孩子才是妳的！」這婦人回道：「不是，死的孩子是妳的，活的孩子才

▲ 所羅門的審判。

是我的！」兩人在所羅門王面前爭論不休，都堅持那活著的孩子是自己的，死的孩子才是對方的。

所羅門王看她兩人都不想讓，便吩咐下人拿了一把刀來。下人將刀送上，所羅門王說：「將這個活的孩子劈成兩半，一半給這個婦人，一半給那個婦人。」聽到這話，其中一位婦人立刻哭泣起來，跪下祈求說：「請將那孩子給她吧！」可另外的婦人卻說：「這孩子也不歸我，也不歸妳，把他劈了吧。」

聽到兩個婦人的話，所羅門王指著跪在地上的婦人說：「將活的孩子給這婦人，千萬不可殺他，因為這婦人才是這孩子的母親。只有真正的母親，才會顧及孩子的性命。」

以色列眾人聽見所羅門王這樣判斷，都很敬畏他，因為他心裡有神的智慧，所以能斷案。

「我就應允你所求的，賜你聰明智慧，甚至在你以前沒有像你的，在你以後也沒有像你的。」耶和華賜給了所羅門王人所未及的智慧，從此所羅門王也就成為了智慧的象徵。西方人習慣於用 as wise as Solomon「像所羅門一樣智慧」這個片語來讚美一個人的聰明。

馬太效應 (Matthew Effect)
強者愈強、弱者愈弱

在《新約‧馬太福音》中有這樣一段：

一個人要往外國去，就叫了他的僕人來，把家業交給他們看管。

這人按照每個人的才幹，分給他們銀子。第一個人僕人給了五千，第二個給了兩千，第三個給了一千。然後，這人就往外國去了。

那領了五千銀子的，拿著銀子去做買賣，另外賺了五千。那領了兩千的，也照樣另外賺了兩千。但那領了一千銀子的，把主人的銀子藏了起來。

過了很久，那些僕人的主人回來了，開始和他們算帳。

那領了五千銀子的，又帶著那另外的五千來了，說：「主人啊！您交給我五千銀子，請看，我又給您賺了五千。」主人說：「好，你這有善良又忠心的僕人。你可以進來，享受當主人的快樂。」

那領兩千的僕人說：「主人啊！你交給我兩千銀子，請看，我又賺了兩千。」主人說：「好，你這有善良又忠心的僕人。你可以進來，享受當主人的快樂。」

那領一千的僕人也來了，他說：「主人啊！我知道你是狠心的人，沒有種的地方要收割，沒有散的地方要聚斂，我就很害怕。於是我

將你的一千銀子埋藏在地裡，沒有動過。請看，你的銀子原封不動的在這裡。」

主人回答說：「你這又惡又懶的僕人，既然你知道我沒有種的地方都要收割，沒有散的地方都要聚斂，就算把我的銀子放給兌換銀錢的人，等我回來的時候，也可以連本帶利收回來啊！」於是，主人將他那一千奪了過來，給了那有一萬銀子的。

因為凡是有的，還要加給他，叫他有餘；沒有的，連他本來有的東西，也要奪過來。

把這無用的僕人，丟在外面的黑暗裡，讓他哀聲哭泣吧！

上面這個故事後來產生了一個很著名的概念——馬太效應。指的是強者愈強、弱者愈弱的現象。它也可以解釋為，任何個體、群體或地區，在某一個方面（如金錢、名譽、地位等）獲得成功和進步，就會產生一種累積優勢，就會有更多的機會取得更大的成功和進步。

馬太效應的主要作用是「贏家通吃」機制，講究的是效率。它廣泛應用於社會心理學、教育、金融以及科學等眾多領域，揭示了一個不斷增長的個人和企業資源的需求，是影響企業發展和個人成功的重要法則。

約伯的妻子 (job's wife)
愚昧

在烏斯地有一個人，名叫約伯，他正直、虔誠，敬畏神，遠離惡事。約伯生了七個兒子、三個女兒，他的家產有七千隻羊，三千隻駱駝，五百對牛，五百頭母驢，並有許多僕婢，非常富有。

有時，約伯的兒子在自己家裡擺設筵席，命人去請了他們的三個姐妹來，與他們一同吃喝。當設宴的日子過了之後，約伯就命人去叫他們自潔，他自己則清早起來，按照他們的人數獻燔祭。因為他說，我擔心我的兒子犯了罪，心中忘掉了神靈。

他經常做這樣的事。

有一天，上帝的眾子侍立在耶和華面前，撒旦也來了。

耶和華問撒旦：「祢從哪裡來？」

撒旦回答說：「我從地上走來走去，往返而來。」

耶和華又問撒旦說：「祢是否曾用心察看我的僕人約伯？地上再也沒有人像他那樣，完全正直，敬畏神，遠離惡事。」

撒旦回答道：「約伯敬畏神，並非無緣無故啊！還不是因為祢在四周圍圈上籬笆，圍護他和他的家，以及他所有的一切嗎？他所做的事都獲得了祢的賜福，他的家產也在增多，如果祢毀掉他所有

的一切，他一定會當面拋棄祢的。」

聽到這些，耶和華便對撒旦說：「我將他所有的東西都交由祢處置，但是祢不可以伸手加害於他。」

撒旦允諾了耶和華，便離開了。

一天，約伯的兒女們正在他們的長兄家裡吃飯、喝酒，忽然有報信的人來見約伯說：「本來牛正在耕地，驢在旁邊吃草，但示巴人忽然闖來，把牲畜擄走了，還將其他人都殺了，只有我一個人逃脫了，回來報信。」

這人還沒說完的時候，又有一個人來了，說：「神從天上降下

▲ 撒旦的誘惑。

火來，將羊群和僕人都燒死了，只有我一個人逃脫了，回來報信給你。」

他還在說話的時候，又有人來說：「迦勒底人分成三隊突然闖來，把駱駝擄走，把僕人都殺了。只有我一個人逃脫，來報信給你。」

他還未說完的時候，又有一個人來說：「你的兒女正在他們長兄的家裡吃飯、喝酒，突然狂風大作，風將房子吹塌了，壓在你的兒女們身上，他們都死了。只有我一個人逃脫，來報信給你。」

聽到這些，約伯便站了起來，撕開外袍，剃了頭，伏在地上下跪說：「我是赤裸著從母胎中出來的，也將會赤裸著回去。我的東西都是耶和華賞賜的，耶和華收回去也是自然。耶和華的名是應當稱頌的。」就算遭遇了這樣的事，約伯也不犯罪，也不會認為上帝是愚妄的。

又有一天，上帝的眾子侍立在耶和華面前，撒旦也來了。

耶和華問撒旦說：「祢從哪裡來？」

撒旦回答說：「我從地上走來走去，往返而來。」

耶和華又問撒旦說：「祢是否曾用心察看我的僕人約伯？地上再也沒有人像他那樣完全正直，敬畏神，遠離惡事。雖然祢慫恿我攻擊他，無故毀滅他的一切，但他仍保持著他的純正。」

撒旦回答耶和華說：「人以皮代皮，情願捨去一切，只是為了保全性命。如果祢傷害他的骨頭和肉，他必定會拋棄對祢的信仰。」

耶和華便對撒旦說：「我將他交到祢手裡處置了，只要保留他

的性命就行。」

於是撒旦便從耶和華面前離開了，祂打擊約伯，讓他從腳掌到頭頂長滿了毒瘡。

約伯就坐在爐灰中，用瓦片刮身體。

他的妻子看到他這樣子，便對他說：「你還要堅持你的純正信仰嗎？你棄掉上帝，死了算了。」

約伯卻對妻子說：「妳真是一個愚頑的婦人。難道我們只能從上帝手中得福，不能受禍嗎？」就算遭遇了這樣的事，約伯也不會在言詞上犯罪，放棄信仰。

見到約伯如此忠誠，耶和華便結束了他的苦境，並賜給他比原來更多的東西。

約伯有了一萬四千隻羊，六千隻駱駝，一千對牛，一千頭母驢，他又有了七個兒子，三個女兒，在全天下的女人中，找不到像約伯的女兒那樣貌美的。

此後，約伯又活了一百四十年，見到了他的第四代子孫，直到安詳過世。

▲ 最忠實的信徒約伯。

約伯是上帝最忠實的信徒，就算歷經劫難，也絕不改變自己的信仰，而與他可成對比的，則是他的妻子，當面對挫折之時，約伯的妻子便勸丈夫放棄對上帝的信仰，甚至讓丈夫一死了之。因為她的愚昧與不堅定，她被視為背離神的女人。

　　後來，人們也常用「約伯的妻子」，來形容那些愚昧短視、稍微遭受挫折便會改變信仰的女人。

烏利亞的信 (Uriah's letter)
帶來不幸的東西

一天，太陽快要下山的時候，以色列王大衛從床上起來，在王宮的平頂上散步。

他看見一個婦人在沐浴，婦人容貌甚美，大衛便命人去打聽那婦人是誰。有人告訴他，她是以連的女兒，赫人烏利亞的妻子拔示巴。

大衛便派人去將婦人接來。

到來後，大衛與她同房，之後就讓她回家去了。

那時拔示巴的月經才得潔淨，結果她懷了孕。

拔示巴於是打發人去告訴大衛。

大衛派人到約押那裡說：「你打發烏利亞到我這裡來。」約押就打發烏利亞去見大衛。

▲ 大衛王。

烏利亞來了，大衛問他約押的情況，也問士兵的情況，又問爭戰的事怎樣。問完後，大衛就對烏利亞說：「你回家去，洗洗腳吧！」

還送了他一份食物。可是，烏利亞卻沒有回家，而是和他主人的僕人一起睡在宮門外。

有人告訴大衛說，烏利亞沒有回家去。

大衛就叫來烏利亞問：「你從遠路上來，為什麼不回家去呢？」烏利亞對大衛說：「約櫃和以色列與猶大兵都住在棚裡，我主約押和我主的僕人都在田野安營，我怎麼可以回家吃喝玩樂，與妻子同寢呢？我曾指著王和王的性命起誓過的。」大衛就吩咐烏利亞說：「你今日就住在這裡，明日我打發你去。」

於是，烏利亞那兩日就住在了耶路撒冷。

大衛召了烏利亞來，叫他在自己面前吃喝，使他喝醉。到了晚上，烏利亞出去與他主的僕人一同住宿，還是沒有回到家裡去。

大衛想要烏利亞和妻子同寢的計畫沒能實現，便寫了一封信給烏利亞，讓他交給約押。烏利亞並不知道信裡寫著讓約押派烏利亞到戰爭中最危險的地方，到了那裡，其他人便退後，讓他被殺死。

約押收到信，知道敵人在某處有不少勇士，便將烏利亞派去了那裡。兩方的戰爭非常激烈，約押這邊死了好幾個人，烏利亞也戰死了。於是，約押差人去將戰爭的情況告訴大衛，又囑咐使者說：「你把戰爭的一切事對王說完了，王如果發怒，問你說，你們打仗為什麼挨近城牆呢？難道不知道敵人一定會從城上射箭嗎？從前打死耶路比設兒子亞比米勒的是誰呢？難道不是一個婦人從城上拋下一塊磨石來，打在他身上，他就死在提備斯了嗎？你們為什麼挨近城牆

呢？你就說，王的僕人，赫人烏利亞也死了。」

　　使者來到耶路撒冷見大衛王，按照約押的吩咐奏報了大衛：「敵人強過我們，出到郊野與我們打仗，我們追殺他們，直到了城門口。射箭的從城上射王的僕人，射死了幾個人，赫人烏利亞也死了。」

▲ 沐浴的拔示巴。

大衛王聽了，便對使者說：「你告訴約押，不要因這事愁悶，刀劍或吞滅這人或吞滅那人，沒有一定的規律。你只管竭力攻城，攻下城池就行。可以用這話勉勵約押。」

烏利亞的妻子拔示巴聽說丈夫死了，哀哭不已。等哀傷的日子過了，大衛就差人將她接到宮裡，嫁給了大衛，並為他生了一個兒子，這孩子就是著名的所羅門王。

大衛為了自己的一己私慾，殺害了一個忠誠的僕人和士兵，而烏利亞的忠誠、正義，更加襯托了大衛的陰暗醜惡。後來，大衛遭到了耶和華的懲罰，但烏利亞，卻因為那封暗藏陰謀的信失去了生命，再也無法復活。

這封《聖經》中最重要的信，成為了一個可怕的象徵，它象徵著陰謀與黑暗，它帶來了不幸的死亡，而它也為之後的大衛王帶來了耶和華的懲罰，為耶路撒冷帶來了災禍。

烏利亞的信，成為了不幸和災禍的象徵。

七宗罪 (The Seven Deadly Sins)

罪惡

威廉是紐約警察局的刑事警官，也是個凶殺案專家，現在，他還有七天就要退休了，可以真正地放鬆下來，享受生活了。

為了接替他的工作，上司指派了一個新搭檔米爾斯給他。

米爾斯是個年輕氣盛的傢伙，剛剛才和妻子翠西一同搬到紐約，希望能在這座繁華的大都市裡接手一些大案子。對於威廉的謹慎老成，米爾斯很不以為然。

他們很快遇到了第一件案子：一個胖得出奇的男人在家中死亡了。可是，兩人並未在現場發現什麼有價值的線索。案子還未告破，另一起謀殺案又發生了，這次是一位富有的辯護律師，在凶案現場的地板上，凶手用血寫著兩個字：貪婪。

這兩個字引起了威廉的注意，他回到第一個死亡現場細心查找，終於在冰箱後面發現了兩個字：暴食。這時他們才醒悟，原來這個男人是被強迫吃下大量的食物直到胃被撐破而死的。兩人的死因讓威廉想起了《聖經》中的七宗罪：暴食、貪婪、懶惰、憤怒、驕傲、淫慾和嫉妒。他判斷，凶手很可能是按照這七宗罪來施行自己的謀殺計畫的，接下來，應該還會有對應剩下五個罪孽的人遭到殺害。

可是，米爾斯並不相信威廉的推測。

在第二個凶案現場，員警發現了律師的當事人毒販維克多的指紋。他有前科，而且有心理疾病，威廉他們開始懷疑，他就是那個殺人犯。可是，當員警趕去拘捕他的時候，卻發現他早已經死了，而現場的牆上，還寫著「懶惰」兩個字。他也成為了七宗罪的受害人。

威廉經過大量的調查，終於把目標鎖定為記者約翰·多伊，一個為了不留下自己的指紋而將手指上的皮剝掉的變態者。威廉和米爾斯趕往約翰家中，卻發現他早已經逃走。

在約翰家的搜尋中，他們發現了一張金髮妓女的照片。等警方找到這名妓女的時候，她也已經被謀殺，身邊寫著「淫慾」兩個字。

這天已經是威廉的退休日了，可是就在這時，威廉接到了約翰的電話，告訴他們，他又再次犯罪了。威廉他們找到了死者，這次的死者也是一個女人，死在了自己的床上，床頭的牆上，寫著「驕傲」兩個字。

威廉決定，辦完這個案子再退休。可是就在這時，約翰卻突然來警局自首了。威廉相信事情沒這件簡單，因為七宗罪的最後兩宗，還並未完成，約翰一定還耍花招。約翰招認說，自己還犯下了兩宗罪案，願意帶他們去找。

就在這時，有人給米爾斯送來了一個包裹，米爾斯打開包裹，卻發現裡面竟然是翠西的頭顱。約翰得意地告訴米爾斯，他嫉妒米爾斯和妻子的恩愛，所以，他自己犯下了嫉妒之罪。

悲傷過頭的米爾斯再也無法克制自己的情緒，他拿起槍，在眾人面前殺死了約翰。至此，他也犯下了「憤怒」之罪，陷入了約翰精心設計的圈套。七宗罪的罪惡，至此結束。

七宗罪是基督教教義中的七種罪惡。《聖經·歌羅西書》中寫道：「基督是我們的生命，祂顯現的時候，你們也要與祂一同顯現在榮耀裡。所以要治死你們在地上的肢體，就如淫亂、汙穢、邪情、惡

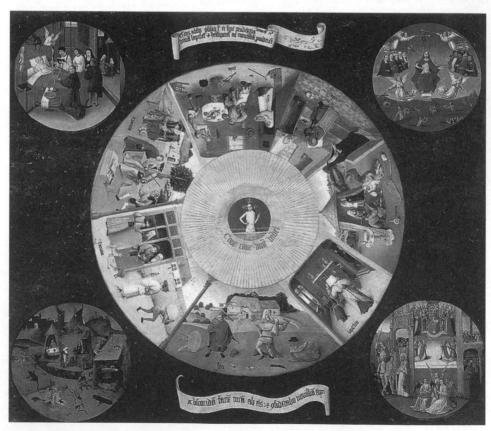

▲ 罪行與救贖。

慾和貪婪，貪婪就與拜偶像一樣。因這些事，神的憤怒必臨到那悖逆之子。 當你們在這些事中活著的時候，也曾這樣行過。但現在你們要棄絕這一切的事，以及惱恨、憤怒、惡毒（或作陰毒）、譭謗，與口中汙穢的言語。」

在但丁的《神曲》中，他也遊歷了地獄的七層地獄，正是由七宗罪組成的，但但丁所描寫的七宗罪與基督教教義最後確定的七宗罪稍有不同，它們是：好色、暴食、貪婪、懶惰、憤怒、妒忌和傲慢。

第III章

薄伽丘的書房

來自民間傳說的典故

藍鬍子 (bluebeard)

虐妻者

　　從前，有個貴族，他非常富有，但卻醜陋，因為長著滿臉的藍色鬍子，所以大家都叫他藍鬍子。

　　藍鬍子獨自住在宏偉的城堡裡，他曾經娶過六任妻子，但她們卻都神祕消失了，沒有人知道她們去了哪裡。大家都猜測是藍鬍子殺了她們，於是再也沒有貴族肯把女兒嫁給藍鬍子。

　　藍鬍子的鄰居也是個貴族，但因為家道中落，十分窮困。鄰居家有兩個英勇的兒子和兩個美麗的女兒，藍鬍子向鄰居求親，卻遭到了拒絕。為了討好她們，藍鬍子便邀請鄰居家的母女來自己的城堡做客。

　　豪華的城堡迷花了母女三人的眼睛。裝飾豪華的房間、鑲著金邊的餐具、各式各樣的珍奇點心，服侍周到的僕人們，讓虛榮的小女兒非常心動。藍鬍子看出她的心動，向她許諾，只要她願意嫁給他，將會有數不清的珠寶、華服，她將成為晚宴上最耀眼的貴婦，被所有的女人嫉妒。

　　小女兒動了心，答應嫁給了藍鬍子。

　　婚後的生活過得十分快樂，成為新婚妻子的小女兒擁有了無數

的鑽石項鍊、天鵝絨的禮服，享受著從未有過的奢靡生活。

有一天，藍鬍子有事要遠行，他交給妻子一大把鑰匙，圓形的、方形的，然後他拿出其中一把小小的黃金鑰匙，說：「我走了以後，這些鑰匙都交由妳保管，妳可以察看每一個房間，自由動用每一間房的東西。唯獨這把二樓走廊最深處那個小房間的小鑰匙，這間妳千萬千萬不准進去，如果妳進去了，回來後我會狠狠地懲罰

▲ 藍鬍子與公主。

妳。」說完，藍鬍子擁抱了一下他的妻子，坐上馬車離開了。

丈夫走後，妻子開始一間間地檢查每一間房子。每一間都放著不同的東西，有的是金銀打造的食器，有的是華麗的家具，有的是金銀貨幣，看得妻子眼花撩亂。終於，妻子走到了走廊盡頭的小房間外，不起眼的房門不像其他的房間那樣雕飾華麗，反而低矮而普通，和整個華麗的古堡格格不入。妻子很想打開門，但想起丈夫的囑咐，她終於放下了鑰匙。

藍鬍子的遠行去了很久很久，久到妻子已經把其他所有房間裡

的東西都看膩了，她百無聊賴地在城堡裡穿梭，又來到了那個神祕的小房間前。強烈的好奇心終於按捺不住，她拿起鑰匙，抖抖索索地打開了門。

整個房間裡陰暗異常，妻子好一會兒才適應這幽暗的環境，但等看清楚房間裡的一切時，她嚇得跌坐在了地上。房間裡靠牆一字排開的是六個棺材，每個棺材裡都躺著一個女人，她們正是藍鬍子之前的妻子們。年輕的妻子嚇得趕緊起身，逃回自己的臥室，因為太過驚慌，連鑰匙也掉落在了地上。撿起鑰匙的妻子發現，黃金鑰匙上沾上了血跡，不論她如何清洗擦拭，也無法將血跡擦掉。

第二天，藍鬍子回到了城堡，他第一時間向妻子索取鑰匙。可憐的妻子戰戰兢兢地將鑰匙交還給了藍鬍子，看到妻子的模樣，藍鬍子就已經猜到妻子違背了他的命令，他拿起鑰匙，發現了黃金鑰匙上的血跡。

「妳已經看到了小房間裡的東西了？」藍鬍子表情陰沉，惡狠狠地問道。

「不，我不知道，我什麼也不知道。」可憐的女人嚇得臉色蒼白。

「妳還是違背了我的命令。妳已經看到了我的妻子們了吧！知道她們是怎麼死的嗎？就是因為她們沒有聽從我的勸告，放縱自己的好奇心進了那禁忌的房間。妳也一樣，既然妳不能完全聽從我的命令，那妳就和她們一樣，永遠留在那個房間吧！」藍鬍子表情猙獰，一步步向妻子逼近。

「我絕對不會把這個祕密洩漏給別人的，不管發生了什麼事，我都會一直保守祕密，直到我死為止。請你相信我。」妻子顫抖地哭喊著，扯著藍鬍子的褲管哀求著，但卻無法消除藍鬍子的怒氣。

「如果你真的非殺我不可，至少要讓我在臨死前先做個禱告吧！」妻子絕望地說。

藍鬍子答應了妻子的請求。

年輕的妻子爬上樓頂，將自己鎖在高塔上。

她的哥哥們答應了今天會來看她，她希望這小小的拖延能夠等到自己的兄弟，從藍鬍子的刀下救出自己。

可是藍鬍子已經等不及了，他手持鋼刀，想要破門而入，將妻子砍死。

就在這時，城堡的大門被人撞開了，兩個騎士衝了進來，將利劍刺進了藍鬍子的身體。

他們正是這年輕女人的兄長，及時趕到將妹妹救了出來。

藍鬍子，英文 Bluebeard，也翻譯作青鬚公，他是法國民間傳說中連續殺害自己六任妻子的人，雖然家境富有，但模樣怕人，長著難看的藍色鬍鬚。也有人說，他是以十五世紀殘殺幼童的吉爾．德．萊斯為藍本的。

有關藍鬍子的傳聞後來被改編成了童話故事，也就是我們在格林童話中看到的這個。惡魔藍鬍子是格林童話中令人印象深刻的存

在，這個從法國民間故事而來的男人，曾經是歐洲孩子們枕邊最大的噩夢。

藍色鬍子的特殊形象，給他的暴虐染上了神祕的色彩，使他成為了殺妻者的代名詞。

豌豆公主 (The Princess and the Pea)
嬌弱與敏感

　　有一位王子，想找到一位公主結婚，但是他在心裡暗暗發誓，她必須是一位真正的公主。

　　王子走遍了全世界，想要找到一位真正的公主，但卻始終沒有找到自己想要的。世界上的公主確實很多，但王子卻無法判斷她們究竟是不是真正的公主。她們總有一些地方，讓他覺得不對。王子只能傷心地回了家，但他卻越來越想找到一位真正的公主了。

　　一天晚上，下起了可怕的暴風雨，天空裡閃著雷電，大雨傾盆而下，令人戰慄。

　　忽然，城堡的門外響起了敲門聲，僕人走過去打開了門。

　　站在門外的是一位公主。但是，狂風暴雨讓她的樣子變得好難看。雨水從她的頭髮和衣服上往下流，流進她的鞋尖，又從腳後跟流出來。可是她卻說，她是一位真正的公主。

　　「好吧！這一點我們很快就能查證出來的。」皇后聽到後心想。但是她什麼話也沒說，走進臥室，把所有的被褥全部搬開，將一粒豌豆放在了床上，然後她將二十張床墊子壓在了豌豆上，隨後又將二十張鴨絨被放在了床墊子上。

當天晚上，公主就睡在了這張床上。

第二天一早，皇后問公主，昨天晚上睡得怎麼樣？

「哦，太差勁了！」公主說，「我幾乎整夜都無法閉眼。我只知道床上有一粒很硬的東西硌著我了，天知道那到底是什麼東西。妳看我全身都被硌得渾身青紫。這太可怕了！」

現在，大家都知道，他們找到一位真正的公主了。因為她能感覺到在二十層床墊子和二十張鴨絨被下面的一粒豌豆。

除了真正的公主，沒有人能有這麼敏感嬌嫩的肌膚。

於是，王子娶了她為妻，因為他知道，他現在得到了一位真正的公主。而這粒豌豆則被送入了博物館，如果不是有人把它偷走了的話，它現在還在那裡呢！

而且，這是一個真實的故事哦！

《豌豆公主》（The Princess and the Pea）是安徒生最有名的童話之一。這個來自於民間故事的童話，被解讀出了各式各樣的寓意。有人說它是在諷刺貴族們嬌貴奢靡的生活，也有人說，它是在說明，無論外表變成怎樣，本質是永遠不會變的，就好像被淋成落湯雞的公主，嬌嫩的肌膚也是不會變的。

安徒生的原意現在已經無從考證，但唯一能確定的是，豌豆公主已經成為了形容嬌弱敏感，以及被呵護的女性的代名詞。如果人們用豌豆公主來形容妳，那也許他是在說妳太過嬌貴，也許他是告訴妳，他會像王子一樣，把妳當作真正的公主來呵護的。

▲ 童話作家安徒生。

鸛鳥 (stork)

幸福降臨

在一個小城市最偏遠的一座屋子上，有一個鸛鳥巢。巢裡坐著鸛鳥媽媽和她的四個孩子。牠們伸出小小的頭和小小的黑嘴——因為牠們的嘴還沒有變紅。在屋脊上不遠的地方，鸛鳥爸爸直直地站著。牠把一隻腳縮回去，為的是要讓自己嚐點站崗的艱苦。牠站得那麼直，人們可能以為牠是木頭雕的。牠想：「我太太的巢旁邊有一個站崗的，可有面子了。誰也不會知道，我就是她的丈夫。人們一定以為我是奉命站在這裡的。真有面子！」於是牠就繼續用一隻腳站下去。

在屋脊下的街上，有一群小孩子在玩耍。當他們看到鸛鳥的時候，其中膽子最大的一個孩子——不一會兒所有的孩子——就唱出一首關於鸛鳥的古老的歌。不過他們只唱著他們所能記得的那一點：「鸛鳥，鸛鳥，快些飛走；去呀，今天是你待在家裡的時候。你的老婆在巢裡睡覺，懷中抱著四個小寶寶。老大，將會被吊死，老二將會被打死，老三將會被燒死，老四將會落下來跌死！」

「聽聽這些孩子唱的什麼東西！」小鸛鳥們說，「他們說我們會被吊死和燒死！」「你們不要管這些事！」鸛鳥媽媽說，「你們

只要不理，什麼事也不會有的！」

小孩子繼續唱著，同時用手指著鸛鳥。

只有一位叫彼得的孩子說譏笑動物是一樁罪過，因此他不願意參加。

鸛鳥媽媽也安慰著她的孩子，「你們不要去理會這類事。」她說，「你們應該看看爸爸站得多麼穩，而且牠還是用一條腿站著！」

「我們非常害怕。」小鸛鳥們齊聲說，同時把頭深深地縮進巢裡來。

第二天，孩子們又出來玩耍，又看到了這些鸛鳥。他們開始唱道：「老大將會被吊死，老二將會被打死——」

「我們會被吊死和打死嗎？」小鸛鳥們問。

「不會，當然不會的，」鸛鳥媽媽說，「你們將會學飛翔，我來教你們練習吧！這樣我們就可以飛到草地上去，拜訪拜訪青蛙；牠們將會在水裡對我們敬禮，唱著歌：『呱！——呱！呱——呱！』然後我們就把牠們吃掉，那才夠痛快呢！」

「那以後呢？」小鸛鳥們問。

「以後，所有的鸛鳥——這國家裡所有的鸛鳥——將全體集合，於是秋天的大演習就開始了。這時大家要好好地飛，誰飛得不好，將軍就會用嘴把牠啄死。所以演習一開始，我們就要好好地學習。」

「到那時候，像小孩子們唱的一樣，我們就會被打死了——聽吧！他們又在唱了。」

「你們要聽我的話，不要聽他們的話，」鸛鳥媽媽說，「在這次大演習以後，我們就要飛到溫暖的國度裡去，遠遠地從這裡飛走，飛過高山和樹林。我們將飛到埃及去。那裡有三角的石頭房子——這些房子的頂是尖的，高高地伸到雲層裡去。它們名叫金字塔，它們的年齡比鸛鳥所能想像的還要老。這個國度裡有一條河。有時它溢出了河床，弄得整個國家全是泥巴。這時我們就可以在泥巴上走，找青蛙吃。」

「哦！」所有的小鸛鳥齊聲嘆道。

「是的！那地方真舒服！人們整天什麼事情都不必做，只是吃喝。當我們在那裡享福的時候，這裡的樹上連一片綠葉子也沒有。這裡的天氣是那麼冷，連雲塊都凍成了小片，落下來像些稀爛的白布片！」她的意思是指雪，不過她沒有辦法表達清楚。

「頑皮的孩子也會凍成小片嗎？」小鸛鳥們問。

「不，他們不會凍成小片的；不過跟那也差不多了。他們得待在黑房間裡，愁眉苦臉。相反，你們卻飛到外國去，那裡有花香，有溫暖的太陽光！」

一段時間過去了，小鳥已經長得很大，可以在巢裡站起來，並且遠遠地向四周眺望。鸛鳥爸爸每天飛回來時總是帶著好吃的青蛙、小蛇以及牠所能尋到的山珍海味。啊！當牠在牠們面前玩些小花樣的時候，牠們是多麼高興啊！牠把頭一直彎向尾巴上去，把嘴弄得啪啪地響，像一個小拍板。接著牠就講故事給牠們聽——全是關於

沼澤地的故事。

「聽著，現在你們得學著飛！」有一天鸛鳥媽媽說。四隻小鸛鳥也得走出巢來，到屋脊上去。啊！牠們走得多麼不穩啊！牠們把翅膀張開來保持平衡。雖然如此，還是幾乎摔下來了。

「請看著我！」媽媽說。「你們要這樣把頭翹起來！你們要這樣把腳伸開！一、二！一、二！你要想在這世界上活下去就得這樣！」於是，她飛行了短短的一段距離。這些小鸛鳥笨拙地跳了一下。砰！──牠們落下來了，因為牠們的身體太重了。

「我不要飛了！」一隻小鸛鳥說，同時鑽進巢裡去，「飛不到溫暖的國度裡去我也不在乎！」

「當冬天來了的時候，你想在這裡凍死嗎？你想讓那些小孩子來把你吊死、燒死、烤焦嗎？我現在可要叫他們來啦！」

「哦！不要叫吧！」這隻小鸛鳥說，同時像別的小鸛鳥一樣，又跳到屋頂上來了。

到第三天，牠們能夠真正飛一點了。於是牠們就以為牠們可以在空中坐著，在空中休息了。牠們試了一下，可是──砰！──他們翻下來了，所以牠們又得趕忙拍著翅膀。

現在小孩子們又走到街上來了。他們唱著歌：「鸛鳥，鸛鳥，快些飛走！」

「我們飛下去把他們的眼珠啄出來好嗎？」小鸛鳥們問。

「不可以，」媽媽說，「讓他們去吧！聽我的話──這是更重

要的事情！一、二、三！──現在我們可以向右飛！一、二、三！──現在我們可以向左繞著煙囪飛！看，這樣飛好多了！你們的翅膀最後拍的那一下子非常好，非常俐落，明天我可以准許你們和我一道到沼澤地去！有好幾個可愛的鸛鳥家庭帶著孩子到那裡去。讓我看看，我的孩子最漂亮。把頭昂起來，這樣才好看，這樣才得到別人欽佩！」

「不過，對那幾個頑皮的孩子，我們不報復他們一下嗎？」小鸛鳥們問。

「他們要怎樣叫就讓他們怎樣叫吧！當他們凍得發抖的時候，當他們連一片綠葉子或一個甜蘋果也沒有的時候，你們將遠走高飛，飛到金字塔的國度裡去。」

「是的，我們要報復一下！」牠們互相私語著，於是牠們又開始練習。

在街上的這些頑皮孩子中，最糟糕的是那個最喜歡唱挖苦人的歌的孩子。歌就是他帶頭唱起來的，而且他還是一個非常小的孩子哩！他還不到六歲，但小鸛鳥們相信他有一百歲了，因為他比鸛鳥爸爸和媽媽不知要大多少。事實上牠們怎麼會知道小孩子和大人的歲數呢？牠們要在這個孩子身上報仇，因為帶頭唱歌的就是他，而且他一直在唱。小鸛鳥們非常生氣。牠們越長大，就越不能忍受這種歌。最後媽媽只好答應准許牠們報仇，但是必須等到牠們住在這國家的最後一天才能行動。

「我們得先看一看你們在這次大演習中的表現怎樣？如果你們的成績很壞，弄得將軍不得不用嘴啄你們的前胸，那麼那些小孩子說的話就是對的了，至少在某一方面是如此！我們看吧！」

「是的，妳看吧！」小鸛鳥們齊聲說。於是牠們把一切力氣都拿出來，每天練習。牠們飛得那麼整齊和輕鬆，即使看牠們一眼都是快樂的事情。

現在秋天到來了。所有的鸛鳥開始集合，準備在我們過冬的時候，向溫暖的國度飛去。這是一次演習！牠們得飛過樹林和村子，試試牠們究竟能飛得多好。牠們知道這是一次大規模的飛行。這些年輕的鸛鳥們得到了很好的成績，得到了「善於捉青蛙和小蛇」的評語。這要算是最高的分數了。牠們可以吃掉青蛙和小蛇，實際上牠們也這樣做了。

「現在我們要報仇了！」牠們說。

「是的，沒錯！」鸛鳥媽媽說，「我現在想出了一個最好的方法！我知道有一個水池，裡面睡著許多嬰兒。他們在等待鸛鳥來把他們送到他們的父母那裡去。這些美麗的嬰兒在做些甜蜜的夢——做了些他們今後不會再做到的甜蜜的夢。所有的父母都希望能得到這樣一個孩子，而所有的孩子都希望有這樣一個姐妹或兄弟。現在我們可以飛到那個池子裡去，送給那些沒有唱過討厭的歌或譏笑過鸛鳥的孩子每人一個弟弟或妹妹。那些唱過的孩子一個也不給！」

「不過那個開頭唱的孩子——那個頑皮的醜孩子！」小鸛鳥們

都叫出聲來，「我們應該對他怎樣辦？」

「那個池子裡還有一個死了的孩子——一個做夢做死了的孩子。我們就把這個孩子送給他吧！那麼他就會哭，因為我們帶給他一個死了的小弟弟，不過那個好孩子——你們還沒有忘記過他吧——他說過：『譏笑動物是一樁罪過！』我們將特地送給他一個弟弟或妹妹。因為他的名字叫做彼得，你們大家也叫彼得吧！」

她所說的這句話大家都遵從了。所有的鸛鳥都叫彼得，牠們現在還叫這個名字呢！

鸛鳥是西方人非常喜愛的一種鳥類，牠們在人類的屋頂上築巢，生兒育女，被西方人視為家庭成員之一。

這篇《安徒生童話》中，鸛鳥送子的故事正來自於西方的民間傳說。西方人相信，嬰兒都是鸛鳥在母親分娩時，從天上送來的，而嬰兒出生時背後的胎記，正是鸛鳥叼著孩子時產生的。所以，當西方人家中添丁時，都會在門上掛上一幅鸛鳥的圖片，以告知大家家中增添人口的喜訊。

正因為如此，鸛鳥在西方也就被視為幸福的使者，牠的到來，預示著幸福的降臨。

阿爾米達的花園 (Armida's garden)
美妙的地方

　　第一次十字軍東征期間，法蘭克王子，布永的戈弗雷率領十字軍包圍了耶路撒冷，與他在一起的，還有他手下的第一勇士里納爾多，以及戈弗雷的女兒、里納爾多的戀人阿爾米萊娜。

　　為了對付戈弗雷的軍隊，防守耶路撒冷的阿拉伯國王阿甘特提出休戰三天，戈弗雷答應了他的要求。

　　阿甘特請來了女巫阿爾米達，這位女巫曾經把一些十字軍士兵變成野獸，阿甘特請求她降伏里納爾多，希望能夠透過殺死十字軍隊伍裡最重要的將領，來削弱十字軍的力量。

　　阿爾米達來到了耶路撒冷城外，找到了十字軍騎士的部隊，對他們說，自己是

▲ 布永的戈弗雷。

大馬士革的合法統治者，但她邪惡的叔叔伊卓奧特奪走了自己的王位，希望戈弗雷能夠幫助自己奪回王位。

　　戈弗雷答應幫助阿爾米達，他選了里納爾多和十名士兵，讓他

們陪伴阿爾米達回去。

　　現在，阿爾米達得到了近距離接觸里納爾多的機會，只要趁里納爾多不注意的時候，她就能將匕首刺入里納爾多的心臟，結束他的生命。可是，有些事情就是這麼令人捉摸不透，丘比特張開了祂愛的弓箭，射中了阿爾米達，讓她愛上了眼前這個英俊勇武的騎士。

　　陷入愛情的阿爾米達決定放棄她的任務，她用巫術蠱惑了里納爾多，讓里納爾多迷戀上自己。里納爾多原本就有一位戀人阿爾米萊娜，他的變心讓其他的士兵非常不滿，他們指責里納爾多的多情，說他是個好色之徒。迷亂的里納爾多和他們爭執起來，並失手殺死了其中一個士兵傑爾南多。其他士兵試圖抓住里納爾多，阿爾米達便用魔法召喚來了暴風雨，阻擋了士兵們的腳步，帶著里納爾多逃走了。

　　得到里納爾多的阿爾米達用魔法建造了一座花園，與里納爾多在花園裡過著幸福的日子。花園裡的宮殿用五彩的大理石修建而成，宮殿裡展示著各種金屬的、石雕的工藝品。花園裡盛放著各式各樣的鮮花，各種珍奇的樹木令人目不暇給，清澈的小溪從花園裡流過，溪流中美麗的金魚不時游過。天空是永恆的碧藍，各種輕巧的鳥從天空中飛來，在樹蔭裡跳躍低吟。這花園有著神奇的魔力，進來的人都會忘記過去的一切，忘記自己是誰，一心在這世外桃源中享受著安逸舒適的生活。里納爾多就這樣忘記了自己騎士的職責，完全沉浸於這魔幻花園的歲月。

在花園外，戈弗雷得知了阿爾米達是女巫的真相，知道里納爾多是被巫術蠱惑的，他派出兩個騎士，讓他們找回里納爾多。兩個騎士找到了阿爾米達的魔法花園，歷經千辛萬苦，終於突破了花園外護衛著的猛獅和蟒蛇，進入了花園。

騎士們找到里納爾多，給了他一個鑽石製成的鏡子。在鏡子裡，里納爾多看見了自己全副武裝的形象，他猛地醒悟，回憶起了自己的身分和職責，從阿爾米達的巫術中清醒了過來。

清醒的里納爾多重新拿起了武器，離開了阿爾米達，回到了自己真正屬於的戰場，也回到了自己真正的戀人阿爾米萊娜身邊。

後來，在他的努力下，十字軍占領了耶路撒冷，里納爾多也說服了阿爾米達，放棄她邪惡魔力的來源，皈依了基督教。

▶ 奪取耶路撒冷標誌著首次十字軍東征的勝利。

1580 年，文藝復興時代的文學巨匠，義大利詩人塔索創作了他的史詩巨著《解救耶路撒冷》，這部史詩描述了戈弗雷率領第一次十字軍遠征，最後攻占了耶路撒冷的全部過程，包括最驍勇善戰的十字軍騎士里納爾多與阿拉伯美女阿爾米達之間的愛情故事。直到現在，這個故事還是百老匯舞臺上最令人讚賞的歌劇之一。

　　除此之外，這個故事還為我們貢獻了一個著名的典故——阿爾米達的花園（Armida's garden），那個傳說中充滿著魔力，讓人流連忘返的花園，後來多被用來形容那些奇妙的、美麗的地方。

　　安徒生在他的《樹精》一文中，就曾寫過：「她是在阿爾米達的魔幻花園中嗎？這個地方叫什麼名字？」用以形容一座引人入勝的神奇花園。

艾爾涅賽之夢 (Aswani dream)

白日夢

理髮匠總共兄弟六人，他們的父親死後，留給他們六百個銅幣，每個兄弟分到了一百個。理髮匠的第四個兄弟名叫艾爾涅賽，原本他非常窮，只能靠乞討維生，現在得了這一百個銅幣，決定去做點生意。

想來想去，艾爾涅賽想到做玻璃器皿生意可以賺錢，於是就用這一百個銅幣買了各式各樣的玻璃器皿，然後將它們放在一個大簍子裡，背到市集上去賣。

市集上人很多，但一直沒有人前來光顧艾爾涅賽。百無聊賴的艾爾涅賽靠著牆，一邊等著顧客，一邊開始規劃起賣掉玻璃器皿後的生意：「等我賣掉這些玻璃器皿，就可以多賺到一百個銅幣，這樣我就有了兩百個銅幣。我用這兩百個銅幣再去買一批玻璃器皿，就可以賣到四百個銅幣。我再用這四百個銅幣去買玻璃器皿，這樣賣完了再去買，買完了再賣，不斷地買賣下去，我就可以賺到足夠的錢。如果我有了錢，我就改做珠寶和香料的大生意。等我賺到更多的錢，我就買一棟漂亮的大房子，僱幾個女僕，每天可以吃好的、喝好的、玩好的了……等我賺到十萬個銅幣，我就去向公主或者宰

相的女兒求婚。我會用一千個金幣做為聘禮，還要給自己買一套華麗的婚服。整個婚禮要非常的隆重，要有美酒，我要請許許多多的人來觀禮，讓他們知道我究竟有多富有。新娘要來懇求我和她成婚，但我卻根本不在乎她，任由她站在一邊。新娘纏綿地把酒送到我的嘴邊，說：『你一定要喝掉它。』這時我就會擺著手推開她，並一腳踢過去……」

艾爾涅賽想著想著，不由得下意識抬腳一踢，正好踢到放在地上的簍子上。只聽到一陣砰砰砰的聲音，艾爾涅賽這才從遐想中驚醒過來，結果發現，因為用力過猛，他將自己的玻璃器皿全都踢碎了。

看著一地的碎片，艾爾涅賽氣得大哭起來，不住地打自己的耳光。周圍的人都同情地看著他，但已經晚了，他唯一的一百個銅幣已經沒有了，他又重新變成了一個窮光蛋。

艾爾涅賽之夢這個故事來自於《一千零一夜》中《理髮匠和他的第四個兄弟的故事》，講述了艾爾涅賽的一個白日夢。因為這個原因，艾爾涅賽之夢也就被引申為「過早的樂觀」或「想入非非」的意思。

這類的故事非常多，同樣在《一千零一夜》中，還有一個《修行者和奶油罐的故事》，除故事人物與所踢之物稍有不同外，其餘情節基本相似。在中國也有很多類似的故事，著名的黃粱一夢，還

有民間流傳的「一個雞蛋」或「踏破甕」的故事，實際上都是同樣類型的內容。

▲ 法國畫家布朗熱（Gustave Boulanger）所畫的《一千零一夜》。

鱷魚的眼淚 (crocodile tears)

偽善

　　鱷魚在河裡等了幾天，也沒能等到入口的美食，牠決定到陸地上去碰碰運氣。牠從河裡爬出來，沿著田野爬行，牠不停地往前爬，一直爬到了沙漠。

　　沙漠裡是無邊無際的黃沙，連一根草也沒有。烈日當空，沙礫滾燙，鱷魚已經爬得精疲力竭，再也沒有力氣前進了。牠躺在沙地上，喘著粗氣，想著該如何離開這地方。

　　就在這時，一個年輕人走了過來，看到他，鱷魚想，我得救了。牠向那小夥子高聲喊道：「朋友，請您到我這裡來！」

　　年輕人聽到喊聲，順從地走了過來。

　　「朋友，我看你一定是個英雄，」鱷魚裝出一副親切的樣子，「你的雙腿像棕樹的樹幹一樣堅定有力。我迷路了，身子也不舒服，再也沒有力氣返回河裡了。可是對你來說，把我帶到河邊去是一件輕而易舉的小事，行行好，幫幫忙吧！等回到了河裡，我會獎勵你的。」說著，鱷魚還擠出了幾滴眼淚。

　　年輕人想，牠看上去確實快不行了，那我就把牠送回河裡吧！於是，他將鱷魚扶起來，背在背上上路了。

跋涉了很久很久，年輕人終於將鱷魚送到了河邊，將鱷魚放在了河岸上。鱷魚又從眼睛裡擠出幾滴淚水，說：「年輕人，你的熱心讓我太感動了。所以，本來我可以毫不費力地吃掉你，但是我不會這樣做，現在我只要你的一條腿就行了。」

　　年輕人又氣憤又驚訝，他叫道：「我救了你，你不報答我就算了，反而要吃掉我一條腿嗎？」

　　「啊！年輕人」鱷魚打斷了小夥子的話，流著眼淚說：「你沒有察覺我的感激之情嗎？要知道，我本來可以一口把你吞下肚子的。」

　　兩人的爭吵聲喚醒了正在打瞌睡的蒼鷺，蒼鷺大聲喊道：「喂！你們在那裡幹什麼呀？為什麼吵個不休？」

　　小夥子跟蒼鷺講述了事情的經過，「蒼鷺先生請你評評理，這件事到底誰是誰非呢？」

　　蒼鷺聽了年輕人的故事，對他說：「我不相信你能夠背動鱷魚先生，牠看上去那麼重，你怎麼能將牠從沙漠背到這裡呢？為了使我信服，你得先讓我看看，你是怎樣做到的。你把鱷魚先生背回原來的地方讓我看看。」

　　年輕人答應了蒼鷺的要求，又把鱷魚背起來，背到原來的地方。蒼鷺也一本正經地跟在他們的後面。

　　「好了，年輕人，現在你將鱷魚放到地上。」蒼鷺又問鱷魚，「鱷魚兄弟，是這個地方嗎？」鱷魚點點頭。

「如果沒有這個年輕人的幫助，你能夠自救嗎？」蒼鷺又問道。

鱷魚溫馴地回答說：「不能。」

「那麼，年輕人，」蒼鷺說，「現在由你決定，你還打算重新救牠嗎？」

年輕人笑了：「我不想再和偽君子、騙子打交道了。」

說完，他就和蒼鷺一起離開了。

在古代西方的傳說中，鱷魚是一種狡猾奸詐的動物，牠在攻擊其他生物的時候，會流下眼淚，使對方被假象麻痺而對牠的突然進攻失去警惕，在毫無防範的狀態下被牠吞噬。而且在進食的時候，鱷魚也會流淚，看上去似乎在懺悔自己的暴行。所以，鱷魚的眼淚，也就被用來比喻為虛假、偽善。

後來的科學研究顯示，其實鱷魚流淚，是因為牠天生的腎臟發育不全，無法排出鹽分，需要依靠眼睛附近的導管，排出血液中多餘的鹽分，所以看上去，就好像是牠在流淚一樣了。

儘管鱷魚流淚的真相已經揭開了，但是這個俗語已經流傳了下來，人們也還是用牠來形容那些假惺惺的，一面傷害別人，一面裝出悲憫善良之態的陰險狡詐之徒。

吃不到的葡萄總是酸的
(some people pretend to despise the things they cannot have)
自欺欺人

這是一個炎熱的夏日，一隻狐狸已經在太陽下走了很遠的路，牠非常口渴，但一直沒能找到水源。

就在這時，牠經過了一個果園，果園裡是密密的葡萄架，架子上掛滿了晶瑩剔透、熟透而多汁的葡萄。看到那纍纍的果實，狐狸的口水都流出來了。牠從早上到現在還一點東西都沒吃過呢！在烈日下走了那麼久，又渴又累，這些葡萄是多好的食物啊！

想到這裡，狐狸停下腳步，鑽進了果園。可是，葡萄都高高地長在葡萄架上呢！狐狸後退了幾步，再向前衝去，跳起來，試圖搆到葡萄，但是，架子太高了，牠根本沒辦法搆到葡萄。

狐狸並沒有放棄，牠又多後退了幾步，再次向前衝過去，想要摘下葡萄，可是還是失敗了。

就這樣，一次、兩次、三次直到無數次，狐狸筋疲力盡，還是無法摘到葡萄。

最後，狐狸打算放棄了，可是牠不甘心，就昂著頭對自己說：「我敢肯定，這些葡萄肯定是酸的，不然它們早就被吃光了。」

▲ 伊索，相傳為《伊索寓言》的作者，生平不詳，甚至難以肯定是否真有其人。

《伊索寓言》中有許多關於狐狸的故事，而這個狐狸與葡萄的故事，是其中最有名的。伊索為這個故事取名為《吃不到的葡萄總是酸的》，諷刺的正是那些自欺欺人，自己不能得到的東西就詆毀它的人。

狐狸吃不到葡萄，所以就自我催眠，告訴自己葡萄是酸的，根本不值得去吃。而人類中，這樣的人更多，他們總是這樣自欺欺人，既然我得不到，那這個東西肯定是壞的，到手了也要丟掉。他們不光是用這個來欺騙自己，也試圖這樣來欺騙其他人，他們不斷詆毀自己得不到的東西，也藉以讓其他人放棄努力和奮鬥，和自己一樣，沉浸在自欺欺人的世界裡。

天鵝之歌 (Swan song)
最後的樂章

　　從前，遙遠的國度有一個王子，他生得高大英俊，更重要的是，他有著非常迷人的音色，當他唱起歌來的時候，連百靈鳥都會被他迷住，再也不好意思唱歌。

　　現在，王子到了該結婚的年齡了。可是，因為自己太過出色，王子非常驕傲，國王和王后為他找了很多的姑娘，他都不滿意。國王和王后非常發愁，但他們已經找遍了國內合適的姑娘，都沒有能讓王子滿意的，最後，國王只能吩咐人臣對外宣布王子求親的消息，尋找其他國度裡的公主，看能否獲得王子的青睞。

　　王子的優秀很快便吸引了其他國家的公主。首先來到的是一位北國的公主。公主的美麗吸引了宮殿裡所有人的注意，她黃金一般的頭髮從頭頂一直垂到腳跟，她藍色的眼睛令天空也失去了光彩。公主有禮貌地向王子問好，王子卻大叫起來：「公主，妳雖然美麗，但聲音太難聽了。我不能和有這種嗓音的人一起生活！」大家都被王子的話驚呆了，公主更是氣憤，她大聲說：「我們既可以互相愛慕，也可以互相輕視！」說完，頭也不回地離開了。

　　國王和王后見到王子的行為，趕緊勸告他，不可如此傲慢無禮，

可是王子只是淡淡地回答：「我有權選擇自己的妻子呀！」

第二個到來的是南國公主。南國公主的皮膚像煤炭一樣黑，烏黑的頭髮像鐵絲一樣打著圈，可是，她的聲音像百靈鳥一樣動人，說話時就好像唱著歌一般輕靈。可是，一看到她，王子就開口說：「妳雖然有一副可愛的嗓子，卻是個醜八怪，我不要妳這樣的人做我的終生伴侶。」王宮裡的人慌成一團，想要向公主解釋，但公主已經怒氣沖沖地開口：「我們既可以互相愛慕，也可以互相憎恨！」說完，她就離開了。

國王和王后埋怨王子的不禮貌：「就連平民百姓也不會有這樣粗魯的行為，你身為王子，怎麼能這樣做呢？」可是王子高昂著頭：「別說我是王子，就是平民百姓也總有選擇自己妻子的權利吧！」

第三個到來的是東國公主。東國公主有著象牙色的皮膚，嬌嫩得就好像陽光下的花朵，她的聲音就好像風中的風鈴，清脆動聽。王子便向公主請求說：「美麗的公主，妳是迷人的，但是請妳為我唱首歌好嗎？」公主點點頭，唱了一首王子從來沒聽過的東方歌曲。可是歌還沒唱完，王子就用手勢阻止了她：「我不喜歡妳的音樂，我不能娶妳做我的妻子。」公主聽到這話，平靜地說：「我們可以互相愛慕，也可以互相忘記。」說完，轉身離開了。

國王和王后大為生氣，責怪王子道：「你還像個有教養的人嗎？這些公主都是出身高貴的人啊！」可是王子毫不在意：「我想自己是有權選擇妻子的。」

第四個到來的是西國公主。公主有著烏鴉翅膀顏色一般的黑髮，頭上插著美麗的羽毛。看到她，王子開口道：「公主，坦白地說，妳長得並不怎麼樣，但也許妳有動聽的歌喉。可以為我唱首歌嗎？」「但我從來就不會唱歌。」公主回答道。「那麼妳大老遠趕來做什麼？我才不願和妳結婚呢！」王子不耐煩地叫了起來。其他人都因為王子的無禮而萬分尷尬，但西國公主卻不慌不忙地說：「我們既可以互相愛慕，也可以互相原諒。」說完，她就回去了。

　　國王和王后不停地搖著頭，大聲罵道：「從來沒見過像你這麼沒禮貌、沒人性的驕傲東西，難道你就只會考慮自己，從不顧及別人的嗎？」王子並不肯認錯：「我有權選擇自己的妻子。」

　　王子的話音剛落，外面響起了號角聲，又一位公主來到了。走進來的公主吸引了所有人的目光，她那驚人的美貌像陽光一樣照亮了整個王宮。王子也被她迷住了，他走到公主的身邊說：「啊！妳真是天下少有的美人！公主，妳能不能為我唱一首歌呢？」

　　公主唱起歌來，她那圓潤的歌喉和優美的旋律，使所有的人都聽得如醉如癡。歌聲一停，王子就跪在公主的面前說：「公主，妳願意和我結婚嗎？」可是，那公主卻後退了一步，指著王子說：「我才不是什麼公主呢！我是仙女，從謙虛國來，我愛著一切貧窮的、醜陋的、沒天才的平凡人。聽說你是人類中最驕傲的傢伙，所以特地化了裝到這裡來的，為的是給你一個終生難忘的教訓。驕傲的王子，我將把你變成一隻天鵝，你再也不會有人類的模樣，你必須時

時在水裡看見自己現在的樣子，再也無法因為長相驕傲。還有，從此之後，你再也不能唱歌，這會讓你死去的。」

公主的話音剛落，王子就變成了一隻潔白的天鵝。國王和王后傷心極了，他們在花園裡挖了個池塘，將天鵝養了起來，用最好的食物餵養牠。可是，曾經最愛歌唱的王子，再也不敢唱歌了，因為這會讓他死去的。

冬去春來，一轉眼幾年過去了。

這天，一個雙腿殘疾的小女孩被她的母親推著來到了王宮花園的池塘旁，看到孤單單待在湖面的天鵝，小女孩向她母親感嘆說：「媽媽、媽媽，妳看這美麗的天鵝多可愛呀！」小女孩的讚美使變成天鵝後的王子第一次嚐到了歡樂的滋味。

這時，花園深處又傳來了隱隱約約的樂曲聲。小女孩又叫了起來：「音樂！媽媽，妳聽！音樂多好聽啊！」「唉！要是我有能力，我要讓全世界最美的天鵝都到這裡來，我還要請全世界最好的樂師，天天為我這可憐的女兒演奏！」母親嘆息道。

聽到這話，王子不由得為這小姑娘感到哀傷，她的願望是如此的單純簡單，卻又難以實現，如果能讓這小女孩享受到幸福，那該有多好。於是，王子張開了嘴，優美的歌聲從牠高昂的喉嚨裡發了出來，樂聲迴盪在池塘的上空，整個世界都彷彿因為這音樂安靜了。

小女孩臉上綻放了幸福的微笑，不一會兒，奇蹟出現了：她快樂無比地放聲大笑，竟然從輪椅上站了起來，一步步地向池邊走去，

走到了天鵝的身邊。看到女兒的奇蹟，母親不由得跪了下來，虔誠地向這神跡感恩。這時，王宮的人們也都被美妙的樂曲吸引了過來，他們站在池邊，一動也不動地聆聽這天籟之音。

每唱出一個音符，王子的心就像被刀割了一下，疼痛難忍，但現在他一點也不在乎了，只要能使小女孩快樂幸福就行了。正因為有了這種感覺，他的歌聲就顯得更悲壯、更美妙、更動人了。他做王子的時候可從沒唱得這麼動聽過啊！

一曲終了，天鵝低垂下牠高貴的頭顱，死去了。

這個童話故事來自於西方的民間故事。人們認為，天鵝會在臨死之前唱出牠們最動人的歌。布封在其作品《天鵝》中說：「我們在牠的鳴叫裡，或者寧可說在牠的嚎唳裡，可以聽得出一種有節奏、有曲折的歌聲，有如軍號的響亮，不過這種尖銳的、少變換的音調遠遠抵不上我們的鳴禽的那種溫柔的和聲與悠揚朗潤的變化罷了。此外，古人不僅把天鵝說成為一個神奇的歌手，他們還認為，在一切臨終時有所感觸的生物中，只有天鵝會在彌留時歌唱，用和諧的聲音做為最後嘆息的前奏。據他們說，天鵝發出這樣柔和、這樣動人的聲調，是在牠將要斷氣的時候，牠是要對生命做一個哀痛而深情的告別。這種聲調，如怨如訴，低沉地、悲傷地、淒黯地構成牠自己的喪歌。他們又說，人們可以聽到這種歌聲，是在朝暾初上、風浪即平的時候，甚至於有人還看到許多天鵝唱著自己的輓歌，在

音樂聲中氣絕了⋯⋯無疑地,天鵝並不歌唱自己的死亡。但是,每逢談到一個天才臨終前所做的最後一次飛揚、最後一次輝煌表現的時候,人們總是無限感慨地想到這樣一句動人的話:『這是天鵝之歌!』」

此後,天鵝之歌就被用來形容最後的樂章。現代有許多樂評家或是文章在描寫某某大師最後的作品時,都習慣以「天鵝之歌」來形容。

布里丹毛驢 (Buridan donkey)

猶豫不決

　　兩個牧童在山中發現了一個狼穴，發現狼穴中有兩隻小狼。他們商量著，每人捉了一隻小狼，然後分別爬上了距離數十步的一棵樹躲好。沒多久，大狼就回來了，牠回到穴中發現自己的孩子不見了，非常緊張。這時，一個牧童故意在樹上開始擰小狼的耳朵，讓小狼開始叫喚。大狼聽到孩子的聲音，抬起頭看到了自己的孩子，憤怒地奔到樹下，一邊叫著一邊開始抓撓樹幹。另外一個牧童又開始在那棵樹擰小狼讓牠大聲嚎叫，大狼聽到聲音，四處張望，這才發現自己的另外一個孩子在不遠處的樹上；於是便放棄了這邊趕到那邊，像之前那樣嚎叫抓撓。前一棵樹上的牧童又讓小狼嚎叫，大狼又轉身撲了過去。這樣反覆來往，大狼的嘴裡沒有停止過嚎叫，腳下沒有停止過奔跑，來回數十次之後，大狼跑得越來越慢了，聲音也漸漸小了；最後，大狼奄奄一息，僵直地躺在地上，很久都不動彈。牧童從樹上下來看時，發現大狼已經斷氣了。

　　這是《聊齋志異》裡的一個小故事，卻也很好地詮釋了一個有趣的現象——布里丹毛驢。

　　布里丹毛驢來自於著名的《拉封丹寓言》：一頭布里丹的毛驢

外出尋找食物，發現了兩堆相距不遠的草料。東邊是一堆乾草料，西邊是一堆新鮮的嫩草。驢子跑到大堆的乾草料處，剛要開始吃，突然想到，西邊的草料新鮮，肯定更好吃。於是牠又跑到西邊的鮮草邊，可是等牠剛要吃，牠又想，這堆草雖然很嫩，可是那堆乾草更大，要是別的驢子把那一大堆乾草料吃光的話，自己就要餓肚子了，還是回去吃乾草吧！就這樣，毛驢不停地往返於兩堆草料之間，在兩堆草料之間猶豫不決，始終無法決定選擇哪堆草料，就這樣，牠在無所適從中活活地餓死了。

　　布里丹教授為人們講述了這個故事，他說，一頭驢在兩捆完全等量的草堆之間是完全平衡的。既然驢無理由選擇吃其中哪一捆草，那麼牠永遠無法做出決定，最後只能餓死。他的這個觀念，後來成為了一個很著名的概念——布里丹毛驢效應。

　　布里丹毛驢效應，指的就是決策過程中猶豫不定、遲疑不決的現象。人生中，往往會面對各式各樣的抉擇，人們也總是希望，能夠做出最佳的選擇，於是在各種選擇面前反覆權衡、再三斟酌，結果因為思慮太多，卻讓機會轉瞬即逝，永遠失去了選擇的機會，所以，在機會面前，要當機立斷，迅速做出合適的決策。

第IV章

繆斯的恩賜

來自文學作品的典故

香格里拉 (shangri-la)
世外桃源

　　二十世紀三〇年代初，因為南亞次大陸的國家巴司庫（虛構）發生暴亂，英國領事館領事康維帶著副領事馬林遜、美國人巴納德和傳教士布琳克洛小姐乘坐一架小型飛機撤離巴司庫，打算飛往巴基斯坦的白夏瓦避難。飛行途中，一個偷偷藏在飛機上的土著人劫持了飛機，使得飛機偏離了原定航線，在半路中墜落了。

　　飛機墜落到了一個陌生的地方，飛行員不幸遇難了，但飛機上的乘客們都沒有受傷。他們所能看到的，是綿延重疊的雪山峰巒，被冰雪裝扮得銀裝素裹，雪峰彷彿浮在綿綿的雲層之上。人們只能隱約猜到，這是喀喇崑崙山，但卻無法分清這到底是印度還是西藏。飛行員在臨終前告訴他們，這裡是藏區，沿著山谷走過去，能看到一座喇嘛寺，叫做香格里拉。他們可以到那裡尋到些吃的，還可以避避風寒。

　　在他們前往香格里拉的路上，遇到一位能講純正英語的張姓漢族老人。老人告訴他們，要到香格里拉，必須通過山谷前那高聳入雲的雪山——卡拉卡爾，意即藍月亮（bluemoon，英文中有幾乎不可能的、絕無僅有的含意）。老人帶著他們，爬過海拔將近三萬英尺

的雪峰，終於見到了那以一種花瓣似的精美與雅致巧妙地鑲嵌於懸崖之上的，富麗而又高雅的香格里拉喇嘛廟。

峽谷的底部深得模糊不清，只能看到滿眼的翠綠，風被擋在了外面，上方有雄踞的喇嘛寺俯瞰著峽谷，一片色彩紛呈的亭堂樓閣緊緊依偎在山腰，背後是卡拉卡爾壯麗的銀峰雪壁。這真是世界上最奪人心魄的雄奇山景了。稀薄的空氣中泛起一層淡淡的雲煙，彷彿是夢中的紗帳，與瓷青色的天空相映成趣。隨著每一次呼吸，每一次凝望，康維漸漸沉入一種深深的近乎迷醉的平靜。

走入喇嘛廟，康維更驚異地發現，這雪峰之上的寺廟竟然把西方的衛生技術工藝與那麼多東方的傳統手法完美結合了起來。這裡有中央供暖系統，有精緻的浴室，當地人還用漢族那套時髦規矩來招待他，給他清洗耳朵和鼻孔，然後用一支細細的絲綢藥籤在他的眼瞼下方來回地擦拭，味道精妙的中國食物中，還特意為他們添加了改善呼吸功能的藥草。

倖存的四位乘客得知，能帶他們出山的商隊要到兩個月之後才能到來，他們不得不在喇嘛廟住了下來。

更深地接觸香格里拉，讓他們發現了更多不可思議的事情，這裡藏著精美的珍珠藍宋朝陶器，珍藏了千年以上的水墨畫，以及數不清的典藏古籍，甚至包括了英文、法文、德文以及俄文版的書籍，這裡還有一位叫做羅珍的滿族皇家小姐擅長西方樂器。

在和張以及大喇嘛的交談下，康維發現，他們奉行中庸之道，

相信道義可以帶來幸福。他們用中庸的嚴謹來規範自身，而反過來又滿足於中庸的遵從。居民的信仰和習俗不相同，但彼此團結友愛，幸福安康。他們躲開了歲月的侵蝕，在寧靜山谷中享受著不斷延續的歲月，步入到節制簡樸而同樣愜意的領域，甚至連死神都無法將之奪取。康維得知，飛機的意外並非偶然，而是那位土著人有意為之，想要幫大喇嘛尋找到合適的繼承人。而現在，大喇嘛選擇了康維做為自己的繼承人，他承諾將會帶給康維可以延長的青春歲月，以及長久的安寧和覺悟。

香格里拉迷人的環境讓康維考慮永遠留下來，但他發現，自己愛上了美麗的羅珍，而這年輕的小姑娘已經與馬林遜相互傾慕，並打算跟著他離開這全是老人的茫茫雪谷。失戀的打擊讓康維深受刺激，但他決定幫助這對戀人離開雪谷。藉著商隊的到來，他們離開了香格里拉。

當康維再次出現時，是在重慶的教會醫院，一個看上去很老，「比我所見過的任何人都老」的女人將他送進了醫院，就消失了。這時的康維已喪失了走出後的記憶，馬林遜不知所蹤，而那個很老很老的女人，是那看上去只有十八歲的羅珍嗎？

上面這個神奇的故事，來自於英國小說家詹姆斯·希爾頓的《消失的地平線》一書，書中描寫了西藏裡一個宛如仙境的世外桃源。因為故事的男主角很像英國探險家，多次在中國遊歷的約瑟夫·洛

克，令很多人相信，書中的香格里拉，真實存在於這個世界上。之後，無數的研究者想要找到香格里拉真實存在的證據，但這故事中的香格里拉太過美好，它存在於文字裡，存在於人們心中，卻是世間難尋。

那仙境一般，不受歲月、戰爭、疾病、死亡侵襲的地方，成為了西方人心目中嚮往的聖地。從此以後，香格里拉（shangri-la）成為了英文中，世外桃源的代名詞。《不列顛文學家辭典》更是直接稱此書的功績之一，是為英語辭彙創造了「世外桃源」一詞。

烏托邦 (Utopia)
幻想樂園

湯瑪斯 ・ 莫爾在他的《烏托邦》一書中，虛構了一個叫做烏托邦的島嶼。

▲ 空想社會主義者湯瑪斯・莫爾。

這座新月形的小島四處被陸地環繞，因為不會遭到風浪的侵襲，海灣平靜無波，船舶得以通航各地。島上有一條巨大的阿尼德羅河流經，河的發源處周邊被修上工事，以防止敵人進攻。

城市裡是二十呎寬的大路，路的兩邊是鱗次櫛比的建築，住屋後面是寬敞的花園，園中種滿葡萄、

各種果樹及花花草草，鬱鬱蔥蔥。每家前門通街，後門通花園，所有的房子都裝的是折門，房門沒有上鎖，所有人都可以任意進出。事實上，這裡沒有一樣東西是私產，居民們每隔十年用抽籤方式調換房屋。他們穿著同樣款式的衣服，只有男、女或者已婚、未婚的區別。他們並不追求服裝的華麗和數量，但卻保證衣物的潔淨，而更重要的是，他們的衣服都是自己製作的。

烏托邦人不分男、女都以務農為業，除了農業，他們還得各學一項專門的手藝，例如毛織、或冶煉。男人會負擔比較繁重的工作，但沒有一個人是閒著不做事的。大家都辛勤地做他們的本行，卻不至於太過辛勞，他們每天只工作六小時，此外的空閒時間則用於學術討論。這裡沒有那些飽食終日的貴族老爺，沒有遊手好閒的懶漢，也沒有寄生蟲一樣的僧侶們。因為每個人都在工作，這裡的物質異常豐富，足以滿足每個人的需要。

這裡的人們都集中到廳館用膳，食物按照人數平均地分給眾人。這裡有四所公立醫院，寬大、整潔，保證每個患者都能得到及時的治療，因為醫院的親切和專業，人們都樂於在這裡住院。

每年，這裡的每三十戶居民會選出官員一人，稱為飛拉哈。每十名飛拉哈以及其下所掌管的各戶隸屬於一個高級的官員，叫做首席飛拉哈。所有的飛拉哈加起來共兩百名，他們經過宣誓對他們認為最能勝任的人進行選舉，用祕密投票方式公推一個總督。總督是終生職位，除非有陰謀施行暴政的嫌疑，才會遭到廢黜。任何涉及

國家的事，都需經議事會討論批准。公事是禁止在議事會外討論的，以避免總督和官員們共謀對人民進行專制壓迫。

因為工作的清閒以及物質的豐盛，這裡的人有足夠的時間去進行各學科的研究。如果一個人在學問上有了成績，就可以擺脫手藝人的工作，而專心研究學問，而反之，如果一個做學問的人辜負了人們對他的期望，他就可能被調回去做工。

這裡的人們友善而溫和，他們視金錢如糞土，認為戴著越多金器的人越為貧賤，他們甚至用穿戴金器來懲罰奴隸。他們為外地人對物質的占有慾而奇怪，認為一個人可以仰視星辰乃至太陽，為何喜歡小塊珠寶的閃閃微光；羊毛原本是披在羊身上的，為何有人由於身上穿的是細線羊毛衣就以為自己更加高貴。

烏托邦人追求的只有真理與智慧，世俗的禮節也令他們不解：別人對你脫帽屈膝能給你什麼自然而真正的快樂呢？這個舉動能治好你的膝蓋痛和糾正你的精神失常嗎？人們從這種關於虛假快樂的觀念中顯示出一種奇異而愜意的瘋狂，這太奇怪了。

這就是這座叫做「烏托邦」的小島，完美、和諧、平等，它是如此完美，以致於它只能叫做「烏有之鄉」。

烏托邦（Utopia）的原詞來自兩個希臘語的詞根，「ou」是「沒有」的意思，「topos」是「地方」的意思，合在一起的意思，就正是「烏有之鄉」，不存在的地方。它代表了作者心目中最完美的社會，

有如世外桃源的存在。

　　湯瑪斯・莫爾創造了烏托邦這個新辭彙，也創造了人類思想意識中最美好的社會，一個和諧完美的空想主義社會。那裡人人平等，財產共有，大家共同工作，共同選舉出合適的官吏，那裡是人類所渴望的樂園，但很顯然，它還只存在於人們的幻想之中。

變形記 (The metamorphosis)

疏離

當格里高爾・薩姆莎從煩躁不安的夢中醒來時，發現他在床上變成了一隻巨大的甲蟲。他的背成了鋼甲式的硬殼，他略一抬頭，看見了拱形的棕色肚皮。肚皮僵硬，呈弓形，並被分割成許多連在一起的小塊。肚皮的高阜之處形成了一種全方位的下滑趨勢，被子幾乎不能將它蓋得嚴實。和它身體的其他部位相比，他的許多腿顯得可憐的單薄、細小，這些細小的腿在他跟前，在他眼皮下無依無靠地發出閃爍的微光。

不過，變成甲蟲也並未令他太過驚訝，因為他心裡想著更重要的事情。已經五點多了，可是鬧鐘沒有響，他必須起床趕七點的火車了，他還有很多的工作需要做，他必須依靠辛勤的工作來替父親償還債務，他還要贍養母親和兩個妹妹。格里高爾相信自己沒什麼問題，他一向很健康，變成甲蟲對他來說實在不算什麼，畢竟他首先得考慮工作的事呢！

然而，很快他就發現，變成甲蟲還是妨礙了他。太短的腿和巨大的身子讓他無法下床，他嘗試了無數次，他的小短腿拼命的搖動，卻始終無法將他翻過來。

就在格里高爾努力嘗試的時候，他公司的代表來找他了，想要知道為什麼他沒有坐早班車出發。格里高爾努力向門外的同事、父母和妹妹們解釋，他馬上就出來了，可是他們聽到的，卻是含混不清的說話。變成甲蟲的他，已經無法讓人們聽懂自己的說話了。

當格里高爾努力用嘴打開門之後，看到他的同事立刻驚慌失措地跑走了。他的父親拿著手杖和報紙想把他趕回房間，他母親打開窗，試圖讓寒冷的空氣冷靜自己的頭腦。格里高爾遵從了父親的意願，爬回房間，當他艱難地爬過比身子還窄的門時，他父親給了他重重的一擊，好讓他快點進到房間。

現在，格里高爾只能在房間裡生活了。父親的擊打讓他受了傷，他只能依靠妹妹給他送來零星的食物過活。為了不讓妹妹害怕，他盡量將自己隱藏在床下，不被送餐的妹妹發現。現在，他唯一的樂趣就是在窗邊看著窗外的風景了。

一次，當格里高爾的母親鼓足勇氣進來看他時，卻被格里高爾的樣子嚇壞了。父親以為格里高爾故意驚嚇了他的母親，生氣地拿著一袋蘋果砸向他。一個蘋果砸在了格里高爾的背上，使他受了重傷。他失去了活動能力，只能躺在房間裡，聽著親人們談話。

因為格里高爾失去了工作，他的親人們必須考慮工作的事情了，畢竟，他父親的債務還有很多。現在，他父親不得不去當了一名侍者，妹妹做了售貨員，而他母親，也在為人縫補衣服賺錢。生活的艱辛令他們疲累，失去了往日的談笑風生。他們開始縮減開支，賣

掉了首飾，但因為格里高爾的存在，他們卻無法搬家，去換一個便宜點的房子，於是他們出租了一間房子以分擔房租。現實的重壓讓他們越來越不耐煩，妹妹已經不再照顧格里高爾了，而將之交給了一個老女傭。

就在一天晚上，妹妹拿出了她的小提琴演奏著，但旁邊的房客們並未表現出對音樂的尊重。格里高爾被他們惹怒了，他爬出了房間，想要叫妹妹去自己的房間演奏。然而，看到了他的房客們立刻表現出了厭惡和不滿，他們要求解除租約，因為這個房子裡有著令人厭惡的東西存在。

這一切終於讓他的家人受不了了，他的母親和妹妹崩潰大哭，決意擺脫這可怕的甲蟲。格里高爾試圖安撫自己的家人，但顯然毫無成效。於是，他慢慢地爬回了自己的房間，鎖上了門。

第二天，打掃的女傭打開格里高爾的房門，發現他已經安靜地死去了。家人帶著憂傷的微笑，清理了他的屍體和房間。現在，他們終於可以開始新的生活了，嶄新的、更美好的生活。

格里高爾為家人奉獻了自己的一切，但當他失去生活能力，成為家人的負擔之時，立刻招致了家人的嫌棄、排斥，他的死亡讓家人毫無傷感，卻只是如釋重負，因為他們終於可以擺脫這個拖累。他們完全忘記了格里高爾曾經是如何努力工作，試圖給他們更好的生活，一旦他變得無用，就立刻遭到拋棄。

家人的冷漠，有時候比人變成一隻大甲蟲更令人覺得可怕。格里高爾是外形上的異化，而他的家人，或者說卡夫卡所想指的更多人，卻是精神上的異化，他們冷漠自私，只顧自己的利益，他們對家人所表現出的疏離感，才是《變形記》的主題。

▲ 布拉格的卡夫卡銅像。

垮掉的一代 (Beat Generation)
放蕩不羈

　　薩爾 · 帕拉迪是個作家，有一天，經由朋友介紹，他認識了來紐約遊玩的迪安 · 莫里亞蒂。迪安是個剛剛二十出頭的年輕人，妻子瑪麗露年輕漂亮。迪安想跟著薩爾學習一些東西，儘管他也不知道自己追求的到底是什麼。於是，他們相約一起去西部走走。

　　出於對在路上的渴望，薩爾決心去丹佛尋找迪安，他獨自一人開始了旅程。一路上，薩爾搭著順風車，漫無目的地遊蕩，認識了很多人，但又離開他們，在酒精和女人中一天天向前，來到了丹佛。

　　到了丹佛，薩爾才知道，他的朋友們現在已經分成了兩派，而迪安已經和妻子離婚，但他同時還保持著和前妻以及另一個女人的關係。他們共同的朋友卡羅住在地下室，將自己稱為「俄狄浦斯的埃迪亞」，他寫詩，詩名叫做《丹佛的頹廢派們》，他覺得整個世界都在發狂，變得奇怪而又陌生。最後，三個老朋友發生了爭執，薩爾離開了丹佛，回了家。

　　一年多後，薩爾再次見到迪安。迪安在鐵路上找到了工作，掙了不少錢，他又結婚了，還有了一個可愛的女兒。迪安拿他所有積蓄買了一輛車，又一次開始了自己的旅程，這次，他和他的朋友們

開到東部找到了薩爾，薩爾又和他們一起，開始了新的旅程。

　　他們從一個朋友家住到另一個朋友家，就這樣漫無目的地遊蕩，他們的生活就是飲酒、性、舞會，間或聊一聊尼采、學問、知識。在旅行途中，有人不再喜歡這樣的流浪生活，離開了他們，只剩下薩爾、迪安和再次和他們相遇的瑪麗露，繼續無目的的旅程。

　　有一天，迪安忽然想起了家中的妻子，他將薩爾和瑪麗露放在了路邊，毫不留戀地開車離開了。隨著他的離開，瑪麗露也跟著一位夜總會老闆私奔了，現在，旅途上又只剩下了薩爾一個人。

　　薩爾恍惚、無助，不知道該去向何處，這時，迪安又回來找到了他，並將他帶回了家。在那裡，他們開始擔任推銷員的工作，並安居了下來，覺得這安定的生活也挺不錯的。

　　但這樣的日子沒持續多久，他們又一次走火入魔，再次踏上了旅程。在里奇蒙，迪安找到了瑪麗露，此時的她已經成為妓女了。看到這一切，薩爾忽然想離開了。他離開迪安，回到了紐約。

　　1949 年的春天，薩爾獨自一人在丹佛定居，寂寞令他再一次不顧一切去尋找迪安。此時的迪安落魄極了，瑪麗露成為妓女的現實令他接受不了，他開始吸食大麻，後來還受了傷，他手指總是骨折，還有慢性骨髓炎和蕁麻疹，他的鼻子也出了問題。妻子無法忍受迪安的頹廢，將他和薩爾一起趕出了家門。他們再一次開始了尋歡作樂的旅程，走了很遠很遠，走到了大西洋的邊上。現在，迪安已經有四個孩子了，前妻的兩個孩子，以及兩個私生子，但他還像從前

一樣四處惹事，來去無蹤，只是，他無法再繼續前行了。

　　不久之後，薩爾和迪安再次上路，這次，他們去了墨西哥。在當地妓院揮霍掉了身上的錢之後，他們被困在了新奧爾良的叢林裡。薩爾因此染上了痢疾，而迪安卻不得不離開他，去應付自己的妻子和複雜的生活。第四次的旅行就這樣宣告結束。

　　薩爾遊蕩到了拉雷多，遇到了他命中註定的女人，定居了下來。在騷動喧鬧的城市中，黑夜完全降臨大地的時候，他無可抑制地想念迪安，那再也沒能找到的迪安。

▲ 傑克・凱魯亞克。

　　傑克・凱魯亞克的《在路上》，是有關美國「垮掉的一代」影響力最大的著作，文中那些無所事事、離經叛道的人物，正是對「垮掉的一代」最真實的描繪。他們酗酒、吸毒、崇尚性解放，神經質地追求情感宣洩，卻又完全找不到生存的意義，在頹廢與放蕩不羈的狀態中渾渾噩噩地度過一生。

　　垮掉的一代代表著二十世紀五、六〇年代美國動盪時期大部分美國青年的生活狀態。麥卡錫時代，白色恐怖瀰漫，政治氣氛緊張，科技與現代工業文明主宰了僵化平庸的生活，而美國在之前的二戰

中大發橫財，物質空前繁榮，也進一步拉開了貧富差距，導致階級矛盾越發尖銳，在這樣的背景下，一群既對現實不滿，又無力改變現實的人，便選擇了以這樣一種放浪的生活方式表現他們對社會現實的抗爭。

麥琪的禮物 (The gift of the Magi)
全心全意的愛

　　耶誕節的前一天，德拉在為丈夫吉姆的禮物煩惱。翻遍全身的口袋，她也只能找出一塊八角七分錢，而這，還是她從雜貨店、菜販和肉店老闆那裡死乞白賴的硬省下來的呢！就算是這一塊八角七分錢，也讓她積攢了好幾個月的時間。畢竟，對一個每週收入只有二十塊的家庭來說，能夠攢下這些錢也不容易了。

　　吉姆的禮物早已經挑好了，精緻、珍奇而且有價值，德拉相信自己挑選的禮物一定能得到吉姆興奮的回應，可是，明天就是耶誕節了，她哪裡有錢去買下吉姆的禮物呢？

　　忽然，德拉轉過身來，站到鏡子前面，她迅速地解開頭髮，讓它披落下來。褐色的頭髮像瀑布一樣流瀉，一直垂到了德拉的膝蓋上，髮絲閃亮，柔順得讓人情不自禁想要撫摸。

　　這對詹姆斯‧迪林漢‧揚夫婦有兩樣東西特別引為自豪，一樣是吉姆三代祖傳的金錶，另一樣是德拉的頭髮。如果示巴女王住在天井對面的公寓裡，德拉總有一天會把她的頭髮懸在窗外去晾乾，使那位女王的珠寶和禮物相形見絀。如果所羅門王當了看門人，把他所有的財富都堆在地下室裡，吉姆每次經過那裡時準會掏出他的

金錶看看，好讓所羅門妒忌得吹鬍子瞪眼睛。

德拉靜靜看著自己的頭髮，躊躇了一會兒，兩滴淚水悄悄地從她眼眶滑落，滴到破舊的地毯上。然而，她深吸一口氣，戴上帽子穿上外套，迅速出了門。

德拉在一家商店門外停住了，商店的招牌上寫著：「沙弗朗妮夫人──經營各種頭髮用品。」推開門，德拉向那位胖胖的夫人問道：「妳要買我的頭髮嗎？」莎弗朗妮夫人讓她脫掉帽子，濃密的秀髮立刻落了下來。「二十塊錢。」德拉把自己的長髮賣給了商店。

現在，德拉的模樣有點奇怪了，她的頭髮短短的，短得僅僅能蓋住她的頭皮。為了讓自己看上去好一點，她只好用捲髮鐵鉗把自己的頭髮燙捲了。不過，失去的頭髮並未令她煩惱，她現在滿心都被喜悅填滿了，因為她買到了最適合吉姆的聖誕禮物。那是一條白金錶鍊，式樣簡單樸素，只是以貨色來顯示它的價值。文靜而有價值，它就像吉姆本人一樣對不對？她花了二十一塊錢來買下它，吉姆有了那條鍊子，在任何場合都可以毫無顧慮地看了。因為他們擁有的那隻錶雖然華貴，可是只用一條舊皮帶來代替錶鍊，他有時候只能偷偷地瞥一眼。

沒多久，吉姆回來了。看到德拉的第一眼他就愣住了，那神情是德拉所不能理解的，這使她大為驚慌。那既不是憤怒，也不是驚訝，又不是不滿，更不是嫌惡，不是她所預料的任何一種神情。

「哦！親愛的，別這樣盯著我。」德拉趕緊跑向吉姆，「我把

頭髮剪掉賣了，因為不送你一件禮物，我過不了耶誕節。頭髮會再長出來的，對吧？」

「妳說妳的頭髮沒有了嗎？」吉姆愣愣地問道。

「已經賣了——賣了，沒有了。今天是聖誕前夜，親愛的。好好地對待我，我剪掉頭髮為的是你呀！我的頭髮也許數得清，」德拉突然非常溫柔地接下去說，「但我對你的情愛誰也數不清。」

吉姆從恍惚中醒了過來，他將德拉緊緊地摟在懷裡，然後從口袋裡掏出了一包東西。「別誤會，德拉。」吉姆的聲音低低的，「我對妳的愛情是絕不會減低的。但是只要打開那包東西，你就會知道剛才我為什麼愣住了。」

德拉打開了包裝紙，裡面是一套玳瑁的髮梳，邊上鑲著珠寶。那是她渴望了好久的禮物，每次經過商店的櫥窗她都忍不住去看它。現在，它躺在自己的手上了。

「我的頭髮長得很快的，吉姆。」德拉淚眼矇矓，對丈夫微笑著說，忽然她想到了什麼，吉姆還沒有看到他的禮物呢！她熱切地攤開手，將錶鍊遞給了丈夫。「漂亮嗎，吉姆？我走遍全市才找到的。快把你的錶給我，我要看看它配在錶上的樣子。」

「哦！」吉姆笑了起來，「我們把耶誕節禮物擱在一邊，暫且保存起來吧！它們實在太好啦！現在用了未免可惜。我是賣掉了金錶，換了錢去買妳的髮梳的。」

麥琪（magi）是《聖經》中的三位聖人，他們在耶穌誕生的時候給他送來了禮物黃金、乳香和沒藥。從此之後，西方人也就習慣於在耶誕節相互饋贈禮物，而麥琪的禮物，也就代表了聖潔的、神聖的、充滿愛意的，寓意深遠的禮物。

而歐·亨利在他這部《麥琪的禮物》的結尾中說：「他們既然有智慧，他們的禮物無疑也是聰明的，可能還附帶一種碰上收到同樣的東西時可以交換的權利。我的拙筆在這裡告訴了諸位一個沒有曲折、不足為奇的故事；那兩個住在一間公寓裡的笨孩子，極不聰明地為了對方犧牲了他們一家最寶貴的東西。但是，讓我們對目前一般聰明人說最後一句話，在所有饋贈禮物的人當

▲ 麥琪，又稱東方三博士、東方三王、東方三賢士、三智者、術士等，是藝術作品和基督教刊物經常提到，出現在許多與耶誕節有關的畫像裡面的人物，一般會與耶穌和其父母、牧羊人，以及馬廄中的動物一同出現。

中，那兩個人是最聰明的。在一切授受衣物的人當中，像他們這樣的人也是最聰明的。無論在什麼地方，他們都是最聰明的。他們就是麥琪。」從此，麥琪的禮物，也就代表了全心全意的愛，最珍貴的永遠不是禮物，而是禮物中蘊含的愛與誠意，是彼此間的關懷與恩愛。

茶花女 (The Lady of the Camellias)
純真與汙穢

　　貧苦的鄉下女孩瑪格麗特來到巴黎，開始了賣笑生涯。儘管她過著熱情縱慾的生活，但是她的臉上卻呈現出處女般的神態，甚至還帶著稚氣的特徵，這獨特的氣質令她紅極一時，成為了被巴黎貴族爭相追逐的女人。

　　瑪格麗特隨身總帶著一束茶花，一個月裡有二十五天，茶花是白色的，而另外五天，她帶著的茶花則是紅色的。沒有人知道她為什麼這麼做，但因為除了茶花之外，她從來沒有帶過其他的花，所以大家都叫她「茶花女」。

　　瑪格麗特曾經得過肺病，前往一家療養院療養。在那裡，她遇到了一位老公爵，老公爵發現她與自己過世的女兒長得一模一樣，思女心切，要求瑪格麗特放棄賣笑生涯，接受自己的寵愛。但年輕漂亮的瑪格麗特無法接受只有老公爵偶爾來訪的苦悶生活，按捺不住又開始了往昔的生活。她告訴了老公爵一切，並表示自己無法再欺騙他了，可是老公爵出於對她的愛，最終接受了她的行為。

　　一天晚上，瑪格麗特在劇場內認識了一個青年——阿爾芒。這個人看上去笨拙而害羞，並未給她留下深刻的印象。因為此時的她，

還是個對自己不喜歡的人毫不留情的交際花。

沒多久，瑪格麗特肺病復發，在家休養，阿爾芒一直堅持每天去探問病情，卻不肯留下自己的姓名。看著瑪格麗特明明重病在身還要過著放蕩的生活，阿爾芒終於忍不住了，他冒昧上前去勸告瑪格麗特不要這樣傷害自己，並向她表達了自己的感情。

原來，阿爾芒早在三年前，偶然一次看到瑪格麗特從馬車上下來走進絮斯商店那一天起，就已經深深地愛上了她。他看到了瑪格麗特放蕩生活下隱藏的單純，看到了她在妓女身分下的傲氣和獨立，令他無法克制地被她所吸引。

阿爾芒的表白打動了瑪格麗特，她接受了阿爾芒的感情。但是，瑪格麗特現在還在接受老公

▲ 茶花女。

爵的資助，她負債累累，年輕的阿爾芒根本不能幫助她，這也令她無法離開老公爵。可是，對阿爾芒的愛激發了瑪格麗特對純樸生活的熱望，她決心籌集一筆錢，擺脫沉淪的巴黎交際花生活，和阿爾芒到鄉下去隱居。

瑪格麗特打算獨自進行整個計畫，並未告知阿爾芒。但她的舊情人的出現卻令阿爾芒起了疑心，他以為瑪格麗特依然和自己的舊情人有染，悲憤之下，寫信給瑪格麗特說，自己將回到父親的身邊，離開令他傷心的愛人。

可是，阿爾芒並不是真的願意離開自己的愛人，理智告訴他，他錯了。他向瑪格麗特請求原諒，也得到了瑪格麗特的真情表白。兩人在相互傾訴中，更加確定了彼此的愛。

他們在巴黎近郊租了一間房子。可是瑪格麗特依舊喜歡觥籌交錯的交際場合，開銷巨大，年輕的阿爾芒負擔不起瑪格麗特巨大的開銷，為了滿足她，他開始靠賭博來賺錢。

然而，老公爵知道了瑪格麗特和阿爾芒的關係，他要求瑪格麗特離開阿爾芒，否則就斷絕她的經濟來源。但瑪格麗特回絕了他，她決意與阿爾芒在一起。她改變了自己過去奢靡的生活，享受著和阿爾芒單純簡單的愛戀。為了維繫他們的生活，還要清償過去的巨大債務，瑪格麗特將自己的首飾、馬車都賣掉了。阿爾芒知道後，打算變賣一筆母親留給他的遺產，以還清愛人的債務。

可是，阿爾芒的父親杜瓦找到了她。杜瓦先生知道了阿爾芒和

一個妓女同居的消息，父親要求阿爾芒離開瑪格麗特，卻遭到了拒絕。於是杜瓦先生找到了瑪格麗特，告訴她，如果她堅持和阿爾芒在一起的話，那阿爾芒的妹妹將會遭到體面家庭的退婚，藉此逼迫瑪格麗特與阿爾芒斷絕關係。

悲傷的瑪格麗特給愛人寫了一封絕交信，回到巴黎重新開始了放蕩的奢靡生活。阿爾芒無法接受愛人的背叛，他想盡辦法地羞辱她，還找了另外一個妓女刺激瑪格麗特。瑪格麗特面對愛人的誤會，傷心地勸他忘了自己，她告訴阿爾芒自己已經發過誓，不能和他在一起，阿爾芒誤以為她和男爵曾海誓山盟，便氣憤地推倒瑪格麗特，丟下一疊鈔票羞辱她，轉身離去。

瑪格麗特深受刺激，昏倒在地，從此一病不起。臨終前，她寫了一封信給阿爾芒，告知了事情的真相。得知真相的阿爾芒趕回了巴黎，但面對的卻是瑪格麗特孤單的墳塋。唯一留給他的，只有瑪格麗特的日記。而日記裡，記載的都是瑪格麗特對他深切的愛。

阿爾芒懷著無限的悔恨與惆悵，卻只能在瑪格麗特的墳前擺滿白茶花，紀念她逝去的美麗愛情。

很多作家都熱衷於以妓女的形象展現純真的形容，比如羊脂球，比如瑪斯洛娃，也比如這裡的茶花女，也許正是因為這種被損害、被侮辱的身分，更能夠反襯出當事人的純潔與善良。

身體上的汙穢骯髒，與靈魂上的貞潔，當放在同一個身體中的

時候，更能令人感覺到那強烈的對比，感覺到那真善美的印記。就算曾經帶著罪孽，迷戀金錢和慾望，但就算是這些低賤的女性，她們也始終堅守著內心深處的信仰，以善良和純真完成一場自我救贖。所以那一朵白色茶花，正象徵著瑪格麗特所堅守的內心的純潔。

哈姆雷特 (Hamlet)

復仇

生存還是毀滅？這是個問題。

丹麥國王忽然去世，他的弟弟克勞狄斯登上王位，並娶了自己的嫂子，曾經的皇后為妻。老國王的兒子哈姆雷特得知父親去世的消息，匆匆趕回奔喪。得知母親如此快就改嫁給了自己的叔叔，他傷心又屈辱。

這時，哈姆雷特的好友告訴他，城堡裡出現了一個鬼魂，似乎是死去的國王。哈姆雷特午夜時分守候在城堡的天臺，等到了父親的鬼魂，父親告訴他，是現任國王趁自己午睡時，將毒藥從自己的耳朵裡灌入，殺害了自己。得知真相的哈姆雷特大為震驚，決意為父親報仇。

朝中大臣波洛涅斯的女兒奧菲利亞是哈姆雷特的戀人，但波洛涅斯禁止自己的女兒與哈姆雷特相戀，軟弱的奧菲利亞聽從了父親的要求。

這天，哈姆雷特突然找到了奧菲利亞，並在她面前做出了許多瘋狂的舉動，他瘋了。

哈姆雷特的瘋癲引起了國王和王后的注意，但心中有鬼的新國

王克勞狄斯並不相信哈姆雷特是真的瘋了，決意試探他。他召見了哈姆雷特昔日的同窗好友，要求他們找出哈姆雷特行為怪異的原因。哈姆雷特見到了兩位好友，敏銳地發現他們是國王派來試探自己的，就好好地譏諷了兩人。

波洛涅斯求見了國王，將哈姆雷特寫給奧菲利亞的情書拿給國王看，告訴國王，哈姆雷特的瘋狂乃是因為愛戀奧菲利亞不得而引起的。國王並不太相信，但他還是決定用奧菲利亞來試探哈姆雷特。當奧菲利亞與哈姆雷特交談時，國王躲在了帷幕後偷聽，哈姆雷特發現了國王，以為奧菲利亞站在國王那邊欺騙他，狠狠地呵斥了奧

▲ 哈姆雷特見到了父親的亡魂。

菲利亞。

　　恰好此時，有一個戲班到宮中獻藝。哈姆雷特決定安排一齣自己改編的戲劇。他把《貢柴古之死》改成《捕鼠機》，加入了國王的姪子將毒藥灌入國王的耳朵裡的情節。臺下，看到這一切的克勞狄斯大驚失色，倉皇離席。看到這一切，哈姆雷特確定了自己叔叔殺死父親的事實。他想要殺死國王，卻發現克勞狄斯正在祈禱，如果自己這時殺了他，那他的靈魂將會升入天堂。哈姆雷特不願就此便宜這凶手，按捺下了下手的慾望。

　　哈姆雷特受召來到自己的母親的臥室，卻發現帷帳後有人在偷聽，他斷定那偷聽的正是卑鄙的國王，於是怒火中燒，提起寶劍刺了過去。然而，倒下的卻是波洛涅斯，他心上人的父親。

　　國王以波洛涅斯的死為藉口，將哈姆雷特送往了英國，並祕密地要求英王將哈姆雷特處死。途中，哈姆雷特偷偷拆開信件，知道了國王的企圖，就趁亂偷偷潛回了丹麥。

　　自己的愛人殺死了自己的父親，可憐的奧菲利亞接受不了這雙重的打擊，精神失常，一天，落入河中溺亡。

　　她的哥哥雷歐提斯從國外歸來，得知父親和妹妹雙雙慘死的消息，在克勞狄斯的誤導下，以為一切都是哈姆雷特所為，決定向哈姆雷特報復。

　　哈姆雷特在回宮的路上，正好遇上了奧菲利亞的葬禮，悲痛令他和雷歐提斯纏鬥到一起。這時，陰險的克勞狄斯故意提議讓他們

決鬥，並準備了毒酒和毒劍，想藉雷歐提斯殺死哈姆雷特。

▲ 約翰·艾佛雷特·米萊創作的《哈姆雷特》中的奧菲利亞，大約作於西元一八五一年～一八五二年。

雷歐提斯知道自己手中是毒劍，他心懷憐憫，並不想輕率地殺死王子，第一回合讓哈姆雷特勝了。克勞狄斯命人斟上毒酒慶賀，但哈姆雷特並未飲下。第二回合，王子又獲得了勝利，這次，不知情的王后代替他喝下了這杯毒酒。在克勞狄斯的不斷煽動下，雷歐提斯終於提起劍，刺中了哈姆雷特，而同時，哈姆雷特的劍也刺中了他。就在這時，王后毒性發作，倒地而亡。看到這一切，雷歐提斯終於看清了克勞狄斯的醜惡嘴臉，在生命的最後時刻，他當眾揭發了克勞狄斯的陰謀。

哈姆雷特提起毒劍，用最後的力氣刺向了克勞狄斯，結束了仇人的生命。而他自己，也終於毒性發作，倒地身亡了。

哈姆雷特是復仇史上最著名的形象，為了替被害的父親復仇，

他失去了自己心愛的愛人、忠誠的朋友，乃至自己最寶貴的生命。

　　生存還是毀滅？這是個問題。復仇到底意味著什麼？哈姆雷特也許自己也沒想明白，所以他沉溺在悲哀憂鬱的情感之中無法自拔。他懷抱著強烈的復仇慾望，以致於失去了自己的生活。他所有的悲劇，可能就來自於他對復仇的固執。

浮士德 (Faust)
追求理想

　　浮士德是一位知名的學者，他已經把哲學、醫學、法律、神學的書籍都讀遍了，人們尊稱他為教授、博士、科學家，給了他極大的尊重。但這一切卻並沒有令浮士德滿意，他苦悶、空虛，他花了一生的時間研究學問，但只是在象牙塔故紙堆中翻尋，卻從未真正親自體驗人生，他覺得自己遠離了生命的本源，但現在他已垂垂老矣，已經無法再來一次。

　　在廣闊的天庭，上帝正在召見群臣，祂問起浮士德的情況，魔鬼靡菲斯特說，他正處在絕望之中，因為他慾望無窮，什麼也不能使他滿足。但上帝堅信，浮士德這樣人類的代表，在理性和智慧的引導下，最終會找到真理的道理。靡菲斯特並不同意上帝的看法，於是，它提出和上帝打賭，讓上帝將浮士德交給它，看它是否能將浮士德引向邪路，讓他墮落。

　　上帝答應了魔鬼的要求。魔鬼化成一名書生來到浮士德的書齋，誘勸浮士德和他一起去從事歡樂的事業，並提出和他簽訂這樣的契約：靡菲斯特今生願做浮士德的僕人，幫他解愁除悶，尋歡作樂，

獲得一切需要；但當浮士德表示滿足的一瞬間，奴役便解除，浮士德就屬魔鬼所有，來生便做魔鬼的僕人。浮士德根本不相信來生，便毫不猶豫地同意了這場賭博，與魔鬼立下了契約。

魔鬼讓浮士德重新變回了年輕人，年輕的浮士德走出了書齋，首先走入了愛情世界。他愛上了一

▲ 浮士德版畫。

個貧窮但善良的少女格蕾琴，可是，做為一個追求精神世界的年輕貴族，他與一個中世紀的女孩根本不是同一個世界的人，悲劇由此發生：他誤用毒酒毒死了女孩的母親；格蕾琴有了他的私生子，遭到社會的嘲笑，格蕾琴承受不了這指責，將孩子淹死，因此入獄，並被處死；格蕾琴的哥哥為此和浮士德決鬥，卻被浮士德殺死。魔鬼想讓浮士德繼續在酒色裡沉淪，將他帶入「瓦爾普吉斯之夜」，與無數的裸體女人狂歡。但肉體的享受並未讓浮士德沉溺，他在肉體享受和純潔愛情中無法達到完美的平衡，也就無法獲得滿足。

愛情並沒有讓魔鬼滿足浮士德的要求，它便將浮士德帶到了官

場。浮士德想要一展才智，解決王國的經濟危機，但國王卻將他看作一個魔術師，只強迫他讓古希臘最美的女人海倫重現。

浮士德召喚出了海倫，而海倫的出現讓浮士德也被她的美所驚倒，他突然意識到他自己應該去美的王國裡追尋自己的理想。於是，浮士德重返了古典希臘，在那裡，他和海倫結婚，生下一個非常漂亮的孩子歐福良。代表著美與完美人格的歐福良酷愛自由，時而上天，時而入地，結果摔死了。可見，無限制地追逐自由的美，最終也是要失敗的。

歐福良的死讓海倫非常悲傷，她返回了古希臘，浮士德又回到了現實。現在，他決定從精神世界的浮遊轉向物質世界的改造，他決定為老百姓造一片可以開墾耕作的田地。可是，魔鬼趁機在浮士德的眼睛上吹了一口氣，讓他雙目失明，又讓那些造地的人給浮士德挖掘墳墓。浮士德聽到鐵鍬的聲音，以為他的事業還在進行，開心地說：「逗留一下吧！你是那樣美！」這詞正是浮士德和魔鬼打賭時約定的詞，浮士德輸了，必須成為魔鬼的僕人。

就在這時，上帝派了天使下來，用愛火打敗了魔鬼，將浮士德的靈魂帶到了天上，臨走時，天使留下了一句：「凡自強不息者，終會得到拯救。」

浮士德是歷史上真實存在過的人物，因為他博學多才，人們傳說他是因為魔鬼的幫助才有如此高的才學，後來歌德便將這一故事

加以發揮，創造了一個經
典的浮士德形象。

　　浮士德身上，寄託的
是歌德乃至更多的知識分
子追求理想、追求真理、
自強不息的靈魂。浮士德
經歷的書齋生活、愛情生
活、政治生活、追求古典
美和建功立業五個階段，
正是從文藝復興到十九世
紀初的人們探索和奮鬥的
精神歷程，浮士德所一直
追求的美、道德、自由和
幸福，實際上也是全人類
終生所追求的理想，從未
放棄。

▲ 歌德的肖像畫。

黑馬 (dark horse)
出人意料

　　雨下了一個晚上，到了第二天，整個天空晴朗無雲，一點雨後的痕跡也沒留下。比賽的賠率發生了變化，昨天晚上的時候，詹姆斯伯爵的馬絕倫做為最有希望獲勝的馬的賠率還不到 2 比 1；而做為第二個最有希望獲勝的莊家達士先生的丹迪，賠率為 5 比 1；下一個最有希望獲勝的賠率為 9 比 1。

　　但到了今天早上，事情發生了變化。達士先生的丹迪獲得了最高的票數，成為最有希望獲勝的馬匹。馬匹的所有者達士先生非常有自信，他相信自己做為一個優秀的騎士，是詹姆斯伯爵的絕倫最有力的競爭者。而絕倫現在成為了排名第二的競爭者。

　　不過，詹姆斯伯爵還是和往常一樣，擁有常勝將軍的自信，他神態自若地進入了賽道，圍著賽場轉了一圈，並向蒂朵太太鞠躬。他的自信感染了在場的女士，尤其是和戴克小姐一起下注的阿芙洛狄忒女士，她原本非常擔心詹姆斯伯爵會輸掉這場比賽。

　　現場有 90 多匹馬參加比賽，牠們站在了同一個起點。但結果會是怎樣？對不起！我努力地回想當時的情景，想要把它展現在筆下。一點努力加上義大利美酒，應該能讓我找回記憶。一匹黑馬，一匹

在之前粗心的詹姆斯伯爵從未在名單上注意過名字的黑馬，以飛快的速度衝過了看臺，獲得了絕對的勝利。而之前最被看好的馬匹根本沒有領頭過，而在預測中排第二的馬匹更是沒跟上牠的里程，其他的馬更是落在了後面。觀眾們都太過驚訝，連歡呼都忘記了。可是，當獲勝者的名字被宣布，大家得知獲勝者是來自霍華德的傑羅姆伯爵的梅戴克的時候，看臺上爆發出了令人震驚的歡呼，尤其是約克郡人，叫得尤其響亮。

想想這造成了多少混亂吧！絕倫後來很快被運往了紐馬克特城，就好像那些年輕的紳士因為做了某些醜事就被送去旅行一樣。伯靈頓和什羅普郡的公爵支出了幾百元。而大熱馬匹的資助者還得前去恭維獲勝者，尷尬地與其他的參與者聚會，感覺到上天註定的挫敗感。可愛的小里京完全破產了。盧修斯先生看上去很憂傷，所以他躲開了。斯科波主教看上去臉都黃了，還是一臉的不可置信，巴沙特主教不斷地搖著頭。

詹姆斯伯爵大概是整個比賽場裡最痛苦的人了，而且他顯然對自己失去了第一的名次很不可思議。他那麼驚訝，眼睜睜地看著兩萬五千塊就這樣失去了，當然，這只是他五十萬身價中的一小部分。損失主要是精神上的。不過現在去想這些問題顯然太小了點，所以伯爵立刻向戴克小姐走去，和那些熱情的恭賀者一起去恭喜她。

這個故事來自於英國政治家班傑明·迪斯雷利的小說《年輕的

公爵》，故事裡那個忽然殺出的黑馬（dark horse）讓所有人大吃一驚，在毫無預兆的情況下奪得了冠軍，成為了最讓人意外的獲勝者。

▲ 班傑明・迪斯雷利。

隨著這本小說的出版，這個詞漸漸為人所熟知，由賽馬場上的俚語，發展成體壇上的慣用語，後來漸漸被各行各業的人使用，成為了那些不被看好或事前並不知名、最後卻能意外地獲勝的人或事物的代稱。

現在，黑馬已經不再單純指那些黑色的馬匹，而一般解釋為實力難測的競爭者或出人意料的優勝者。

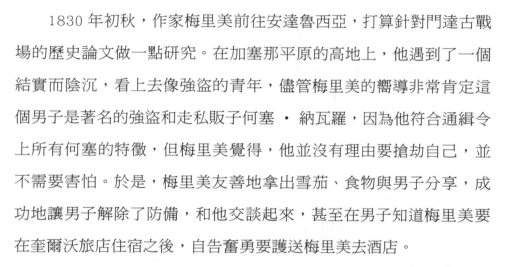

卡門 (Carmen)

率性

1830 年初秋，作家梅里美前往安達魯西亞，打算針對門達古戰場的歷史論文做一點研究。在加塞那平原的高地上，他遇到了一個結實而陰沉，看上去像強盜的青年，儘管梅里美的嚮導非常肯定這個男子是著名的強盜和走私販子何塞‧納瓦羅，因為他符合通緝令上所有何塞的特徵，但梅里美覺得，他並沒有理由要搶劫自己，並不需要害怕。於是，梅里美友善地拿出雪茄、食物與男子分享，成功地讓男子解除了防備，和他交談起來，甚至在男子知道梅里美要在奎爾沃旅店住宿之後，自告奮勇要護送梅里美去酒店。

半夜，嚮導向梅里美表示，這個男子正是安達魯西亞最著名的大盜——何塞‧納瓦羅，告發他就可以獲得 200 金幣。嚮導偷偷潛走，去軍營告發何塞，而梅里美卻同情這個看起來並不殘忍邪惡的大盜，偷偷叫醒他讓他提前逃走了。

離開旅店，梅里美前往科爾多瓦繼續自己的調查。在瓜達爾基維爾河邊，他遇見了一個美麗的波西米亞女人——卡門。她的眼睛又大又黑，連眉毛和眼瞼都是烏黑的，她滑膩的皮膚是古銅色的，她雪白的牙齒比去掉皮的杏仁更白，她的手指和身材都是纖細的，

她的頭髮雖然有點粗，可是顏色漆黑，帶有藍色的反光，像烏鴉的翅膀一樣，又長又亮。她的美是一種奇特的、野性的美；她的臉使你初見時驚奇，可是永遠不會忘記。尤其是她的眼睛，就好像蓄勢待發要捕捉麻雀的貓眼一樣，有一種肉感而凶悍的表情，從未在其他人身上看到。

梅里美跟著卡門回了家，想要見識一下波西米亞人那神祕的占卜能力，然而就在卡門家裡，他意外遇到了找來的何塞。何塞用方言和卡門憤怒地爭吵，並將梅里美帶離了卡門家。梅里美這才發現，不知什麼時候，卡門已經偷走了他隨身的金錶。

梅里美放棄了報警，而是繼續自己的旅程，幾個月後，等他回到科爾多瓦時，卻被告知，是何塞搶走了他的金錶，現在何塞已經被抓了，而他也將因為殺人罪被處死。梅里美決定去看望這個可憐的男人，在監獄裡，他聽何塞講述了自己悲慘的遭遇：

何塞曾經是騎兵連的班長，在他被派到煙草工廠當警衛的一天，他遇到了他命中的女神——卡門。「她穿著一條非常短的紅裙子，露出她破了好幾個洞的白絲襪，還有一雙小巧玲瓏的紅摩洛哥皮鞋，鞋子用火紅的綢帶繫住。她推開披肩，讓兩個肩膀暴露出來，還顯出她的襯衫上面一大束金合歡。她的嘴角上也銜著一朵金合歡，她向前走著，腰肢扭來扭去，像科爾多瓦養馬場裡走出來的一匹母馬。」卡門放肆地挑逗他，把嘴裡銜著的金合歡彈到了何塞的眉心，這輕佻的舉動讓何塞癡迷了，他愛上了這放蕩不羈的波西米亞女人。

不久，卡門和工廠的女工發生爭執，劃傷了女工的臉，被關進了監獄。何塞奉命押送她去監獄，卻放她逃走，並為此被撤職，並關了一個月的監禁。出獄後的何塞當上了一位上校的衛兵，在上校的宴會上，他再一次看到了卡門。美麗的卡門全身裝飾著花朵和金銀絲帶，在舞池旋轉舞蹈，和在場幾乎所有的軍官調情，說著令人眼紅心熱的情話，何塞嫉妒又不安，恨不得將所有的男人統統用軍刀開膛破肚。臨走時，卡門再次引誘了何塞，讓他加入自己的走私販行列。

　　何塞將自己全心地交給了卡門，但卡門並未回報他的愛情，她毫無顧忌地和部隊的副官調情，引得何塞嫉妒地殺死了這位軍官，終於被迫逃亡，成為了一個真正的強盜。但卡門沒有絲毫收斂，她從一個男人身邊來到另一個男人身邊，而何塞還得知，走私販中那個又老又醜的獨眼龍加西亞，其實是卡門的丈夫。妒火填滿了何塞的心胸，他殺死了加西亞，又從英國人手中搶回了卡門，逼著她成為了自己的妻子。

　　可是，婚姻對卡門這樣的女人而言，並不是結束。她依舊放任自己的感情，愛上了一個鬥牛士，何塞請求卡門和他一起遠走高飛，卻遭到了卡門冷冷的拒絕：「如果跟著你走向死亡，我願意，但我不願意跟你一起生活。」深愛著卡門的何塞終於無法忍受，他舉起那殺死過卡門眾多情人的刀，刺向了卡門。

卡門（Carmen）是梅里美筆下最有魅力的人物，也是藝術史上最耀眼的形象之一。儘管梅里美在他的小說開頭寫著「女人是禍水，美好只兩回──新婚燕爾時，命絕大限至。」的字樣，儘管小說裡的卡門毫無道德觀，放蕩、濫情，毫無憐惜地踐踏著何塞的感情，但這個形象，卻意外地成為了人們歌頌的對象。究其原因，也許是因為，這樣熱情坦率、敢作敢當的吉卜賽女郎，實在是太過耀眼，太過迷人了。

所以到了今天，只要提到卡門，人們就會聯想到自由、奔放、無拘無束的吉卜賽女郎，可以說，卡門已經成為了自由和率性的代名詞，就好像書中卡門自己所說的：「但是卡門永遠是自由的。」這隻自由的小鳥，至今還在人們心頭翩翩起舞。

◀ 歌劇《卡門》1896 年的美國海報。

魯濱遜 (Robinson)

拓荒者

魯濱遜出身於一個富足的上流社會家庭，身為家中的小兒子，父母對他格外寵愛，並將他送去學法律，可是魯濱遜一心只想航海，想去海外見識一番。

第一次，魯濱遜的要求遭到了父親的阻攔，他離家出走，私自登上了一艘開往倫敦的船。但他的第一次航行就遇上了風暴，船隻沉沒，他幸運地登上救援的小艇，好不容易才逃出生天。這次厄運並沒有打消魯濱遜航海的慾望，不久之後，他又出海到非洲經商，卻被海盜俘虜，做了奴隸。趁著一次出海幫海盜捕魚的機會，魯濱遜逃了出來，經過了一段艱辛的旅程，終於被一艘葡萄牙貨船救起。

貨船船長花了不少錢買下他的小船和船上的物品，帶著這筆錢，他來到巴西，買下一個莊園，做了莊園主人。他開始從英國入手貨物到巴西售賣，獲得了極大的利潤。隨著種植園漸漸興旺，魯濱遜又開始不滿於現狀，他想要追求一種不切實際的妄想，不是這樣透過累積致富，而是一夜暴富。於是，他決定再次去非洲販賣奴隸。

可是，他乘坐的船在途中再次遇到風暴觸礁，船上水手、乘客全部遇難，唯有魯濱遜一人倖存，隻身漂流到一個杳無人煙的孤島

上。

　　現在，魯濱遜必須面對著生存的問題了。他發現了擱淺在海灘上的沉船，用沉船的桅杆做了木排，並將船上剩下的所有能用的東西，食物、衣服、槍枝彈藥和各種工具都運到岸上。考慮到現實情況，他找到了小山坡旁的一塊平地，搭起帳篷定居下來。他還想盡辦法為自己做了日曆，用剩下的墨水開始寫日記，儘管這些墨水並沒能用上多久。後來，因為地震，他用削尖的木樁在帳篷周圍圍上柵欄，在帳篷後挖洞居住，還用簡單的工具製作桌、椅等家具。

　　起初，魯濱遜依靠獵槍打獵來尋找食物，但漸漸他發現，這並不是一件很容易的事，於是他決定開始種植和放牧。他用船上剩下的糧食，在島上種植出了大麥和稻子。他用自製的木臼、木杵、篩子加工麵粉，烘出了粗糙的麵包。他開始捕捉並馴養野山羊，讓其繁殖，做為自己的食物儲備。

　　就這樣，他獨自一人在島上生活了十個月的時候，當確定了不會有人過來尋找自己之後，他開始探索這座小島。他發現了不少的水果樹，學著自己種植水果，現在，他已經摸到了雨季和旱季的規律，能夠熟練地種植大麥和稻子，他發現了越來越多的食物，再也不必擔心餓肚子。

　　雖則如此，但魯濱遜一直沒有放棄尋找離開孤島的辦法。他砍倒一棵大樹，花了五、六個月的時間做成了一艘獨木舟，但這艘船對他一個人而言實在太重，要將它推下海，需要挖出一條運河，這

需要花費十年以上的時間，魯濱遜只好放棄，決定重新另造一艘小的。

魯濱遜在島上獨自生活了十七年後，一天，他在島邊的海岸上發現了許多的人骨，還有生過火的痕跡，原來，有一群野人登上了島嶼，在這裡舉行了人肉宴。這發現令魯濱遜驚愕萬分，他時刻警惕著野人的出現，但一直沒有碰到他們。

野人一直沒有再次出現，慢慢的，魯濱遜的擔心消失了，他又開始過著平常的生活，只是，他比原來更謹慎了，還設想了很多當野人到來該如何對付的方法。

到他在島上生活的第二十四年，他再次在島上看到了火光，一群野人他們帶著準備殺死、吃掉的俘虜登上了島嶼。魯濱遜非常緊張，儘管他已經預演過這情景無數次了，但他終於克服了自己的害怕，並救出了其中一個野人。

魯濱遜神奇的火槍讓野人非常畏懼，他跪在地上，向魯濱遜臣服感激。魯濱遜為他取名為「星期五」，從此之後，「星期五」就成了魯濱遜忠實的僕人和朋友。魯濱遜教會「星期五」食用正常的食物，教他說英語，與他相依相伴，生活在這小島上。

後來，從和「星期五」的交談中他才知道，原來他們這離現實世界並不遙遠，魯濱遜決定和「星期五」一起到大陸上去。在他們出發之前，一群野人綁著一個西班牙人上了小島，魯濱遜帶著「星期五」救出了他和「星期五」的父親。現在，他島上的居民又增加了。

不久，有艘英國船停泊在了小島附近，船上水手鬧事，把船長等三人拋棄在島上，魯濱遜與「星期五」幫助船長制伏了那幫水手，奪回了船隻。他把那幫水手留在島上，自己帶著「星期五」和船長等離開荒島，回到了英國。

▲ 魯濱遜解救「星期五」。

　　這時，魯濱遜離開家鄉已經三十五年了，他的親人大多已經過世，只剩下他兩個妹妹和一位哥哥的兩個孩子。他拿回了自己種植園的股份，在英國結了婚，生了三個孩子。可是，沒多久他的妻子就過世了，這時，魯濱遜出洋的慾望又一次強烈起來，他又一次出海經商，前往東印度群島。

　　在這次旅行中，他又回到了自己的小島上，現在，留在島上的水手和西班牙人都已安家，在這裡繁衍生息。根據他們的要求，魯濱遜把全島領土加以劃分後分配給他們，自己則保留了全島的主權。後來，他又買了七個婦女送去，並給了他們各種日用必需品，這才心滿意足地離開了。

1704 年，蘇格蘭水手賽爾科克在海上與船長發生爭吵，被船長遺棄在荒島上，四年後才被救回英國。這個故事給了笛福靈感，讓他寫出了《魯濱遜漂流記》這部影響巨大的著作。現實生活中的賽爾科克並沒有什麼值得稱頌的英雄事蹟，但書中的魯濱遜卻完全不同，他強烈的進取精神和自強不息的努

▲ 英國作家丹尼爾·笛福。

力，使他成為了文學史上最出彩的人物形象之一。

獨自一人生活在孤島上二十多年，魯濱遜依靠自己的一雙手，頑強不息地與大自然抗爭，利用船隻上的殘餘物品，他為自己建造了一個家，頑強地生存了下來，並獲取了更多的物質。他毅力驚人，可以用半年的時間建造一艘獨木舟，在知道無法使用之後，也毫不氣餒。這個開拓冒險精神，使他成為了拓荒者的形象代表，人們只要提到魯濱遜，就會想到那個獨自在島上與大自然搏鬥的英雄。

蒙娜麗莎的微笑 (mona lisa's smile)
永恆的美麗

《蒙娜麗莎》在世界上的地位已經無需贅言，提到藝術品，提到繪畫，沒有人能夠繞過它。它是法國羅浮宮的鎮館之寶，法國人的驕傲，當年《蒙娜麗莎》失竊，甚至讓法國政府將當日訂為「國難日」，可見其在法國人心目中的地位。

《蒙娜麗莎》之魅力，一半來自於達文西之個人魅力，另一半則歸功於畫上女子那永恆的淡淡微笑。據說，畫作上的女子是佛羅倫斯一名姓喬孔達的富商的妻子——麗莎 · 格拉迪尼 · 喬孔達。在達文西開始創作畫作的時候，麗莎剛剛失去了她的幼子，因此無論如何都笑不出來。為了捕捉到她的微笑，達文西想了很多辦法，他請來許多音樂家和喜劇演員為麗莎表演，終於，麗莎微微展開了笑顏，留下了一個轉瞬即逝的微笑，而達文西將這個微笑永遠地留在了畫布上。

蒙娜麗莎的微笑雖然微弱，卻可以看出她內心的愉悅，那安詳的儀態，微微抿住的嘴角，有一種矜持又舒展的神氣，令所有人都不由自主被她所吸引。據說，當年的戴高樂總統每當心緒煩躁時，必驅車前往羅浮宮欣賞《蒙娜麗莎》，那溫和的面容可以洗滌他深

藏的煩惱，讓他心神安寧；鐵娘子柴契爾夫人也對《蒙娜麗莎》情有獨鍾，收藏了四幅複製品。

而更多針對《蒙娜麗莎》的研究，並未解答它身上所存在的疑問，反而更令它備添神祕感。《蒙娜麗莎》畫面上的陰影構圖，令她在不同的光線和角度情況下顯示出不同的神態，時而溫柔、時而哀傷，有時甚至顯示出嘲諷的表情。還有人說，《蒙娜麗莎》其實是達文西的自畫像，因為將它與達文西的老年自畫像重疊，會發現它們基本上可以重合。蒙娜麗莎沒有眉毛，到底是因為這是當時的時尚，還是因為她正懷有身孕，是妊娠反應的結果。《蒙娜麗莎》的創作，花費了達文西數十年的時間，除了這幅完稿的作品之外，還有一幅保存在美國的《蒙娜麗莎》，被認為也是達文西的真品，是達文西年輕時所作。

▲ 蒙娜麗莎。

人們對蒙娜麗莎的研究從未結束。有人相信他們挖掘出了麗莎

▲ 達文西的自畫像。

上的黃斑判斷，她死於心肌梗塞。

有人在蒙娜麗莎的右眼中發現了LV的字樣，那是達文西姓名的首字母。

猜測越多，人們對蒙娜麗莎的神祕幻想就越多，那神祕的微笑，已經成為了永恆的美麗的象徵。

現在，蒙娜麗莎已經不僅僅是一幅畫了，它已經成為了一個符號、一個象徵。人們用無數的研究，為它增添了許多的解釋，但同時也給它增添了更多的謎團。儘管圍繞蒙娜麗莎的爭議從來沒有結束，但所有人都公認的一點就是：它已經成為了美麗的代名詞，代表著永恆不變的美麗。

蒙娜麗莎那神祕、端莊的微笑，那柔嫩豐滿的雙手，包括她優美的坐姿、層疊的衣袍，乃至背景中那幽深茫茫的山水，完美的透視構圖，都成了她美貌的注解。藉助達文西天才的畫筆，蒙娜麗莎有了一個新的名字——永恆的美麗。

象牙塔 (Ivory tower)
大學

    在《聖經‧舊約‧雅歌》中記載，所羅門曾作雅歌，其中有這樣的頌讚之詞：「王女啊！妳的腳在鞋中何其美好。妳的大腿圓潤，好像美玉，是巧匠的手做成的。妳的肚臍如圓杯，不缺調和的酒。妳的腰如一堆麥子，周圍有百合花。妳的兩乳好像一對小鹿，就是母鹿雙生的。妳的頸項如象牙塔。妳的眼目像希實本‧巴特拉併門旁的水池。妳的鼻子彷彿朝大馬色的利巴嫩塔。妳的頭在妳身上好像迦密山。妳頭上的髮是紫黑色。王的心因這下垂的髮綹繫住了。我所愛的，妳何其美好。何其可悅，使人歡暢喜樂。」文中象牙塔第一次出現，不過當時，是用來比喻新娘曲線優美、潔白的脖頸。

    十九世紀，一位叫聖佩甫‧查理‧奧古斯丁的法國詩人、文藝批評家，在他寫給友人的信函《致維爾曼》中，批評了同時代的法國浪漫主義詩人維尼作品中的悲觀消極情緒，主張作家從庸俗的資產階級現實中超脫出來，進入一種主觀幻想的藝術天地——象牙塔。

    這位聖佩甫並不是普通的文藝批評家，他可以說是文藝批評的鼻祖。在他之前，現代文藝批評是不存在的，可以說，他開創了一

個體系，奠定了一門新的藝術，後來的德國歷史學家，將他稱為一代宗師，而更有人將他開創的文藝批評，比作第十位文藝女神。

他是維克多‧雨果的好友，是波德賴爾的發現者，是普魯斯特的偶像，正是因為他在文學史上超凡的地位，象牙塔的說法立刻就被傳播開來，成為了一個有著固定含意的辭彙。

象牙塔原本指的是與現實世界有區別的藝術理想世界，後來被引申到更大的範圍，主要是指與世隔絕的夢幻境地、逃避現實生活的世外桃源。

遠離現實世界，在一個相對和平美滿的環境中，從事藝術創作，因為這一概念和大學的實際作用非常相似，後來，人們漸漸開始用象牙塔來形容大學生活。

阿巴貢 (Hartagon)

吝嗇

　　阿巴貢是巴黎的一個高利貸者，他的妻子早已去世，只留下了一兒一女。阿巴貢非常富有，他收藏著許多金銀，卻十分吝嗇，就算對自己的兒女也不例外，他的孩子只能過著窮酸的日子。

　　貴族瓦賴爾是個聰明的青年，一天，他無意中救了阿巴貢落水的女兒愛麗絲，兩人因此結識，並很快陷入了愛河。為了接近自己的意中人，瓦賴爾隱瞞了自己的身分，混進阿巴貢家做了總管。但是，瓦賴爾和愛麗絲知道，因為他沒什麼錢財，所以父親阿巴貢肯定不會同意他們的婚事，於是他們打算去找愛麗絲的哥哥克雷央特，希望能夠得到他的支持。

　　還沒等愛麗絲向哥哥表達自己的意思，克雷央特卻向愛麗絲講出了自己的祕密。原來，他愛上了美麗溫柔的瑪麗亞娜，但那位姑娘和母親剛剛搬到巴黎不久，家中貧困，他希望妹妹幫忙探探父親的口風，看他是否同意這門親事。

　　於是，兄妹兩個一起去找他們的父親。這個時候，阿巴貢正在和他的僕人拉弗賽史嘔氣，他剛剛把自己新賺的一萬個金埃居和其他財寶一起埋在了花園裡，可是他總覺得，拉弗賽史像個奸細一樣，

一直盯著他的一舉一動，想要偷他的東西。他指責拉弗賽史的燈籠褲很方便藏匿贓物，並毫不客氣地搜了他的身，可惜什麼東西都沒能找到。

兄妹兩個來的時候，阿巴貢正在唸叨自己的財寶，他生怕兒女們聽到了自己藏錢的地方，得到兄妹保證說什麼都沒聽見他才放心。聽說他們是來和自己商量婚姻大事的，阿巴貢非常高興，問他們是否認識同街住的一位叫做瑪麗亞娜的年輕姑娘。他告訴孩子們，自己被瑪麗亞娜溫柔的性格打動了，決定娶她。

克雷央特萬萬沒想到父親和自己看上了同一位姑娘，他假稱自己頭暈，氣憤地走了。阿巴貢又告訴愛麗絲，他已經給克雷央特物色了一個有錢的寡婦，還要將愛麗絲嫁給有錢的昂賽末老爺，並且讓愛麗絲今晚就訂婚。

愛麗絲大驚失色，說自己還不打算結婚，可是阿巴貢堅持讓她立刻答應。就在這時，瓦賴爾來了，阿巴貢便讓他來評理。瓦賴爾得知了阿巴貢為愛麗絲安排的婚事，假意站在阿巴貢這邊，然後趁阿巴貢離開去察看自己的錢的時候，與愛麗絲約好，裝病延遲婚期，萬一出了問題，他們就私奔逃走。

這邊，克雷央特想要幫助瑪麗亞娜一家，急於借到一筆一萬五千法郎的款子，他找到了一家神祕的債主，放債人的借債條件非常苛刻，要付兩分五厘的高利息，且只能拿到一萬兩千法郎的現金，其餘三千法郎由衣服等物折付，還要親自見見借債人。克雷央特急

需錢用，被迫答應了。可是，當他見到放債人時才知道，放債的正是自己的父親阿巴貢。阿巴貢知道了兒子如此揮金如土，與他大吵一場，不歡而散。

阿巴貢開始為女兒籌備訂婚宴，為了節約開支，他安排廚子給大家做一些人們都不大愛吃而且可以一吃就飽的東西。就在訂婚宴會上，媒婆也用花言巧語把瑪麗亞娜騙來了，阿巴貢對著瑪麗亞娜說著甜言蜜語，但瑪麗亞娜看著這個古怪的老頭，只覺得噁心害怕。這時，克雷央特出來了，瑪麗亞娜大吃一驚，這才知道，自己喜歡的青年竟然是這個怪老頭的兒子。

看到瑪麗亞娜，克雷央特故意藉著歡迎後母的機會，向她表白自己的愛情，還從自己父親的手上取下一枚鑽石戒指送給瑪麗亞娜。看到自己的寶貝被兒子送了出去，阿巴貢快氣瘋了，但當著瑪麗亞娜的面，他又不便發作。

愛麗絲把哥哥的心願轉告了瑪麗亞娜，讓這對原本就互相傾慕的年輕人得知了對方的心意。可是，阿巴貢卻無意中發現了兒子在親吻瑪麗亞娜的手，他決定試探克雷央特，故意說瑪麗亞娜更加適合克雷央特，引得克雷央特說出了自己的真實心意。

於是，兩人互不相讓，爭吵了起來。

僕人拉弗賽史為了幫少爺的忙，趁他們父子吵架的機會，溜進花園，把阿巴貢藏在地下的財寶箱偷走了。阿巴貢發現自己的金幣不見了，痛不欲生，大呼小叫，要求把所有人都絞死。

法院派來了調查員。

廚師雅克想報復一向與他不和的瓦賴爾，便汙蔑他偷走了箱子。阿巴貢逼迫瓦賴爾招供，瓦賴爾誤以為自己的身分被識破，承認了自己和愛麗絲的愛情。這一下阿巴貢更加生氣了。

正當這一家人鬧得不可開交的時候，昂賽末應約來了。阿巴貢向他講述了自己遭遇的種種「不幸」，並指責瓦賴爾是世界上最壞的竊賊。瓦賴爾反駁說，他絕不會做那樣下流的事，因為他是達爾布西·托瑪爵爺的兒子。昂賽末感到十分驚奇，因為他正是達爾布西·托瑪爵爺。他問瓦賴爾有什麼可以證實自己的身分，瓦賴爾說他保存著父親的一顆紅寶石圖章，由他母親用一個瑪瑙鐲子給他套在手臂上，而且還有老僕人貝特羅可以作證。

聽到這裡，瑪麗亞娜激動異常，她開口說，這一切證明了瓦賴爾正是自己的親哥哥。昂賽末也激動起來，他說，瓦賴爾和瑪麗亞娜正是他失散多年的一對兒女。原來，十六年前，因為故鄉暴亂，昂賽末帶著一家人出逃，卻在海上遭遇風暴，他們乘坐的船翻了。昂賽末獨自一人被救上岸，他以為親人都已經葬身海底，便改名昂賽末，變賣家產，在異鄉過著漂泊的生活，再也沒有人知道，他就是當年的托瑪爵爺。

一切真相大白，但阿巴貢可不關心這些，他一心糾纏著瓦賴爾，要他歸還他的財寶。

克雷央特告訴父親，他知道一點關於他箱子的消息，只要父親

答應讓他娶瑪麗亞娜的話，他的金銀就會平安無恙地回來。

　　得知能夠拿回自己的命根子，阿巴貢滿口答應，但是他也提出，兒女們的結婚費用必須要昂賽末負擔，而且昂賽末還得幫他做一件新衣服，以便他在辦喜事那天穿。

　　昂賽末爽快答應了他的要求。

　　最後，昂賽末帶領他的兒女去看他那多年失散的妻子了。阿巴貢呢？現在，他要去看看他那親愛的箱子了。

　　阿巴貢是莫里哀的作品《吝嗇鬼》中的主角，他與《歐也妮葛朗台》裡的葛朗台、《死魂靈》中的普留希金和《威尼斯商人》中的夏洛克，並稱為歐洲「四大吝嗇鬼」，成為了吝嗇鬼的典型代表。

　　莫里哀用他的妙筆，描寫了一個極其吝嗇的高利貸者形象。他狡詐狠毒，為了賺取更多的利息，盤剝他人，對自己的兒女也毫不憐惜。莫里哀用生動的細節，誇張諷刺的手法，表現了阿巴貢的慳吝：他招待客人時往酒裡摻水，自製日曆，將吃齋的日子延長，以便讓家人都不能吃葷，他自己也常常

▲ 莫里哀。

餓著肚子上床，以致半夜餓得去馬棚偷吃蕎麥。阿巴貢的形象如此生動，以致於後來的人們在嘲笑一個人非常小氣的時候，經常用阿巴貢來形容。

白烏鴉 (White Crow)
理想主義

在這世上，做一隻獨特的烏鴉，該有多麼榮耀，但又多麼艱難啊！

白烏鴉的父母是一對老實巴交的模範夫妻，住在沼澤區一座偏僻的舊花園裡。牠們非常恩愛，父親給妻子覓食，天氣好時為她唱歌，妻子每年下三次蛋，非常規律。

可是，就在白烏鴉出生之後，牠的父親卻開始不高興了，因為這新生的孩子和牠以及牠的其他兒女毛色和樣子都不一樣，牠身上是淡灰色的毛。「這可是個髒孩子。」父親覺得這孩子實在太難看了，而母親還在為自己的孩子辯護：「牠這個年紀就是這樣的，等到牠長大了，一定會是個漂亮的孩子。」

然而，長大的白烏鴉也並沒能讓母親滿意。牠長出的是奇怪的白色羽毛，就像個怪物一樣。母親因此格外憐惜牠，但父親卻對牠大發雷霆，彷彿想要將牠的每一根羽毛都拔光。牠明明是個多麼好的父親啊！看到白烏鴉因為褪毛而凍得瑟瑟發抖的時候，還會餵肉醬給牠吃，為什麼一看到牠的白羽毛，就會變成這樣呢？

這天陽光燦爛，剛剛長出羽毛的白烏鴉高興得唱起歌來。可是

父親剛聽牠唱了一聲，就怒氣沖沖地嚷道：「一隻烏鴉難道會這樣叫嗎？」牠甚至開始責問起妻子，究竟是誰在她的窩裡下蛋了。母親又氣又羞，竟然忍不住昏了過去。看到母親的樣子，白烏鴉驚慌失措，嚇得抖成一團，匍匐在父親膝下。

「我的家族沒有這樣叫的。」父親怒不可遏，「你這身可惡的羽毛，就像市集上的妓女臉上搽的白粉，站在我面前我受得了嗎？我若不是最溫和的烏鴉，早就把你的羽毛拔得精光。」聽到父親的話，白烏鴉也生氣了，牠高聲說：「既然如此，我躲著您就是了，不讓您看到這個可憐的白尾巴。」

「隨你便吧！」父親說道，「再也不要讓我見到你。你不是我兒子，你不是一隻烏鴉。」

「那請問先生，我是什麼呢？」

「我哪裡知道，反正你不是烏鴉。」說完，父親就邁著方步走了。

白烏鴉又羞愧又傷心，牠飛到鄰居家的房簷上，待了下來。在這幾天裡，牠的父母仍然在關注著牠，牠們很想叫牠回去，可是一看到牠那可怕的白羽毛，就不由自主地覺得反感和恐懼。

這天夜晚下起了大雨，白烏鴉住著的屋簷下來了一隻鳥，牠的個頭更大，但羽毛不多，儘管牠渾身都淋濕了，卻還帶著一種驕傲的神態。白烏鴉和牠交談起來，向牠講述了自己悲慘的命運，那鳥卻告訴牠，沒必要為這些事傷感，要像牠這隻野鴿一樣，飛躍廣闊的空間，去旅行，去感受整個世界，至於父親家人這些東西，根本

不重要。

　　野鴿的話讓白烏鴉非常興奮，牠決定和野鴿一起離開，去布魯塞爾送一份重要的文件。可是，旅途那麼漫長，牠的翅膀還很稚嫩，無法承受長途的旅行，白烏鴉昏了過去，掉到了麥田了。

　　等牠醒來的時候，牠看到了兩隻可愛的小鳥，一隻喜鵲和一隻斑鳩。善良的斑鳩姑娘為牠送來了新鮮的露水，看到斑鳩姑娘那關切的眼神，白烏鴉覺得自己的心怦怦直跳。牠向兩個新朋友講述了自己的遭遇，得到了喜鵲夫人熱切的回應：「哦，您是一隻俄羅斯喜鵲啊！您不知道俄羅斯喜鵲是白色的嗎？」喜鵲夫人邀請白烏鴉去她們的林子裡定居，那裡有上百隻的同類，日子過得快活極了。

　　喜鵲夫人的話讓白烏鴉大喜過望，牠忽然想起，既然牠一唱起歌來就讓父親將牠趕了出來，那麼也許這兩位女士能夠從牠的歌聲裡辨出牠是同類呢！於是，牠高聲唱起歌來。聽到牠歌聲的喜鵲變得驚訝而厭惡，她堅持了二十多分鐘之後，終於忍受不了飛走了。而可愛的斑鳩姑娘，也在告知了牠自己的名字之後，禮貌地和牠道別了。

　　白烏鴉傷感地飛走了。牠一路哀嘆，心神不寧，正好與對面飛來的鳥一頭撞上。兩人跌落在樹上，牠才發現，對方也是一隻白色羽毛的鳥，只是比牠大一點，頭上還有一簇毛，神態雄壯而滑稽。白烏鴉問起對方的來歷，那隻鳥告訴牠，自己是一隻白鸚鵡，而且是一個非常著名的詩人，牠更驚訝地表示，難道白烏鴉不是牠的同

類嗎？可是就在白烏鴉想讓牠聽聽自己的歌聲以便確認身分的時候，白鸚鵡卻忽然來了靈感，要去向牠的朋友朗誦牠新的詩歌，丟下白烏鴉飛走了。

失望的白烏鴉只能一個人往巴黎的家飛去。半路上，牠在莫爾楓丹樹林投宿，然而，其他的鳥兒們都成群結隊，各自有著同伴，沒有一種鳥願意收留牠。牠只好孤零零地上路，希望早點回到自己曾經的家。

可是，曾經溫暖的家已經不在，那片綠色的林子，已經變成了一堆木柴，而嚴厲又親切的父母，更是無處可尋。白烏鴉如此絕望，牠不是烏鴉、不是鴿子、不是喜鵲也不是鸚鵡，那到底牠是什麼呢？

這天，依舊沉浸在哀傷中的白烏鴉聽到了街上兩個女人的爭吵，「妳若是真能搞出名堂來，我就白送妳一隻白烏鴉！」天啦，牠終於知道了，自己是一隻白烏鴉。牠是獨一無二的鳥，是個天才。

知道了自己身分的白烏鴉開始自信起來，牠決定做一個偉大的詩人，詳細描繪自己的生活。一個多月之後，牠的書一經出版，立刻轟動了全歐洲。每天牠都能收到無數的讚美信，還有許多的仰慕者親自上門拜訪。牠拒絕了所有的拜訪者，只接納了兩位外國客人，因為牠們也是烏鴉。這兩隻烏鴉向牠傾訴自己的不幸，並希望牠能夠指點牠們寫下的詩歌。可是白烏鴉卻告訴牠們，牠們並不像自己一樣獨一無二，所以也無法複製自己的成功，若是牠們也能變成白烏鴉，那隨便牠們怎麼說都可以。

白烏鴉聲名顯赫，卻寂寞得要命。直到有一天，牠認識了一隻來自遙遠倫敦的白色雌烏鴉。找到自己的同類令白烏鴉喜出望外，牠們很快墜入愛河，並舉辦了盛大的婚禮。

婚禮後的生活是如此幸福，兩人感情日濃，可是白烏鴉卻發現了牠妻子的祕密。原來，她那白色羽毛不過是用麵粉和顏料染成的色彩，在白色的染料下，是一隻黑色的普通烏鴉。

這事實令白烏鴉萬分沮喪，可牠也不敢將家醜外揚，牠只能逃離這世界，四處流浪。當牠來到莫爾楓丹的樹林時，牠看到了一隻暢快歌唱的夜鶯，牠向夜鶯表達自己的羨慕之情，可是夜鶯卻告訴牠，自己愛上了一朵玫瑰，但玫瑰卻只讓蜜蜂去吃她的心。

《白烏鴉》是法國浪漫主義詩人繆賽的小說名作，描述了一隻獨特的白色烏鴉所遭遇到的種種不理解、排擠，乃至毫無根據的仰慕和崇拜。

書中的白烏鴉，其實就代表著理想主義。不常見的白色烏鴉，其實就是人類內心的理想，但是，理想往往會遭致現實的挫折，當遭遇現實生活中其他人的嘲笑與排擠，當面對浮誇與衝動，是應該獻身於理想，還是與現實妥協？這是作者一直思考的問題，也是他希望所有讀者都思考的問題。

繆賽筆下這隻白烏鴉的形象是如此生動，以致於以後的人們都將牠當作了理想主義的象徵。從此，白烏鴉就代表著理想、夢想、高貴與稀有，a white crow，也可以翻譯為稀有的東西。

出走的娜拉 (nora)
抗爭

　　娜拉是個幸福的妻子，她是丈夫的「小鳥兒」、「小松鼠」，她有三個乖巧可愛的孩子，他們住在一間舒適的房子裡，更開心的是，她的丈夫海爾茂剛剛獲得了升職，成為了銀行的經理。對她來說，這個世界上似乎沒有什麼不圓滿的事情了，就連丈夫不讓她吃杏仁餅乾的要求，對她來說，也是為了不讓她吃壞牙齒的關懷。

　　耶誕節臨近的夜晚，娜拉一位過去的朋友林丹太太找到了她。這位數年未見的太太已經成為了寡婦，孤身一人，生活拮据，她來找娜拉，正是希望娜拉剛剛升職的丈夫為自己在銀行裡謀求一個職位。

　　娜拉的幸福生活讓林丹太太十分羨慕，可是娜拉告訴林丹太太，她的生活並不如看到的那麼容易，她還藏著一個大祕密呢！原來，他們剛剛結婚的時候，因為生活拮据，丈夫海爾茂拼命地工作，結果因為太過勞累，病倒了。醫生要求他們前往義大利南部休養，不然她的丈夫會有生命危險，但他們根本拿不出那麼多的錢。於是，勇敢的娜拉找銀行職員以自己父親的名義借了一筆錢，並騙丈夫說，是自己的父親拿出的這筆款項。有了錢，他們順利地到了義大利休

養，海爾茂也才得以恢復健康。而娜拉，為了瞞住丈夫這件事，不得不在私底下做不少手工來還債，她還在半夜接了抄寫的工作，甚至於，她根本不敢為自己添置任何東西。艱難的日子直到現在，因為丈夫的升職才得到了緩解，她才不用為生計操心。

海爾茂接受了林丹太太的請求，為她提供了一個在銀行裡做簿記的工作。可是，這個職位原本是柯洛克斯泰的，因為他偽造簽名的行為，海爾茂開除了他。但海爾茂不知道的是，娜拉的借款，正是找柯洛克斯泰做的。

柯洛克斯泰找到了娜拉並告訴她，他已經發現，當年借款單上娜拉父親的簽名，是娜拉偽造的。因為娜拉的父親是九月二十九日去世的，可是借款單上簽字的日子是十月二日。柯洛克斯泰拿這件事威脅娜拉，讓她丈夫恢復自己的職位，否則他就會將這件事公布出去。

娜拉向丈夫請求不要開除柯洛克斯泰，但海爾茂並不理會自己的妻子，堅持要開除他。無計可施的娜拉只能轉而向知道真相的林丹太太求助，希望她能代表自己去和柯洛克斯泰談判，請他不要將這件事告知自己的丈夫。

巧合的是，林丹太太和柯洛克斯泰正是一對相愛的戀人，柯洛克斯泰不能失去工作，也恰恰是為了給林丹太太舒適的生活。在林丹太太的勸說下，柯洛克斯泰決定放過可憐的娜拉。

然而，這時海爾茂已經收到了柯洛克斯泰先前的來信，信中披

露了娜拉借款的事情。得知了一切的海爾茂震怒萬分，偽造簽名可能給他帶來的名譽、地位的損失，令他異常害怕，他毫不留情地指責娜拉是個偽君子，撒謊的人，沾滿了她父親的壞德行，要求娜拉解決這件事，不要牽累到自己。

正在這時，柯洛克斯泰寫給娜拉的第二封信到了，信中柯洛克斯泰將借款單還給了娜拉，告訴她不必再辛辛苦苦還債了。看到這一切的海爾茂立刻變了一副面孔，他立刻燒掉借款條，和顏悅色地告訴娜拉自己已經原諒她了，他知道娜拉這一切都是因為愛自己。他還告訴娜拉說，要是男人饒恕了他老婆——真正饒恕了她，從心坎兒裡饒恕了她——他心裡會有一股無法形容的好滋味。從此以後他老婆越發成為他私有的財產了。

丈夫戲劇般的變化令娜拉看清了一切。原來，她不過是丈夫的小玩意兒，「小鳥兒」、「小松鼠」根本就不是充滿愛意的昵稱，不過是對待一個小玩具的稱呼。她過去是父親的泥娃娃，現在是丈夫的泥娃娃，她只是個不能有自己想法的小玩意兒，一旦出了什麼事，就立刻會被指責，乃至拋棄。

現實令娜拉醒悟了，「首先我是一個人，跟你一樣的一個人——至少我要學做一個人。」娜拉站了起來，走出了這個曾經是自己心目中庇護所的家，她走了出去，開始追尋真正的自己。

也許今天來看，娜拉的行為並不出奇，但在這部戲劇剛剛問世

的 1879 年，娜拉這樣的女性形象，卻如晴天霹靂，喚醒了無數被壓抑、被限制、被丈夫玩弄於掌心的妻子們。無數享受著優渥家庭生活，自以為生活幸福的女性，卻發現，自己不過是丈夫或父親的玩偶，只有順從才能獲得喜愛，一旦發生任何事情，男人們就會撕下溫情脈脈的面具，指責是女性扯了後腿，破壞了他的生活

▲ 娜拉是挪威劇作家易卜生在《玩偶之家》裡面的人物，圖為易卜生。

　　娜拉的出走，代表著那個年代女性對於不平現實最大的抗爭。不需要激烈的行為，只要走出去，走到更廣闊的世界中去，勇敢堅定地開啟自己的新生活，就是最好的抗爭了。也許娜拉的行為在今天看起來太過普通，但曾經的她卻教會了無數女性去抗爭、去反抗，她是當之無愧的女性解放的先驅。

奧賽羅 (Othello)

輕信

　　威尼斯的街道上，羅德里格和伊阿古兩人在為同一個人憤懣不平，他就是黑人將軍奧賽羅。羅德里格愛慕著奧賽羅的愛人苔絲狄蒙娜，不能容忍她嫁給了和他們膚色不同的黑人，而伊阿古則因為奧賽羅拒絕把自己選為副官而仇恨著他。兩人想要向奧賽羅報復，於是他們跑到了苔絲狄蒙娜家門口，向她的父親勃拉班修告狀，說他珍貴的女兒居然選擇了一頭黑馬、一個下賤貪淫的摩爾人做自己的丈夫。

　　勃拉班修大驚失色，他還不知道自己女兒已經偷偷和奧賽羅結婚的事情，他不願意自己的女兒嫁給與自己膚色不同的異類，立刻下令手下找回自己私自出走的女兒。而製造這一切事端的伊阿古，卻又假惺惺地來到了奧賽羅面前，向奧賽羅造謠說，勃拉班修捏造了許多破壞他名譽的謠言，並且將會透過種種手段對奧賽羅加以壓制和迫害。

　　正在這時，勃拉班修找到了奧賽羅，指責他拐騙了自己的女兒，並要求元老會以法律制裁奧賽羅。在元老們的面前，奧賽羅講述了他怎麼樣以自己一生最驚險離奇的經歷迷住了苔絲狄蒙娜，並獲得

了她真摯愛慕的經過。而苔絲狄蒙娜也堅定地表示，她已經是奧賽羅的妻子，必須盡她自己該盡的名分。勃拉班修無計可施，只能不情願地承認了他們的婚姻。

與此同時，土耳其人正在向賽普勒斯大舉進犯，奧賽羅臨危受命，奉命前去鎮守。但勃拉班修不願意收留自己的女兒，而苔絲狄蒙娜也不願意與頑固的老父親同住，發誓要與奧賽羅同進退，終於獲准了與奧賽羅同去。

羅德里格和伊阿古的陰謀沒有得逞，令羅德里格大受打擊，但伊阿古卻說，只要羅德里格給他更多的錢，他就能夠巧妙地報復奧賽羅。而奧賽羅還並不知道伊阿古的兩面三刀，託付他照顧自己的妻子。

地獄和黑夜正醞釀成空前的罪惡，開始向世界顯露它的面目。

賽普勒斯的碼頭邊，人們在急切地等待著從海上征戰回來的將軍奧賽羅。在狂風暴雨之中，奧賽羅和妻子終於平安歸來。而伊阿古的陰謀，也正漸漸張開翅膀。

慶賀勝利的晚宴上，伊阿古先是故意灌醉了奧賽羅的副官，阻擋了他前程的凱西奧。他教唆羅德里格挑釁凱西奧，引得兩人大打出手。凱西奧的錯誤舉動使得奧賽羅不得不懲處他，免除了其副官的職位。伊阿古的第一個詭計得逞了。

此時，伊阿古又故意去向凱西奧提議，讓他找苔絲狄蒙娜求情。苔絲狄蒙娜同情他的遭遇，竭力為他向丈夫求情。當看到這一切之

後，伊阿古又故意挑撥離間，讓奧賽羅留意凱西奧和苔絲狄蒙娜的關係。他更進一步給奧賽羅提議說，可以故意不恢復凱西奧的職位，如果苔絲狄蒙娜一直不斷地為他求情，那就說明他們有染。在他的不斷渲染下，奧賽羅開始猜忌起自己的妻子和副官來。

對妻子的猜疑令奧賽羅滿心焦躁，他坐立不安，心頭始終被懷疑的毒蛇纏繞。他質問伊阿古有沒有實際的證據，伊阿古大編謊言，假稱他曾經聽到凱西奧在睡夢中稱呼苔絲狄蒙娜可愛的人兒，並說「不要讓別人窺破了我們的愛情！」而且，他曾經在凱西奧那裡，看到過苔絲狄蒙娜的手帕。而那手帕，確實是奧賽羅和苔絲狄蒙娜的定情信物。

伊阿古的話令奧賽羅充滿了憎恨，無處發洩的憤怒蒙蔽了他的雙眼，他已經沒有理智去分辨伊阿古的話是否真實。實際上，伊阿古的妻子，苔絲狄蒙娜的女僕愛米莉亞正好撿到了她心愛的手帕，伊阿古已經強迫她將手帕給了自己，並將之趁機放到凱西奧的寓所裡。

奧賽羅向妻子質詢手帕的下落，可是苔絲狄蒙娜不想讓他知道自己弄丟了手帕，卻向奧賽羅要求先恢復凱西奧的職位。妻子的舉動令奧賽羅的懷疑更加深了。而凱西奧正好在寓所發現了美麗的手帕，因為喜愛便隨身攜帶了。

這時，伊阿古特意約凱西奧出來談話，讓奧賽羅從旁竊聽，他故意提起苔絲狄蒙娜的名字，又讓奧賽羅發現，凱西奧隨身攜帶著

妻子的手帕。他故意逗引凱西奧聊些他與其女友的風流韻事，逗得凱西奧哈哈大笑，讓奧賽羅以為自己在被嘲笑。這一切使得奧賽羅坐實了對妻子通姦的猜疑，他再也無法忍受，決意在床上扼死自己的妻子。他還要求伊阿古殺死與她妻子通姦的凱西奧。

▲ 奧賽羅與苔絲狄蒙娜。

伊阿古慫恿羅德里格去殺死凱西奧，羅德里格刺傷了凱西奧，自己重傷昏迷。而這廂，奧賽羅尖刻地指責妻子是個不要臉的娼妓，要求妻子坦白自己的罪行。苔絲狄蒙娜盡力解釋，卻無法得到奧賽羅的信任。

嫉妒的怒火已經填膺了他整個心胸，他的雙眼已經看不見真實，終於，奧賽羅在床上勒死了自己的妻子。

趕來的愛米莉亞目睹了這一切，而奧賽羅告訴她，她的丈夫伊阿古知道這一切的緣由。知道真相的愛米莉亞說出了伊阿古是從自己那裡獲得苔絲狄蒙娜的手帕的事實，而人們也從醒來的羅德里格那裡，知道是伊阿古攛掇他殺死凱西奧的。

奧賽羅這才知道，自己誤會了忠貞的妻子，悲痛和愧疚讓他失

去了活下去的勇氣，他拿起刀，自刎於妻子的床邊，用最後的一吻，和妻子永別。

奧賽羅的悲劇完全來自於他性格的缺陷，他有勇氣、有智慧、有情感，他可以在戰爭中獲勝，卻無法控制自己的嫉妒與自卑。身為一個摩爾人，一個黑人，他生活在一個白人種族統治下的種族歧視社會中，儘管他獲得了將軍的身分，卻沒有消除他內心深處的自卑。這自卑讓他懷疑妻子對他的愛，這自卑讓他輕信居心叵測者的挑撥離間。他的輕信，不僅斷送了他妻子的性命，也最終讓他失去了生存下去的勇氣，選擇了自殺的命運。

愛情與嫉妒，輕信與背信，就是這奧賽羅最大的主題。而奧賽羅的嫉妒與輕信，卻根源於威尼斯根深蒂固的種族歧視背景。當後人提起奧賽羅時，不免要為他因為輕信所犯下的錯誤嘆息了。

超人 (overman)
生命的強者

　　當查拉圖斯特拉來到這個緊靠森林的市鎮，他發現市場上已聚集著許多人，因為有人已經預告可觀看一個走繩索演員的表演。

　　查拉圖斯特拉對人們如是說：「我給你們講授超人。人是一種應該被超越的東西。你們都做了些什麼以便超越呢？

　　迄今，一切生物都創造了某些超越自身的東西。難道你們願做這漲潮中的落潮，寧願退化為動物而不為超人嗎？

　　對人而言，猿猴是什麼？一種可笑的動物，或一種痛苦的羞恥。對超人而言，人也是可笑之物，或痛苦的羞恥。

　　你們走過了由蠕蟲變人的道路，可是你們當中仍有許多人是蠕蟲。你們曾是猿猴，可是現在的人比任何一種猿猴更猿猴。

　　即使你們當中的絕頂智者，也不過是植物和魔鬼的矛盾體和陰陽人。我叫你們變成植物和魔鬼嗎？

　　你們看呀，我給你們講授超人！

　　超人是塵世的精義。讓你們的意志說吧：超人是塵世的精義！

　　我向你們發誓，弟兄們，你們要忠於塵世，別相信那些向你們侈談超凡脫俗的希望的人！他們不管有意無意都在放毒。

他們都是蔑視人生的人，是瀕死者和毒害自己的人，塵世已厭倦他們，但願他們死去！

對上帝的褻瀆雖是最大的褻瀆，但上帝死了，故瀆神者也死了。現在，褻瀆塵世、尊崇高於塵世意義的不可知事物乃是最可怕之事。

靈魂曾輕蔑地注視肉體：當時這輕蔑是高尚無比的──它希望肉體羸弱、醜陋、衰邁，企圖以此逃脫肉體和生世。

噢！這靈魂本身才是羸弱、醜陋和衰邁呢！這靈魂的極樂便是殘酷啊！

但是，弟兄們，請告訴我：你們的肉體是怎樣在說你們的靈魂呢？你們的靈魂難道不是貧乏、齷齪、一種可憐兮兮的愜意感？

真的，人是一條骯髒的河流。為了接納這條髒河，人們必須是海，且本身並不變髒。

看呀！我給你們講授超人：超人即是海洋，你們的偉大輕蔑會在海中沉沒。

你們有可能經歷的最了不起的東西是什麼呢？是偉大的輕蔑時刻。在這一時刻，你們的幸福、理智和美德全都變得討厭了。

在這一時刻，你們說：『我的幸福算得了什麼！它是貧乏、齷齪、一種可憐兮兮的愜意感！我的幸福應為生存本身辯護！』

在這一時刻，你們說：『我的理智算得了什麼！理智對知識的渴望如同獅子渴求食物一樣嗎？它是貧乏、齷齪、一種可憐兮兮的愜意感！』

在這一時刻，你們說：『我的美德算得了什麼！它還沒有讓我激怒。我對自己的善與惡是多麼厭倦啊！這一切全是是貧乏、齷齪、一種可憐兮兮的愜意感！』

在這一時刻，你們說：『我的正義算得了什麼！我不認為我是火焰和燃料，正義之人才是火焰和燃料！』

在這一時刻，你們說：『我的同情算得了什麼！同情難道不就是那個十字架，那個愛人者被釘在上面的十字架嗎？我的同情不是磔刑。』

你們如此說了嗎？你們如此喊了嗎？唉！但願我聽見你們是這樣喊了！

不是你們的罪過朝天叫喊，而是你們的滿足感及其罪過中的貪婪朝天叫喊！

閃電，用火舌舔食你們的閃電在何方？給你們注射疫苗的瘋狂在何方？

看呀！我給你們講授超人：超人就是這閃電，就是這瘋狂！」

查拉圖斯特拉做了如上的演說，人群中有一個人嚷道：「我們對那個走繩索演員耳熟能詳，現在也讓我們見見他本人吧！」所有的人嘲笑查拉圖斯特拉。但走繩索演員知道這話是衝他而發的，於是就開始表演。

這可不是那位來自氪星，以打擊罪惡為己任的超人（Superman），而是尼采筆下的「超人」（overman），指的是走過去的人，意即努力超越自己的人。這個超人，並不比那位克拉克·肯特名氣小哦，而以在哲學史上的地位而言，這位超人更是具有舉足輕重的意義。

尼采筆下的這位超人，指的是那種超越自身、超越弱者的人。他不同於傳統的道德，體現的是生命意志的勃發，是一種全新的道德。超人是自由的、自私的、自足的，儘管他是在不利的環境中成長起來的，但憎恨、嫉妒、頑固、懷疑、貪婪和暴力卻只能使他更堅強，讓他自我超越，勇敢面對人類最大的痛苦，尋找希望。可以說，超人就是一個體現最豐富充實的生命意志的人，是最具有旺盛創造力的人，是生活中的強者。

▲ 哲學家尼采。

哈羅爾德 (Harold)

冷漠

「從前有位少年，住在阿爾比溫島上，他對於一切正經事都感到厭煩；他白天過著放浪的生活，十分荒唐，夜晚也總是飲酒狂歡，鬧個通宵達旦。我的天！他實在是個無恥的閒漢，整個人沉湎於花天酒地，不顧罪惡；除了幾個情婦和一群好色的夥伴，還有大大小小恬不知恥的酒糊塗，這人世間的事，他心裡可滿不在乎。」

恰爾德・哈羅爾德是英國的一個貴族青年，曾經他也沉溺於上流社會的繁華奢靡，每天花天酒地，過得昏天黑地的懵懂日子。漸漸地，他開始不滿足於這紙醉金迷、驕奢淫逸的生活，讓他覺得空虛無聊，他渴望尋找到生活的意義，於是，他決定離開家鄉，出國旅行，去尋找人生的意義。

「別了，別了！我的故土，消失在碧海盡頭，晚風悲嘆，巨浪狂呼，海鷗也尖叫不休。遠方的夕陽冉冉沉去，船正揚帆追趕，暫且告別吧！太陽，和你——我的故鄉啊——晚安！ 不久，太陽會重新出來，孕育嶄新的一天；我會迎接那藍天碧海，卻不見我的故園。美好的宅邸荒無人煙，爐子裡火滅煙消；叢生的荒草爬滿牆垣，愛犬在門前哀嚎。」

懷著苦悶沉重的心情，哈爾羅德出發前往葡萄牙和西班牙。當時正是拿破崙統治下的法蘭西第一帝國橫掃全歐洲的時候，葡萄牙和西班牙為了抵抗拿破崙的獨裁統治，掀起了如火如荼的反法戰爭。哈爾羅德在葡萄牙的里斯本看到了「蓬頭垢面的居民死在垃圾之間」，在西班牙，他在薩拉戈薩聽到了女英雄奧占斯丁娜英勇抗敵的故事。葡萄牙和西班牙人民的不屈反抗，令哈爾羅德感受到了人民的英勇、頑強。可是，這興奮感如此短暫，哈爾羅德感覺自己仍然只是個局外人，身為一個貴族青年，他並不能理解普通老百姓的情感，儘管他不願與統治者同流合汙，卻又不敢正視現實，無法加入到人民的反法戰爭中去，很快又感覺孤獨、憂鬱。

此後，哈爾羅德又去了美麗的希臘和義大利，他在希臘憑弔輝煌的古蹟，在阿爾巴尼亞觀看了剽悍士兵的狂歡活動，但各地美麗的風光和悠久的歷史都只能令他獲得短暫的安慰，他還是無法尋找到生活的意義，最後，他在羅馬結束了自己的旅程。在長久的遊歷中，他始終保持著一個外來者的身分，對所有的事情都非常冷漠消極。

拜倫筆下的哈爾羅德，是一個非常有代表性的人物。哈爾羅德雖然厭倦上流社會的空虛無聊，卻又不願意切斷自己與其的一切聯繫，投入到平民社會的反抗中去。在這矛盾的掙扎中，他始終保持著一個冷漠的旁觀者的形象，他是一個冥想者、觀察者、思索者，卻不是一個參與者。

哈爾羅德實際上代表了當時資本主義知識份子的普遍特質。他們對現實不滿，卻又無力改變現實，他們讚美改革，但卻膽怯於令人未知的改變，沒有參與感和存在感，對整個社會都懷抱著冷漠的旁觀者態度。

◀ 浪漫主義文學泰斗——拜倫。

唐璜 (Don Juan)

貴族的腐朽

在西班牙南部名城塞維爾，有一位名叫唐璜的年輕人。他的父親唐・何塞是當地有名的貴族，只是不學無術，風評不甚佳，他的母親出生名門，聰慧異常，非常有學問，但自視甚高，所以常常與他父親爭吵。兩人在中年時才生下唐璜，因此對他寵愛異常，使得他變得頑劣無賴。

後來，父親唐・何塞在唐璜年輕時不幸過世，他的母親一心培養他成才，教他軍事、藝術、自然科學等各方面的知識，尤其是倫理道德方面，更是她強調的重點。唯獨生殖方面的內容，母親唯恐他會讀到，從而誤入歧途，於是竟將那些經典中戀愛的部分全部刪改，再拿來教育唐璜。

在母親的呵護下，唐璜逐漸長成了一個英俊瀟灑的年輕人，再加上他的才華與天資，他成為了不少少女愛慕的對象。唐璜的朋友中有一個名叫唐娜・朱麗亞的年輕貴婦，長得年輕漂亮，卻嫁給了一名年過半百的丈夫，對婚姻生活的不滿讓她愛上了唐璜。兩人發生了關係，卻被唐娜的丈夫得知，捉姦在床。醜聞傳遍了整個城市，唐璜再也待不下去，他的母親只好將他送到歐洲去旅行。

航船在駛往義大利的途中遭到了大風暴的襲擊，唐璜鼓勵了失去希望的水手，帶領他們修理船艙，排除積水，但是船最終還是沉沒了。他們乘坐船上的快艇逃生，在幾乎絕望的時候，終於看到了一個海島。唐璜奮力游上岸去，被一位年輕貌美的女子救了。原來，這女子是希臘大海盜蘭布洛的女兒海黛，東方諸島上最富有的繼承人。海黛第一次見到如此美貌的少年，立時對他傾心不已，她將唐璜藏在身邊，兩人一見傾心，私訂終生。

不久，傳來了蘭布洛在海上搶劫時出事身亡的消息。海黛再無顧慮，決定公開和唐璜結婚。可是，就在新婚之夜，蘭布洛突然出現，他將唐璜抓了起來，帶到了君士坦丁堡做為奴隸出售。

英俊的唐璜很快就被土耳其王宮的黑人太監看中，出高價把他買下，裝扮成婦女，送進後宮做一位王后的禁臠。但是，唐璜一心思念天真純潔的海黛，他想方設法逃出了王宮，輾轉到了正與土耳其交戰的俄國部隊中。

加入部隊的唐璜並不喜歡俄國的制度，但他愛慕榮譽，仍舊賣力地打仗，立下了戰功，獲得了沙俄統帥的重視。他殺死了不少土耳其人，卻又從凶殘的哥薩克士兵的屠刀下救出了一個十歲的土耳其女孩。

後沙俄占領土耳其首都之後，唐璜受命去彼得堡向女沙皇報捷。女沙皇卡薩琳生活放蕩，一看到英俊健壯的唐璜，便產生了興趣，將唐璜留在了身邊。除了伺候女沙皇，唐璜還和不少女官、侍女同

宿，時間一久，他的身體越來越差，遭到了女沙皇的冷落。

後來，沙俄和英國結成同盟，女沙皇便派唐璜做為外交使節前往英國進行談判。原本，身為西班牙貴族的唐璜非常仇恨英國，因為西班牙在與英國爭奪海上霸權的戰爭中大敗，失去了在南、北美洲的殖民地，可是，當他登上英國的國土之後，所見到的情況卻給他留下了很好的印象，讓他改變了以往的看法。

然而，在直接接觸了英國政府之後，他才發現，這個王國不過是「一所超等動物園」，裡面的大臣們完全是「沒有絲毫人氣味的畜生」，議會是一個專搞捐稅的機構，財閥們才是英國和歐洲各國的真正主子。

可是，唐璜雖如此想，卻與英國貴族們打得火熱，天天進出貴族、富豪居住的倫敦西區。他與不少的貴族婦女勾勾搭搭，眉來眼去，直到這天晚上，英國最美麗風流的國王情婦費茲甫爾克夫人化裝成僧侶，暗地裡闖進了他的臥室……

《唐璜》並沒有寫完，拜倫就已經投身於希臘的民族解放運動中並為之犧牲了。但沒有結局並沒有影響到這部作品的地位，文中對上流社會辛辣的諷刺，使它成為了拜倫當之無愧的代表作。

唐璜原本是西班牙傳說中的一個人物，是個玩弄女性的花花公子，在歐洲社會是「情聖」的象徵。而拜倫則賦予了他更豐富、更深層的內涵，這裡的唐璜不僅僅是個有著不斷豔遇的貴族青年，更藉著他的遊歷，展現了整個英國貴族社會的浮誇、墮落和糜爛。

唐吉軻德 (Don Quixote)
信仰與固執

　　他，唐吉軻德；他，賽凡提斯。提到唐吉軻德，就必須瞭解他的締造者賽凡提斯。

　　賽凡提斯是一個很努力的人，原本出身於社會底層的一個貧困家庭，從小就顛沛流離，有限的家庭收入，只能供他讀到中學。但是，出身貧寒絲毫不能左右他不屈的性格，憑藉自身的努力，二十三歲時他到了義大利，當了紅衣主教胡利奧的家臣。

　　對很多人來說，人生可以止步於此，從此安於現狀了，但對賽凡提斯來說，如果人生就只是這樣，那真是和鹹魚沒有分別。一年後，他毅然選擇參軍，加入了西班牙駐義大利的聯軍，參加了著名的勒班多大海戰。這次戰爭中聯軍取得了偉大的勝利，重創侵犯者土耳其艦隊。戰役中，賽凡提斯帶兵堅持抵抗表現頑強神勇，但代價也很巨大，由於負傷過重，他失去了左手，換來了「勒班多的獨臂人」稱號。在經過了四年血雨腥風的軍旅生涯後，他帶著聯軍統帥和西西里總督的介紹信返回祖國。

　　一名戰鬥英雄，帶著名人的推薦信，榮歸故里。就在這看似順理成章之際，命運來了個 180 度的大轉彎。在歸國途中，他被海盜

俘虜了，原本對海盜來說，他只是個傷殘的士兵，價值不大，但是恰恰是從他身上發現了兩封推薦信，使得海盜覺得他奇貨可居，開始向西班牙政府勒索鉅額贖金。賽凡提斯不堪忍受做為奴隸的屈辱，開始計畫和其他奴隸們逃跑，但都以失敗告終。或許是一個殘疾人的矢志不渝使這些四肢健全但同樣身為奴隸的人感到羞愧，他獲得了奴隸們的愛戴和信任。同樣的，他所做的這一切不光對同樣身為奴隸的人產生了影響，對統治他們的海盜也產生了觸動，海盜首領對這位雖然身處囹圄，但靈魂卻不屈不饒的人敬佩不已，他想到了曾經輝煌的過去，如今卻淪為海盜，做著苟且的交易。終於，海盜首領下令拿掉了賽凡提斯的枷鎖，讓這位戰鬥英雄回到了闊別已久的故土西班牙。

回到了西班牙，他就能過上他想要的生活嗎？西班牙對他來說也不是天堂，國王對他沒有太大的興趣，賽凡提斯再一次回到了原點。為了生活，他做過很多職業，當過軍需官、稅吏，接觸過農村生活，還被派到美洲公幹。豐富的閱歷，不同層面的人士的接觸，給他的靈魂帶來了很大的衝擊，他開始寫作，以自己獨特的視角來詮釋著他心中的世界。

這就是一個真實的賽凡提斯，對於現實的不妥協。這裡還有一個虛擬的唐吉軻德，瘋狂以致於不斷失敗。

賽凡提斯筆下的唐吉軻德是個很迂腐頑固的人，一般來說，這種人很難被影響，結果在他五十歲的時候，居然被騎士小說深深吸

引，不能自拔，瘋狂地想成為一名騎士。他決定讓自己像個騎士，首先他需要一副行頭，祖上給他留下一副破爛不堪的盔甲，這令他如獲至寶。騎士還需要馬，他找到了一匹瘦得只剩下皮包骨頭的馬，但對唐吉軻德來說，瘦沒有關係，名字一定要響亮，為此他花了整整四天的時間，給牠取了駑騂難得這個名字。騎士都有忠貞不渝的愛情，唐也不例外，他精挑細選，將鄰居村裡養豬的村姑做為自己一生的摯愛，他稱呼她為杜，發誓終生為她效勞。

準備好了這一切，唐吉軻德義無反顧地開始了他行俠仗義的騎士生涯。剛開始他的運氣還不錯，他碰到一個給地主家放羊的孩子犯了錯被地主綁在樹上毒打，他怎麼能夠容忍這種事情發生，他以騎士的身分命令地主給小孩鬆綁，還得付上所欠的工錢，地主被突如其來的怪人嚇了一跳，按照他的吩咐，趕緊給小孩鬆綁，還付給

▲ 勒班多海戰。

他工錢。唐吉軻德對自己的表現非常滿意，志得意滿地離開了。但就在他走後不久，地主又把小孩綁在樹上，這次更狠地抽打了一頓。

唐吉軻德被騎士精神鼓舞著，繼續去實現一名做騎士的幻夢。這次他碰到了一名商人，為了表達他對愛人的忠貞，他強迫商人承認他

▲ 唐吉軻德對抗風車。

的意中人是位絕代佳人，可是商人根本不買他的帳。唐不能忍受別人對他的蔑視，他決定教訓教訓商人，結果自己被打得動彈不得，鎩羽而歸，還是被一個好心的過路人放在馬背上送回了家。他的第一次騎士之旅就這樣結束。

他的遭遇讓家人擔心不已，把他的騎士小說全部銷毀，但是他的幻夢已經深入骨髓，家人的反對只讓他更加堅定。他相信世界是需要騎士精神的，遊俠的復興重任要靠他來承擔，他說服了一個老實人桑丘做他的隨從，並許諾有朝一日讓他當總督。帶著桑丘，他開始了第二次旅行。

唐吉軻德的騎士夢已經到了無以復加的地步，以致於他迫切地需要一戰成名，於是他決定向 34 架風車發起戰爭。他對桑丘做戰前

的鼓舞，告訴他一旦消滅它們就能獲得巨大的財富。桑丘可不傻，告訴唐吉軻德那是風車。但熱血沸騰的唐吉軻德怎麼可能臨陣退縮，他挺起長槍，奮起瘦馬，瘋狂地向他心中的巨人衝去。結果他連人帶馬被風車丟了出去，狼狽不堪。遭遇到如此的打擊也不能讓他清醒，他還是一如既往地做著蠢事，最後又被人鎖在牛車裡送回了家。

執迷不悟的唐在短暫的休養之後又開始了第三次旅行，一路上繼續做著沒有結果的傻事，和桑丘吃盡了苦頭。等到他們輾轉回到家鄉時，他已一病不起。經過這一番遊歷，他已認識到自己從前是個瘋子，那些騎士小說都是胡說八道，但現在醒悟，是否已經太晚了呢？

為了不合時宜的騎士精神，唐吉軻德被打掉牙齒，削掉手指，丟了耳朵，弄斷肋骨，但他仍執迷不悟。這一切，都是為了兩個字：夢想。夢想，儘管他的夢想如此可笑而瘋狂，但他那無畏的精神、英雄的行為、對正義的堅信以及對愛情的忠貞，都驗證了信仰的力量。

不過，賽凡提斯同樣向我們展示了像月亮背面一樣的信仰背面。人都或多或少需要精神的支援，沒有精神的話，人很難去面對現實，就好像沒有實際根基的信仰，不過是一種固執。盲目無止境的、虛無縹緲的精神追求，會被現實狠狠地教訓。

套中人 (People in the covering)
禁錮與保守

別利科夫是城中的希臘語教員，卻也是城中最顯眼的存在。他只要出門，哪怕天氣很好，也總要穿上鞋套，帶著雨傘，而且一定穿上暖和的棉大衣。他的傘裝在套子裡，懷錶裝在灰色的鹿皮套子裡，有時他會掏出小折刀削鉛筆，那把刀也裝在一個小套子裡。就是他的臉似乎也裝在套子裡，因為他總是把臉藏在豎起的衣領裡。他戴墨鏡，穿絨衣，耳朵裡塞著棉花，每當他坐上出租馬車，一定吩咐車夫支起車篷。他的臥室小得像口箱子，又悶又熱，他從來不肯開窗，床上掛著帳子，睡覺的時候還要用被子蒙著頭。

別利科夫是個膽小守舊的傢伙，他的口頭禪是「這個嘛，當然也對，這都很好，但願不要惹出什麼事端！」他嚴格地遵守著一切的規章，不吃葷、不打牌，不大聲談笑，沒有任何的娛樂活動。他拒絕戲劇社、茶館或者閱覽室，這些東西總讓他覺得可疑，會導致可怕的後果。他有一個古怪的習慣——到同

▲ 賽凡提斯肖像畫。

事家串門子。他會走到同事的家裡，坐下後一言不發，就好像在監視什麼，等坐了一個多小時之後，才起身離去。被他拜訪的同事都因為他的到來而戰戰兢兢，總覺得在被他監視，會因為犯錯而被指責。他那種顧慮重重、疑神疑鬼的作風和一套純粹套子式的論調，把人們壓得透不過氣來。他說要把調皮的彼得羅夫和葉戈羅夫開除，遭到了其他同事的拒絕，於是他用不斷的唉聲嘆氣和牢騷的話語影響著他們，直到學校不得不開除他們兩個為止。人們畏懼這個沒有半分權勢的小職員，連校長也怕他三分，何止是校長呢？連整個城市都在他的把持之下。他像個幽靈一樣籠罩在人們的心中，就算他沒出現，人們也不敢大聲講話，不敢笑，太太、小姐們不敢安排家庭演出，神職人員不敢吃葷和打牌。全城的人都變得謹小慎微，事事都怕。怕寫信，怕交朋友，怕讀書，怕周濟窮人，怕教人識字，人們過著日復一日的單調日子，不敢有絲毫的改變。

總而言之，別利科夫永遠有一種難以克制的願望──把自己包在殼裡，給自己一個所謂的套子，使他可以與世隔絕，不受外界的影響。現實生活令他懊喪、害怕，弄得他終日惶惶不安。也許是為自己的膽怯、為自己對現實的厭惡辯護吧！他總是讚揚過去，讚揚不曾有過的東西。就連他所教的古代語言，實際上也相當於他的鞋套和雨傘，他可以躲在裡面逃避現實。

然而，這個套子裡的人，卻差一點結婚了。那是一個個子高䠷、性子活潑的女孩，在那群在別利科夫陰影下壓抑而沉默的教員當中，

她是一道特殊的風景。這位叫做瓦蓮卡的女孩喜歡高聲大笑，明媚的臉蛋充滿了生命力，她時不時哼唱著小俄羅斯的抒情歌曲，雙手叉腰走來走去，又笑又唱，翩翩起舞……彷彿美神阿芙洛狄忒從大海的泡沫中誕生。連別利科夫也被她迷住了，他在她身邊坐下，甜蜜地微笑，說：「小俄羅斯語柔和、動聽，使人聯想到古希臘語。」

人們決心把他們兩個撮合到一起，希望「有人奪走他的鞋套和雨傘」，也撕去籠罩在自己頭上的陰影。但結婚的念頭卻讓別利科夫心生恐懼，想到結婚所帶來的改變，未來的責任和義務都令他惶惶不安，瓦蓮卡的活潑更令他擔憂會遇上什麼麻煩。

一天，別利科夫和其他師生一起去郊遊，卻看見了騎著自行車、興高采烈從他身邊經過的瓦蓮卡，這一幕深深地震驚了別利科夫。「請問，這是怎麼回事？」他喃喃道，「還是我的眼睛看錯了？中學教員和女人都能騎自行車，這成何體統？」無法接受的別林科夫前往瓦蓮卡姐弟的家中，鄭重地勸告瓦蓮卡的弟弟，不能做這麼可怕且不成體統的事情，「如果教員騎自行車，那麼學生們該做什麼呢？恐怕他們只好用頭走路了！既然這事未經正式批准，那就不能做。昨天我嚇了一大跳！我一看到您的姐姐，我的眼前就發黑。一個女人騎自行車──這太可怕了！」可是，瓦蓮卡的弟弟非常討厭頑固膽小的別利科夫，他毫不客氣地叫他滾蛋，並揪著他的衣領，將他從樓梯上推了下去。正在這時，瓦蓮卡走了進來，看到了別利科夫那可笑的模樣，她竟然忍不住哈哈大笑了起來。

這笑聲徹底令別利科夫病倒了，他情願摔斷自己的脖子，也不希望別人看到他這可笑的模樣。天啊！這下子全城的人都會知道了，還會傳到校長和督學那裡，校方一定會辭退他的……這些擔憂令別利科夫病倒在了床上，再也不肯起來，也不願意見任何人。他躺在帳子裡，蒙著被子，一聲不響，希望把自己和整個世界隔離開來。

　　一個月以後，別利科夫去世了。城市裡的人忽然感覺到，他們能夠自由呼吸了，那籠罩在頭頂、無時無刻不令他們感覺壓抑的陰影，消散了。但這自由僅僅持續了一個禮拜，生活很快回復了原樣，依舊那麼嚴酷，令人厭倦，毫無理性。畢竟，只是一個別利科夫去世了，但還有更多生活在套子裡的人呢！而且將來還會有多少套中人啊！

　　套中人是俄羅斯文學中最有代表性的形象之一，壓抑、守舊，害怕一切變化，對自由充滿恐懼了，他不光將自己裝在了一個無法掙脫的套子裡，甚至於也要將其他人限制在這個壓抑的套子裡。

　　別利科夫是個舊時代的象徵，代表著沙皇時代的守舊和膽怯，他害怕新世界，害怕人們獲得自由、舒展個性。而更令人覺得恐懼的是，做為一個沒有任何權力的中學教員，他卻能夠令身邊人都變得壓抑恐懼，不由自主地禁錮自己的思想，對別利科夫妥協退讓。再也不能過這樣的日子了，拋開那些本不該存在的枷鎖吧！這也許正是作者所要告訴我們的。

第二十二條軍規 (Catch-)
荒誕

　　第二次世界大戰期間，美國的一個飛行大隊駐紮在地中海的「皮亞諾紮」島上。大隊的指揮官卡思卡特上校一心想當將軍，為了達到自己的目的，他一次次地增加部下的轟炸飛行任務，意欲用部下的生命博取上級的歡心，來換取自己的升遷。

　　約塞連是部隊裡的一位軍官，他在軍隊裡待了很久，已經飛行了四十四次了。在軍隊的日子裡，他親眼見到了各種荒誕、瘋狂和殘酷，自私狡詐的人可以依靠投機而步步高升，還獲得軍事天才的名號，這令當初滿懷熱忱、懷抱理想的他對戰爭開始充滿厭倦，他已經厭倦了飛行和軍隊的一切，想盡辦法要離開部隊，逃離這個瘋狂的世界。可是，按照規定，他必須飛行滿五十次，才能結束任務。為了不再繼續執行飛行任務，他找到了軍隊裡的丹尼卡醫生，想要知道如何才能停飛。

　　丹尼卡醫生告訴他，第二十二條軍規明文規定，醫生必須禁止任何一個瘋子執行飛行任務。「那你為什麼不讓我停飛？我真的是瘋了。」為了逃避飛行任務，約塞連宣稱自己是個瘋子，「你去問問其他人。他們會告訴你，我究竟瘋到了什麼程度。」

「他們一個個都是瘋子。」

「那你為什麼不讓他們停飛？」

「他們怎麼不來找我提這個要求？」

「因為他們都是瘋子，原因就在這裡。」

「他們當然都是瘋子，」丹尼卡醫生回答道。「我剛跟你說過，他們一個個都是瘋子，是不是？但你總不至於讓瘋子來判定，你究竟是不是瘋子，對不對？你要知道，得先由你自己來向我提出這個要求，規定中有這一條。」

約塞連看著醫生，忽然明白了。「你是說這其中有個圈套？」

「那當然，」丹尼卡醫生答道，「這就是第二十二條軍規。凡是想逃脫作戰任務的人，絕對不會是真正的瘋子。」

約塞連明白了，他根本無法用裝瘋來逃避飛行。軍規規定，你如果瘋了，可以獲准停止飛行。停止飛行的前提是，你向部隊提出要求，可是，凡在面對迫在眉睫的、實實在在的危險時，對自身的安危所表現出的關切，是大腦的理性活動過程。一旦你提出要求，說明你對自己的安危有清醒的認識，那說明你不再是瘋子，那你必須繼續執行飛行任務。

約塞連這才知道，自己已經陷入了一個無法解決的循環怪圈。但他並未死心，沒多久，他發現，第二十六空軍司令部規定，飛行滿四十次，就可以停止服役回家了，而這時的他已經飛行了四十八次，按照規定可以回家了。可是，丹尼卡醫生告訴他，第二十二條

軍規規定，他必須服從指揮官的每一個命令，「即便上校違反了第二十六空軍司令部的命令，非要你繼續飛行不可，你還是得執行任務，否則，你違抗他的命令，便是犯罪。」

約塞連徹底灰了心，他徹徹底底地發現，這第二十二條軍規用螺旋式的詭辯，將他帶進了一個完全無法逃脫的境地。第二十二條軍規，士兵們用第二十二條軍規驅趕著普通的百姓，因為第二十二條軍規規定他們有權利這麼做。第二十二條軍規，可是第二十二條軍規在哪呢？它是否真的存在？約塞連最後終於發現，第二十二條軍規就是一個巨大的陷阱，它根本就不真實存在。當發現自己陷入了一個巨大的荒誕的世界裡之後，終於，約塞連放棄了透過正常管道退役的打算，開小差逃往了瑞典。

《第二十二條軍規》是美國小說家約瑟夫・海勒最著名的作品，「如果你能證明自己發瘋，那就說明你沒瘋。」這充滿黑色幽默的邏輯是整個故事的高潮所在，那並不存在的第二十二條軍規，是專制制度荒謬的現實體現，它以其無法反駁的奇怪邏輯，將人們控制、壓迫，使你永遠無法擺脫，並逐漸瘋狂。

這個故事太過著名，以致於現在第二十二條軍規（Catch-22）已經成為了美語中一個獨立的單字。它代表著一切自相矛盾、不合邏輯的規定，也可以表示人們處於左右為難的境地，或者是一件事陷入了閉環，或者跌進邏輯陷阱等等。

蘿莉塔 (Lolita)

少女

「蘿莉塔，我生命之光，我慾念之火。我的罪惡，我的靈魂。蘿—莉—塔：舌尖向上，分三步，從上顎往下輕輕落在牙齒上。在早晨，她就是蘿，普普通通的小蘿，穿一隻襪子，身高四尺八寸。穿上寬鬆褲時，她是蘿拉。在學校裡她是朵莉。正式簽名時她是多蘿莉絲。可是在我的懷裡，她永遠是蘿莉塔。」

中年男子亨伯特是個戀童癖，喜歡九到十四歲的「小妖精」，他相信，那是因為自己少年時期愛過的十四歲少女安娜貝兒因病早夭對他造成的影響。在第一任妻子移情別戀離他而去之後，他移居美國，在新租的房子裡，他看到了女房東十二歲的女兒蘿莉塔。

同樣的少女，同樣蜂蜜般的肩膀，同樣像綢子一樣柔嫩的脊背，同樣的一頭栗色頭髮。與安娜貝兒同樣青春的肉體勾起了亨伯特所有年輕時的回憶，這一切讓亨伯特再也無法離開。他無時無刻不跟隨著蘿莉塔，貪婪地欣賞著她那少女含苞待放的青春，藉一切機會與之親近。

為了進一步接近蘿莉塔，亨伯特娶了女房東為妻，成為了蘿莉塔的繼父。早熟的蘿莉塔敏感地感覺到了繼父對她異樣的迷戀，並

未避開，反而十分親近亨伯特，令亨伯特更加的瘋狂。

後來，女房東在亨伯特的日記中，發現了丈夫對女兒的企圖，她十分生氣，寫了三封信之後，在出門寄信的路上，無意中被車撞死了。亨伯特想辦法找回了信，現在他安全了，他成為了鰥夫，還是蘿莉塔的繼父，他可以堂而皇之地和蘿莉塔單獨在一起了。

亨伯特完全無法壓抑自己對蘿莉塔的渴望。他買了許多漂亮的圓裙子，棋盤格花布，明豔的棉布，裝飾的花邊，泡泡短袖，寬大的裙襬，迫不及待地去夏令營中將蘿莉塔接了回來。美麗的衣裙讓蘿莉塔對亨伯特充滿好感，就在開車回來的路上，蘿莉塔主動挑逗亨伯特，與他發生了關係。之後，亨伯特告訴蘿莉塔她母親已經過世的消息，毫無選擇的蘿莉塔，只能接受了必須和繼父生活下去的現實。

亨伯特帶著蘿莉塔，開始了遊遍美國的旅行，享受著獨自占有蘿莉塔的快感。因為缺錢，他們只能在便宜的汽車旅館住宿，這令蘿莉塔悶悶不樂，亨伯特只能利用零用錢、美麗的衣飾和美味的食物等小女孩會喜歡的東西來討好蘿莉塔，換取她的身體和順從，抑或用離開亨伯特後可能的悲慘生活來威脅她，使得她不得不依從自己。

蘿莉塔漸漸長大了，她越來越想和同齡的年輕人在一起，和繼父的不正當關係令她越來越厭煩。終於，他們發生了激烈的爭吵，隨後藉著一次旅行的機會，蘿莉塔逃離了亨伯特身邊。亨伯特瘋狂

地尋找蘿莉塔，卻一無所獲，他終於放棄了。

三年後，亨伯特收到了蘿莉塔的來信，信中說到自己已經結婚並懷孕，需要繼父在金錢上的幫助。亨伯特前往蘿莉塔的家，卻發現當年那擁有著蓬勃青春的小妖精已經變得平庸，懷孕使她變得臃腫，生活的壓力令她變成了油膩膩的家庭婦女，而她的丈夫，她唯一愛過的男人，卻是個禿頂、骯髒的老頭。這個男人逼她拍色情照，因為她不同意，他就毫不留情地把她趕了出來，即使這樣，蘿莉塔仍然愛著他。

亨伯特試圖挽回這段感情，讓蘿莉塔跟自己離開，然而，蘿莉塔卻始終不肯離開自己唯一愛過的男人。亨伯特將仇恨都傾瀉到了蘿莉塔的丈夫身上，他槍殺了那個男人，也為自己的愛情畫上了句號。

1950 年的聖誕，亨伯特因為心肌梗塞死在了監獄，而蘿莉塔也同時因為難產而死，此時的她，才只有十七歲。

日本人發明了「loli」一詞，並將之推廣到了全世界，成為了人人耳熟能詳的辭彙，而很多人所不知道的是，「loli」這個詞正來自於一本叫做《蘿莉塔》（Lolita）的小說。今天的 loli 一詞是一個形容十五歲以下小女孩的正常不過的辭彙，但當年，它卻是充滿了情慾味道的，令人聯想到戀童癖的這個辭彙。

當《蘿莉塔》剛剛問世的時候，多數人都將之視為色情書籍，

這禁忌的感情令許多人覺得噁心，人們一邊充滿好奇地購買它，一邊恥於談論這禁忌的話題。然而，隨著這部作品的走紅，越來越多的人開始思考書中所展現的一切，令人反感的故事中，卻也隱藏了蘿莉塔的無助和美麗。

這充滿罪惡的故事襯托得蘿莉塔更加的迷人，她是生命之火，慾念之光，她漸漸成為了文學史上一個無可替代的特殊形象，只要提到蘿莉塔，人們就會想到那穿著小白襪，滿不在乎的，同時兼具純真與性感的小妖精。

蘿莉塔，舌尖向上，分三步，從上顎往下輕輕落在牙齒上，就吟出成為了西方文學史上最著名的少女形象，她也當之無愧地成為了少女的代名詞。

貝奧武夫 (Beowulf)

英雄

在古代丹麥，國王荷羅斯加建起了雄偉的宮殿希奧羅特，宮殿建成之時，荷羅斯加舉行了盛大的慶典。歡樂的慶典吸引了怪獸哥倫多的注意，牠趁著夜色，在慶典上的人們都已陷入沉睡的時候，夜襲了荷羅斯加的宮殿，殺死了不少的武士。

第二天清晨，從睡夢中醒來的荷羅斯加才知道哥倫多昨夜犯下的暴行，他決意為死去的武士復仇，向哥倫多宣戰。

十二年過去了，哥倫多進攻古丹麥的消息傳到了另外一個部族——耶阿特的耳中。耶阿特的領主貝奧武夫決定幫助古丹麥人，他帶領著自己最好的武士來到了荷羅斯加的領土。得知他的到來，荷羅斯加非常高興，原來，當年貝奧武夫曾經幫助過自己的父親。

荷羅斯加在宮殿裡為貝奧武夫舉行了盛大的歡迎儀式，以感謝他的拔刀相助。在慶典的高潮時刻，丹麥的王后薇爾皙歐走上前來，為貝奧武夫獻上了蜂蜜。貝奧武夫接過裝滿蜂蜜的杯子，告訴薇爾皙歐說，他將會除掉哥倫多，否則，他情願在希奧羅特被怪獸殺死。

貝奧武夫的宣誓感動了在場的丹麥人，荷羅斯加也向他承諾，如果他打敗了哥倫多，他將賜給貝奧武夫他想要的一切。貝奧武夫

則表示，神會決定這次戰爭的結局。

　　當晚，貝奧武夫和他的武士們就睡在了希奧羅特的大殿中，等待哥倫多的到來。夜幕降臨，哥倫多和以前一樣，偷偷進入了希奧羅特，尋找血肉之軀以充飢。哥倫多首先挑選了一個武士，當牠正在吞食武士的時候，貝奧武夫在旁邊謹慎地觀察著。當哥倫多吞食完自己的第一個獵物，衝向貝奧武夫打算進食的時候，貝奧武夫抓住了牠的手臂，並將牠狠狠地掄了起來，那力量大得使整個大殿都幾乎崩塌。哥倫多死命掙脫了出去，把斷臂留在了貝奧武夫的手中，倉皇逃回了自己的巢穴後斷氣身亡了。

　　貝奧武夫的勝利令丹麥人歡欣鼓舞。他們把哥倫多的斷臂釘在了宮殿的牆壁上，做為勝利的明證。他們歌頌著這個偉大的英雄，關於他的英勇事蹟在人們的唇齒間廣泛吟唱。荷羅斯加向貝奧武夫承諾，他就擁有永遠也用不完的財富，並慷慨地賜予了他帶來的武士們無數的珍寶。

　　慶祝貝奧武夫勝利的晚宴一直在舉行。夜晚，哥倫多的母親潛入了宮殿，想要為自己的兒子復仇。放鬆警惕的武士們沒能及時應戰，讓哥倫多的母親抓走了荷羅斯加的一位參事。為了救回這位參事，貝奧武夫說動了荷羅斯加和他一起前往怪物的巢穴。

　　在這陰暗恐怖的荒原上，他們找到了怪物的巢穴，那是一片巨大的湖泊，哥倫多的母親正躲藏在湖泊之下。貝奧武夫叫來了他的盔甲，佩上寶劍，跳入了湖中。然而，哥倫多的母親正在湖底等著

攻擊他，貝奧武夫發現自己的寶劍根本無法傷到這女妖，於是他丟開寶劍，與女妖扭打在了一起。戰鬥中，他在女妖的巢穴中發現了一把帶有魔法的上古之劍，靠著這把寶劍，他順利砍下了女妖的頭顱。在湖邊等待的荷羅斯加已經等待了貝奧武夫太長的時間，做好了失敗的準備，正感到絕望的時候，貝奧武夫卻意外地帶著戰利品浮出了水面。

戰鬥英雄回到了希奧羅特，人們為他舉行了更加盛大的慶典。荷羅斯加賜給了貝奧武夫更多的珍寶，並宣誓將是他們永遠的朋友。英雄們帶著丹麥人的讚歌回到了家鄉，並獲得了自己國王的嘉獎，國王將一半的王國賜給了貝奧武夫，讓他成為了耶阿特的君主。

貝奧武夫賢明地統治了這個國家五十年。第五十年時，一個奴隸無意中發現了一處被噴火巨龍看守的寶藏，他從中偷走了一個杯子，獻給了自己的主人。巨龍從沉睡中醒來，發現自己的寶藏被人盜走，牠大發雷霆，決定向所有耶阿特人報復，並毀掉了貝奧武夫的大殿。

貝奧武夫決定征服這暴虐的巨獸。他製作了一面堅硬的盾牌，帶領著自己的武士們向巨龍的巢穴進發。在巨龍的山洞裡，他們直面巨龍火焰的灼燒，他的盾牌保護了他不受火焰的傷害，但其他的武士因為害怕都逃走了，只有一位叫做威格拉夫的勇士留了下來，跟隨者貝奧武夫繼續戰鬥。

依靠著天生的神力和無與倫比的勇氣，貝奧武夫終於砍下了巨

龍的頭顱。然而，巨龍的尖牙卻刺穿了他的脖子，致命的毒液流入他的體內，結束了他波瀾壯闊的一生。臨死之前，他將自己的盔甲、寶劍和盾牌都賜給了威格拉夫，命令他繼承自己的王國。

威格拉夫繼承了貝奧武夫的王位，將他隆重安葬，並將巨龍的寶藏安放在了他的陵墓當中，以紀念這位偉大的英雄。

《貝奧武夫》是英國盎格魯‧撒克遜時期最古老、最長的一部文學作品，也是歐洲文學的三大英雄史詩之一。

人民飽受折磨，渴望解放，英雄橫空出世，憑藉超凡的自信和傲人的雄心，率領勇士們打敗了可怕的惡魔，帶給人民勇氣和力量，這是英雄故事的典型套路。故事不怕老套，重要的是，它能夠展現人們最渴望的傳統價值觀：力量、勇氣、正義和忠誠，英雄拯救人民，也憑藉勇敢達到自我完善，讓自己成為命運的主宰。

這，就是英雄故事帶給我們的意義。

第 V 章

克莉奧的書卷

來自歷史的典故

達摩克斯之劍 (The Sword of Damocles)
時刻存在的危險

　　西西里的國王、狄奧尼索斯一世狄奧尼西奧斯統治著西西里最富庶的城市——敘拉古。敘拉古地處於地中海、義大利和北非的交通要道上，是西西里島最重要的貿易中心，天然的地理優勢使得來往的船隊都聚集到敘拉古來，這裡聚集了義大利最珍貴的珠寶、最豐盛的物產、最美麗的女人，是人人嚮往的天堂之都。國王狄奧尼西奧斯也擁有著當時世界上最美麗的宮殿，華麗的宮殿裡裝飾著各式各樣繁複的雕刻，絲絨的窗簾垂下，絲綢的餐巾上有著精美的刺繡。美麗的侍女來往穿梭，為客人獻上堆積如山的精美食物，侍衛佩戴著光亮得能照出人臉的寶劍，隨侍兩側。宮殿裡藏著各式各樣價值連城的寶物，

▲《貝奧武夫》第一頁。

大部分都是普通人一生都無法見過的奇珍。

　　這天，狄奧尼西奧斯照常在宮殿裡大宴賓客，豐盛的佳餚，醉人的美酒、動人的樂曲，令所有人都如癡如醉。國王的好友達摩克斯看著眼前這一切，豔羨地對國王感嘆道：「擁有人們想要的一切東西，你是多麼幸運的人啊！你一定是這個世界上最幸福的人。」國王聽到這樣的話，淡淡地對達摩克斯說：「你真的覺得國王就是世界上最幸福的人嗎？我想如果我說不是你也不會相信的，那麼我們換換位置，等你坐到我的位置上時，就知道我是不是最幸福的了。」

　　受寵若驚的達摩克斯接受了國王的建議。他穿上厚厚的王袍，戴上黃金的王冠，坐到了國王那寬大的、高高在上的王座上。從高處俯視著宴會裡的人群，他們忽然都如螻蟻一樣，顯得那麼謙恭和卑微，令他不由自主地膨脹起來。達摩克斯驕傲地左顧右盼，四處打量，忽然，他發現，天花板上垂下了一把鋒利的寶劍，寶劍僅用細細的馬鬃繫住，鋒利的劍尖正對著他的頭頂。達摩克斯大驚失色，臉色蒼白地離開王座，身體不住地發抖。

　　狄奧尼西奧斯看著這個還在驚嚇中沒有回過神來的朋友，平靜地說：「怎麼了朋友？你如此害怕那把隨時可能掉下來的劍嗎？但你知道嗎？我每天都要面對它，它一直高懸在我的頭頂，說不定什麼時候就會有人斬斷那細細的線，讓它刺向我。」國王頓了頓，又說：「或許哪個大臣垂涎我的王位，想要殺死我；或許鄰國的國王想要

占領西西里，派兵前來攻打；或許百姓們因為我一次失誤的決策，對我失望，起來反抗我。你看到了一個統治者所享受的東西，卻沒看到身為一個國王所要承擔的義務和風險，權力背後，還有無數鋒利的寶劍指向你的。」

聽到國王的話，達摩克斯停止了顫抖，他向國王深深鞠了一躬，發自肺腑地說：「是的，我的國王，我知道了，除了財富和權力之外，您還有很多的憂慮，您的頭頂，始終懸著那看不見的寶劍。現在請您回到您的寶座上去吧！我也該回到我自己的家了。」

從此以後，達摩克斯再也不羨慕國王的生活了，他知道，國王的頭上，始終懸掛著一把「達摩克斯之劍」呢！

達摩克斯之劍（The Sword of Damocles），它是高懸在達摩克斯頭上，一把僅僅用馬鬃繫住的寶劍，岌岌可危，讓人難以安然享受榮華富貴。不過，並不只有達摩克斯頭上才有這時刻的威脅，有多少人也面臨危險的境地而不自知呢！所謂「盲人騎瞎馬，夜臨深淵邊」，稍有差池，就將陷入毀滅的境地。

所以，西方人用達摩克斯之劍來警示後來人，切勿安於享樂，當你沉溺之時，也恰是最危險的時候。不忘記身邊的危險與陷阱，保持警惕，方能避免達摩克斯之劍的落下。

▲ 達摩克斯之劍。

柏拉圖婚姻 (Plato marriage)

精神戀愛

柏拉圖是古希臘哲學家蘇格拉底的學生，師生二人經常在一起，討論各類哲學問題。

▲ 西方哲學的奠基者——蘇格拉底。

有一天，柏拉圖忽然問他的老師，到底什麼是愛情？

蘇格拉底沒有直接回答他，而是叫他到麥田裡去，去摘回一顆最大最好的麥穗，但是他只能摘一次，而且尋找的時候不能回頭。柏拉圖覺得，這事非常簡單，立刻答應下來，充滿信心地出去了。可是，半日之後，柏拉圖卻垂頭喪氣地回來了，他向老師解釋空手而回的原因：「每次我看見一顆很好的麥穗，想要摘它，但卻不知道它是不是田裡最大最好的那顆，於是只好放

棄，繼續向前走，看會不會有更好的。就這樣，我走到了麥田的盡頭，卻一顆麥穗也沒摘，我又不能回頭去摘，只好空著手回來了。」

聽到他的話，蘇格拉底笑了，他告訴柏拉圖說：「這就是愛情！」

柏拉圖又問老師，「那什麼是婚姻呢？」蘇格拉底還是沒有回答，又叫他去松樹林去，選一棵最挺拔最翠綠的樹回來，和上次一樣，他只有一次機會，並且不可走回頭路。柏拉圖應允而去，這次，他吸取了上次的教訓，並沒有挑三揀四，而是盡快挑選了一棵看上去挺拔蒼翠的松樹，就回來了。

見到他取回的樹，蘇格拉底問道：「這是松樹林裡最挺拔最蒼翠的樹嗎？」柏拉圖老實回答道：「我害怕和上次一樣，浪費了最好的機會，所以看見一棵很不錯的松樹，加上時間、體力都不夠用了，也就不管是不是最好的，就拿回來了。」聽到這些話，蘇格拉底告訴他：「這就是婚姻！」

有一天，柏拉圖又問他的老師，什麼是外遇？蘇格拉底還是叫柏拉圖去樹林裡走一次，取回一朵最美麗的花，但這次，他可以走回頭路尋找。聽到老師的要求，柏拉圖信心百倍地去了，他相信，這次可以回頭尋找的話，他一定能找到最美的花朵。

幾個小時之後，柏拉圖回來了，還帶回了一朵顏色豔麗但稍微有些委靡的花，蘇格拉底問他：「這就是最好的花嗎？」柏拉圖回答老師：「我找了幾個小時，發覺這是盛開得最美麗的花，但當我採下它帶回來的路上，它就逐漸枯萎了。」蘇格拉底告訴他：「這就是外遇！」

身為希臘三聖，最著名的西方哲學家之一，柏拉圖對後世的影響是最大的。而他影響最大的學說之一，就是精神戀愛學說。

▲ 在圖中，柏拉圖手指向天，象徵他認為美德來自於智慧的「形式」世界。
而亞里斯多德則手指向地，象徵他認為知識是透過經驗觀察所獲得的概念。

柏拉圖認為，最高的愛是沒有肉體關係的，肉體的結合是不純潔的、是骯髒的，愛情和情慾是互相對立的兩種狀態，因此，當一個人確實在愛著的時候，他完全不可能想到要在肉體上和他所愛的對象結合。「當心靈摒絕肉體而嚮往著真理的時候，這時才是最好的。而當靈魂被肉體的罪惡所感染時，人們追求真理的願望就不會得到滿足。當人類沒有對肉慾的強烈需求時，心境是平和的，肉慾是人性中獸性的表現，是每個生物體的本性，人之所以是所謂的高等動物，是因為人的本性中，人性強於獸性，精神交流是美好的、是道德的。」

　　柏拉圖的精神戀愛學說後來形成了一個專門的名詞，叫柏拉圖婚姻，指的就是只追求心靈上的契合，排斥所有肉體的關係，純粹精神上的婚姻。

希波克拉底誓言 (Hippocrates Oath)

奉獻

「醫神阿波羅、埃斯克雷彼斯及天地諸神作證，我——希波克拉底發誓：我願以自身判斷力所及，遵守這一誓約。凡教我醫術的人，我應像尊敬自己的父母一樣，尊敬他。做為終生尊重的對象及朋友，授給我醫術的恩師一旦發生危急情況，我一定接濟他。把恩師的兒女當成我希波克拉底的兄弟姐妹；如果恩師的兒女願意從醫，我一定無條件地傳授，更不會收取任何費用。對於我所擁有的醫術，無論是能以口頭表達的還是可書寫的，都要傳授給我的兒女，傳授給恩師的兒女和發誓遵守本誓言的學生；除此三種情況外，不再傳給別人。

「我願在我的判斷力所及的範圍內，盡我的能力，遵守為病人謀利益的道德原則，並杜絕一切墮落及害人的行為。我不得將有害的藥品給予他人，也不指導他人服用有害藥品，更不答應他人使用有害藥物的請求。尤其不施行給婦女墮胎的手術。我志願以純潔與神聖的精神終生行醫。因我沒有治療結石病的專長，不宜承擔此項手術，有需要治療的，我就將他介紹給治療結石的專家。

「無論到了什麼地方，也無論需診治的病人是男是女、是自由

民是奴婢，對他們我一視同仁，為他們謀幸福是我唯一的目的。我要檢點自己的行為舉止，不做各種害人的劣行，尤其不做誘姦女病人或病人眷屬的缺德事。在治病過程中，凡我所見所聞，不論與行醫業務有否直接關係，凡我認為要保密的事項堅決不予洩漏。

「我遵守以上誓言，請求醫神阿波羅、埃斯克雷彼斯及天地諸神賜給我生命與醫術上的無上光榮；一旦我違背了自己的誓言，請求天地諸神給我最嚴厲的懲罰！」

這是著名的希波克拉底誓言，所有的醫護從業者都在心中銘記的職業道德規範。而這段話，則來自於古希臘著名的醫生，被尊為醫學之父的希波克拉底。

希波克拉底是醫神阿斯克雷庇亞斯的後代，從小就跟著父親行醫。在當時的古希臘，醫學往往受到迷信的禁錮，人們更相信巫師們用咒語和巫術來治病，而不肯求助於醫生，許多人都因此被耽誤病情而死去。

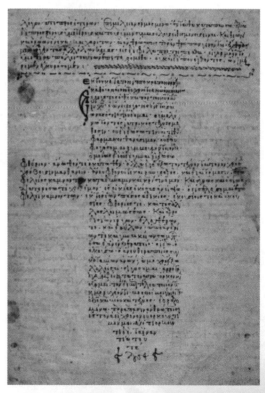

▲ 希波克拉底誓言，此為十二世紀拜占庭手抄本。

為了改變人們的偏見，希波克拉底提出了體液學說。他認為複雜的人體是由血液、黏液、黃膽、黑膽這四種體液組成的，每個人體內四種體液的含量都不一樣，也就因此影響了每個人的身體情況和個性特徵。有性情急躁、動作迅猛的膽汁質；性情活躍、動作靈敏的多血質；性情沉靜、動作遲緩的黏液質；性情脆弱、動作遲鈍的抑鬱質。

　　希波克拉底認為，人之所以會生病，都是因為四種液體不平衡造成的。而造成這種不平衡的原因，則和這個城市的方向、土壤、氣候、風向、水源、飲食習慣、生活方式等等密切相關。

　　今天來看，希波克拉底的很多醫學觀念並不正確，但在那個久遠的年代，他一直在追求先進正確的醫學治療方法。他以科學的態度去對待所有的病人，他違背禁令偷偷解剖屍體，為的是準確地瞭解人體結構，有效地施行救治。他毫不留情地揭露巫術治病的可笑，甚至不惜與當時地位尊貴的巫師們敵對。

　　而最難能可貴的是，希波克拉底是真正的白衣天使。他全心全意地以治療病人為己任，不推卸責任，不收受賄賂，不行有害之事，不洩露病人的隱私，他以自己的行為和誓言，證明著醫護工作者的高尚。

　　做為醫學之父，希波克拉底給現代醫學留下的醫學知識可能已經不算什麼了，但他留下的希波克拉底誓言，卻是每個真正以治病

救人為情懷的醫護工作者所堅守的信念。他不顧自身安危、治病救人的高尚情懷，才是真正為人所懷念的。這種無私的奉獻精神不僅僅是身為醫生所應該具備的，更是每一份職業都應當擁有的操守和信念。

　　到了今天，希波克拉底誓言已經成為了一面旗幟，它被延伸到其他行業，代表著的是一份責任感和道德感，它成為了每一行業的人們，奉獻自我價值、服務社會、服務大眾的理想情懷。可以說，一個希波克拉底誓言，就代表了一個奉獻的心靈。

▲ 拒絕波斯國王阿爾塔薛西斯饋贈的希波克拉底。

第十位繆斯 (Tenth Muse)
莎孚

　　莎孚，西方歷史上的第一位女詩人，也是第一個女同性戀者，這傳奇的名聲，令後世對她充滿了好奇。人們發揮了無窮的想像力，為這古老時代的女詩人，加上了各式各樣豐富多彩的故事，為她演繹了精彩的一生。

　　莎孚出生於西元前七世紀古希臘萊斯沃斯島的一個貴族家庭，她擁有傾城的美貌，據說有一次法官要判她死刑，莎孚便在法庭上當場脫下上衣，露出她豐美圓潤的乳房。看到她完美的肉體，旁聽席上爆發出震耳欲聾的呼喊：不要處死這樣美麗的女人！因為民眾的支持，法官迫於壓力釋放了她，莎孚重新獲得了自由。

　　當時的萊斯沃斯島是希臘文化藝術的中心，女性的地位也非常高，可以像男人一樣接受教育，加上優渥的家庭環境，莎孚得以選擇自己最愛的文學和藝術進行學習。後來，因為她的家庭被捲入了政治鬥爭，她遭到當地僭主的迫害，被迫逃亡到了西西里島。在西西里島，她嫁給了當地的一位貴族，還生了一個名叫克勒斯的女兒。不過，她的丈夫後來過世了，給她留下了大筆的財富，讓她過著富足平靜的生活。在這段日子裡，她創作了許多優秀的詩歌，她的才

華與她的美貌一起，聲名遠播，使她成為了當時最知名的女詩人。

　　後來，因為她的名聲大振，莎孚被允許返回故鄉。在那裡，她開設了一所女子學校，專門教授女孩子們寫作詩歌。許多的年輕女子慕名而來，在她的門下學習詩歌。她非常喜愛這些純真美麗的少女們，為她們創作了無數動人的詩篇，「沒有我們的歌吟，大地一片沉寂，沒有我們的愛情，樹林永遠迎不來春天。」當雅典的統治者梭倫聽到這一首《為何她音訊全無》時，都忍不住發出了「只要我能學會這一首，那麼死也無憾了」的讚歎！因為在詩歌中對女性所表達出的那深厚的愛意與激情，後人將她視為了女同性戀的鼻祖，所以 Sapphic 也指女同性戀的意思，而她的學生們，因為生活在萊斯沃斯島，也被稱為「萊斯沃斯人」（Lesbian），後來這個單字也就成為了女同性戀者的稱呼。

　　莎孚在萊斯沃斯島上度過了幸福安詳的時光。傳說中，她後來愛上了一名叫做法翁的男子，但法翁並未回應她的感情，因為愛情無望，她跳下懸崖而亡。不過，這種說法更近乎傳說，而非事實。

▶ 莎孚雕像。

莎孚的詩歌，沉穩抒情、韻律優美，音節單純，很適合供人詠唱，開創了「莎孚體」形式，此外，她是第一個用第一人稱來抒發個人哀樂的詩人，她的創作將古希臘的抒情詩推進到一個新高潮，對後世影響深遠。因為在詩歌上的貢獻，柏拉圖將稱她為「第十位繆斯」。

莎孚創作的詩歌雖多，但留下來的只有一些殘篇斷卷，再加上她的故事流傳下來的不多，人們便依照自己對她的幻想，為她增添了許多美麗的傳說。在這些美麗的故事與動人的詩篇裝飾下，莎孚已經成為了一個符號與象徵，成為了人們心目中的繆斯女神，代表著美與藝術。

達蒙與皮西厄斯 (Damon and Pythias)
生死之交

西元前四世紀，義大利西西里城邦的錫拉庫扎港口有一對好友，叫做達蒙與皮西厄斯。他們從小一起長大，彼此信任，情同手足。

達蒙與皮西厄斯都是哲學家畢達哥拉斯的信徒，崇尚自由和民主。皮西厄斯是個著名的演說家，經常對民眾發表演說，說沒有任何凌駕於他人之上的權力可以不受限制，獨裁者是非正義的君主。後來，他的言論傳到了當時錫拉庫扎的統治者狄奧尼西奧斯耳中，狄奧尼西奧斯非常生氣，召來了皮西厄斯和他的朋友。

「你以為你是誰，竟在人民中散布不軌言論？」他問。

「我只傳播真理，」皮西厄斯回答說，「這沒什麼過錯。」

「這種說法即是叛國，」狄奧尼西奧斯喝斥道，「你們陰謀推翻我。收回你的話，否則我將會處死你。」

「我不會收回我的話，這是我的自由。」皮西厄斯回答說。

「那好，你將會被處死。在你死之前，我可以答應你一個最後的要求，你有什麼要求嗎？」

「有。請讓我回家與妻兒做最後的道別。」

「如果放了你，我怎麼能相信你會回來呢？」狄奧尼西奧斯問。

這時，靜靜地站在朋友身邊的達蒙走上前來。

「我做他的保人，」他說：「把我留在錫拉庫扎做為你的囚犯，直到皮西厄斯回來。如果皮西厄斯不回錫拉庫扎，我就替他受死。」

狄奧尼西奧斯答應了他們的請求。可是，直到處決的那天，皮西厄斯仍然沒有消息。

處決的日子到了。達蒙被人從牢房押出，帶到了狄奧尼西奧斯面前。狄奧尼西奧斯幸災樂禍地看著他，「你的朋友好像還沒露面，」他笑道，「現在，你對他有什麼看法？」

「我相信他一定是遭遇到了什麼意外才無法及時趕回。」達蒙冷靜而自信。

狄奧尼西奧斯想要說什麼，但還沒等他開口，門被推開了，皮西厄斯搖搖晃晃地走了進來。他臉色蒼白，傷痕累累，累得幾乎說不出話來。

他一下撲到朋友的懷裡。

「還好你安然無恙，感謝神靈。」他喘著氣說，「命運似乎在和我們作對。我的船在風暴中沉沒了，路上又遇到了土匪。還好我及時趕回來了。謝謝你，朋友，現在，該我自己來承受這命運了。」

狄奧尼西奧斯驚愕地聽著他的話。他的心似乎被什麼東西觸動了，這種忠貞的友誼有著他所無法抗拒的力量。

「判決取消了，」狄奧尼西奧斯宣布，「我從不相信友誼會有這樣的忠誠，可是你們讓我看清了我是多麼淺薄。我只有還你自由

才對。但你們也必須為我做一件重要的事。」

「你指的是什麼事？」這兩位朋友問。

「教我如何才能擁有這種珍貴的友誼。」

達蒙與皮西厄斯的故事向我們展現了真正的友誼，可以以性命相託的信任，可以代替對方犧牲的勇氣，沒有猶豫，沒有恐懼，有的，只是全心全意的信任。達蒙可以信任皮西厄斯情願回來赴死也絕不會拋下自己，皮西厄斯會為了挽救達蒙的生命歷經千辛萬苦趕回。更重要的是，他們對彼此的信任從未有絲毫的動搖。

達蒙與皮西厄斯的友情打動了獨裁者狄奧尼西奧斯，也打動了更多的後世人，人們已經將達蒙與皮西厄斯（Damon and Pythias）視為了忠實友情的典範，成為了生死之交的代名詞。

波皮利烏斯圈子 (The Circle of Popilius)

傲慢

西元前三世紀到西元前二世紀之間，塞琉古帝國與托勒密王朝為爭奪通往埃及的數條大道之一的柯里敘利亞地區，先後發動了六次戰爭。

西元前 170 年，托勒密王朝的兩位攝政王向塞琉古國王安條克四世宣戰，第六次敘利亞戰爭爆發。然而，這場戰爭卻被安條克四世迅速占了上風，失敗的埃及人意識到他們發動戰爭的愚蠢，罷免了兩位攝政王，另外選了兩位新的攝政王，並派遣使者與安條克四世商議和解。藉著埃及人的示弱求和，安條克四世藉機將托勒密六世，也就是他的姪兒，置於了自己的監護之下，實際上控制了埃及。

可是，亞歷山大港的人不能接受安條克四世在背後統治埃及，他們將托勒密六世的弟弟推上了王位，這就是托勒密八世。安條克四世非常憤怒，他派兵圍攻亞歷山大港，要求托勒密八世向自己投降。就在這時，塞琉古帝國的猶太行省卻又發生了叛亂，為了穩定自己國內的局勢，安條克四世不得不撤兵回國，優先平息自己國內的動亂。

在他離開之後，托勒密六世和他的弟弟達成和解，重歸於好，

再次統治了埃及全國，安條克四世失去了對埃及的控制，令他大為憤怒。西元前 168 年，安條克四世再次派兵入侵埃及，他順利攻下了賽普勒斯及孟斐斯，並一路向著往亞歷山大港進發。

無力抵抗的埃及人別無辦法，只好派人去羅馬尋求幫助。羅馬元老院答應了埃及人的請求，他們派出了執政官蓋烏斯・波皮利烏斯・拉埃納斯，要求他勸阻安條克四世的進攻。

波皮利烏斯在亞歷山大城外找到了安條克四世，給了他羅馬元老院寫來的信件，要求他撤兵，離開埃及。

安條克四世不願意放棄即將到手的城池，又不敢得罪強大的羅馬，於是敷衍波皮利烏斯說，自己要與顧問商量一下，再給波皮利烏斯答覆。

波皮利烏斯知道安條克四世是想拖延時間，於是，他乾脆拿起手杖，圍著安條克四世的座位畫了一個圓圈，並告訴安條克四世說，在他沒有答覆羅馬元老院之前，不能走出這個圈子。

安條克四世大感屈辱，但他又不敢得罪羅馬元老院，只能垂頭喪氣地答應了波皮利烏斯的要求，從埃及和賽普勒斯撤退回國了。

就這樣，羅馬人挽救了瀕臨滅絕的托勒密王國，第六次敘利亞戰爭至此終於結束了。

因為這個故事，西方人發明了一個新的辭彙：波皮利烏斯圈子（The Circle of Popilius），用來比喻因受某種約束而不能逾越的範圍。

波皮利烏斯圈子這個典故，如果用中國成語來解釋，也有一個非常恰當的詞：畫地為牢。在西周時期，人們性格質樸，當時若有人犯法，執法官就會在地上畫一個圈，讓犯人站在圈子中，不可離開，就相當於服刑了。儘管沒有任何的約束，也無人看管，犯法的人們都會自覺地站在圈子裡服刑，絕不會私自逃走，因此，也就產生了畫地為牢這個成語。

　　將畫地為牢與波皮利烏斯圈子做個對比，是不是發現，東、西方的許多典故，都有著神奇而有趣的相似度呢？

玫瑰戰爭 (war of the roses)
王權之爭

　　在莎士比亞的戲劇《亨利六世》中，亨利王這樣感嘆道：「唉，慈悲的天主，可憐可憐吧！這人的臉上有兩朵玫瑰花，一紅一白，這正是我們兩家爭吵的家族引起許多災禍的標記。紅玫瑰好比是他流出的紫血，白玫瑰，好比他蒼白的腮幫。叫一朵玫瑰枯萎，讓另一朵旺盛吧！倘若你們再爭鬥下去，千千萬萬的人都活不成了。」

　　這裡的紅玫瑰與白玫瑰，可不是張愛玲筆下的朱砂痣與白月光，而是英格蘭金雀花王朝愛德華三世的兩支後裔，蘭開斯特家族和約克家族的象徵。蘭開斯特家族的家徽是紅玫瑰，約克家族的家徽為白玫瑰，因此，支援兩方的人都會在自己的胸口佩戴上相應顏色的玫瑰，以表示自己效忠的對象。

　　當時的英格蘭王亨利六世來自蘭開斯特家族，但他軟弱無能，還有著遺傳性的精神疾病，在他的統治下，朝廷腐敗，民眾怨聲載道，越來越多的人們認為，蘭開斯特家族根本無法治理這個國家，應該將它還給原本就更有繼承權的約克家族。而同時，亨利六世和他的妻子法國公主，安茹的瑪格麗特，結婚七年都未能誕下繼承人，因為久久沒有子嗣，亨利被迫將約克公爵理查‧金雀花立為儲君，

▲ 貴族選擇紅白玫瑰。

並封為護國公。

然而，局面在 1453 年發生了改變。在結婚後的第八年，瑪格麗特生下了一個男孩，這讓約克公爵的繼承權變得岌岌可危，而原本就非常排斥約克公爵的瑪格麗特，為了捍衛親子的繼承權，決意向約克公爵宣戰。蘭開斯特家族以約克公爵叛國的罪名昭告天下，正式掀起了戰爭。

紅玫瑰與白玫瑰開始了慘烈的自相殘殺。蘭開斯特家族在一次戰鬥中捕獲了約克公爵，並將他的頭顱高懸於城門之上示眾。約克公爵理查的兒子愛德華發誓為父報仇，他擊潰了蘭開斯特家族的軍隊，手刃了瑪格麗特的獨子，在惠斯敏斯特大教堂非正式登基，加冕成為了愛德華四世。

不過，愛德華四世的統治並不長久，他在 1483 年過世，只留下兩個年幼的孩子。面對著蘭開斯特家族的蠢蠢欲動，以及約克家族內部權臣的狼子野心，兩個幼小的孩子很快成為了權力的犧牲品，他們被送入倫敦塔中「安居」，再也沒能出來。

群龍無首的局面，讓紅玫瑰與白玫瑰，再次開始了無休止的爭鬥。直到 1486 年，蘭開斯特家族的亨利七世與約克家族的伊莉莎白聯姻，這場玫瑰之間的戰爭才算真正落下帷幕，而法國金雀花王朝的統治也宣告結束，英國歷史正式走入了都鐸王朝的時代。

　　為了紀念這場戰爭，英格蘭以玫瑰為國花，都鐸王朝也將皇室徽章改為紅白玫瑰。

▲ 貴族選擇紅白玫瑰。

這場玫瑰戰爭是否讓你覺得非常眼熟？是的，這幾年最紅的奇幻劇《冰與火之歌》，其中的基本架構借鑑的正是這場歷史上最著名的權力之爭。

　　蘭尼斯特家族的瑟曦與蘭開斯特家族的瑪格麗特同樣為了自己深愛的幼子拉開了屠殺的大幕，約克公爵與臨冬城萊德公爵一樣高懸於城門的頭顱，同樣兩個年幼的孩子。所有的人物都能從歷史的巨卷中窺到一絲影子，馬丁筆下的陰謀、權慾、謀殺與救贖，都來自於他對歷史條分縷析的梳理與再創造。

　　現在，當後世人提到王權之爭時，都難免要提到這場玫瑰戰爭。這場西方歷史上最著名的戰爭，開啟了都鐸王朝的興盛，哺育了無數驚豔絕才的文藝作品，也成為了王權之爭的象徵。

上帝折鞭處 (Breaking God's Flail)
挫敗

　　十三世紀初，蒙古騎兵橫空出世，在成吉思汗及其子孫的帶領下，橫掃歐亞大陸，所向披靡，先後征服了包括今天俄羅斯、伊朗、伊拉克、敘利亞、阿富汗、波蘭等在內的四十多個國家、七百多個民族。在蒙古鐵騎的驅使下，日爾曼等原來棲居在中東歐地區的民族被迫西遷，從而引發歐洲大陸格局的重新洗牌。蒙古鐵騎的無敵戰績令歐洲人完全無法抵抗，他們覺得這是上帝的意志——這是上帝的皮鞭，來懲罰人類無法洗清的罪惡，於是，他們把成吉思汗和他的子孫稱為「上帝之鞭」（Scourge of God）。

　　1251 年，蒙哥登上大汗寶座，穩固了蒙古政局之後，他派自己的弟弟旭烈兀發動了第三次西征，滅掉了阿拉伯人建立的阿拔斯王朝，而自己則親率大軍，發動了大規模的滅宋戰爭。

　　此時的南宋，已經到了岌岌可危的邊緣。中原地區盡皆淪陷，只有四川，藉蜀中地利，北有秦嶺屏障，東有三峽天險，控扼長江，退可憑險拒守，進可席捲東南，成為了蒙哥最後的心病。

　　1258 年秋，蒙哥率軍數十萬進攻四川，相繼占據劍門苦竹隘、長寧山城等地，最後打到了合州釣魚城腳下。

▲ 通往釣魚城的小路。

釣魚城四周皆為峭壁，釣魚城整個以一字城牆修建圍繞，城牆可阻擋敵軍的進攻，同時城內守軍又可透過外城牆形成夾角交叉攻擊，而山頂平闊，有田土可耕，水源充足，後方補給充分，易守難攻。

蒙古軍隊一次又一次的對釣魚城展開了進攻，卻也一次又一次被宋軍打敗。面對堅固的天險，素以作戰靈活、凶猛剽悍著稱的蒙古騎兵，難以發揮其優勢，久久不能建功。儘管蒙古軍隊中也有人建議暫時放棄釣魚城，而將主力部隊沿長江水陸東下行軍，與忽必烈等會師，一舉滅掉南宋，再回頭慢慢收拾釣魚城，但少有的挫折讓驕橫自負的蒙哥覺得顏面盡失，立誓要拿下釣魚城。

然而，重慶酷熱潮濕的天氣令北下的蒙古軍隊十分不適應，因為水土不服，軍中暑熱、瘧癘、霍亂等疾病大肆流行，加上圍城之戰的傷亡，蒙古軍隊損失慘重。到了六月，蒙古大汗蒙哥因為受傷，臥病在床，使得蒙古軍隊不得不從釣魚城撤退。七月，蒙哥更是一

病不起，逝世於重慶。至此，釣魚城依然屹立不倒，未曾被蒙古鐵騎踐踏。

得知蒙哥的死訊，帶兵西征的蒙哥之弟旭烈兀，率領大軍東還，只留下少量軍隊繼續征戰，最後因為寡不敵眾被埃及軍隊打敗。原本攻占了伊朗、伊拉克及敘利亞等阿拉伯半島，打算繼續向非洲開進的計畫，也因此告吹。蒙哥的死更引發了蒙古政權的動盪，使得蒙古人再也無法組織起第三次大規模的西征。差點淪陷在蒙古鐵蹄腳下的西歐，也為此得以倖免於難。

西元 1263 年，南宋王朝正式投降，兩個小皇帝流亡廣東。西元 1278 年，重慶城淪陷，釣魚城成為了最後的孤島。接著，釣魚城連續兩年大旱，城中糧食耗盡，守將王立不忍城中軍民餓死，不得已向元軍投降，以「不殺城內一人」為條件，打開了已堅守三十六年的釣魚城城門。這場堅持了長達三十六年的防守

▲ 旭烈兀的軍隊進攻巴格達。

戰，至此才拉下了帷幕，並從此成為了中外戰爭史上一個奇蹟般的存在。

而釣魚城保衛戰一個重大的意義就是，它改寫了歐洲的歷史，將歐洲人從蒙古鐵騎的威脅中解救了出來。因為釣魚城的巨大意義，西方人送給了它一個特殊的名字：「東方麥加城，上帝折鞭處。」

因為成吉思汗和他的子孫被西方人稱為「上帝之鞭」（Scourge of God），故此成吉思汗子孫遭受失敗的地方，被西方人生動地稱為「上帝折鞭處」。

「上帝折鞭處」（Breaking God's Flail），意即連上帝都要遭受挫折的地方。成吉思汗領導的蒙古鐵騎，曾經是令西方人聞風喪膽的不敗之軍，以致於他們對蒙古軍隊的失敗感到如此不可思議，將之形容為連上帝都會失敗的地方。

遭遇滑鐵盧 (To meet Waterloo)
失敗

「滑鐵盧戰爭是個謎。它對勝者和敗者都一樣是不明不白的。對拿破崙，它是恐怖，布呂歇爾只看見炮火，威靈頓完全莫名其妙。看那些報告吧！公報是漫無頭緒的，評論是不得要領的。這部分人期期，那部分人艾艾。若米尼把滑鐵盧戰事分成四個階段；米夫林又把它截成三個轉變，唯有夏拉，雖然在某幾個論點上我們的見解和他不一致，但他卻獨具慧眼，是抓住那位人傑和天意接觸時產生的慘局中各個特殊環節的人。其他的歷史學家都有些目眩神迷，也就不免在眩惑中摸索。那確實是一個風馳電掣的日子，好戰的專制政體的崩潰震動了所有的王國，各國君王都為之大驚失色，強權覆滅，黷武主義敗退。」

滑鐵盧戰爭，這場歐洲史上最著名的戰役發生於 1815 年 6 月 18 日。拿破崙領導下的法國軍隊和英國人威靈頓公爵統帥的歐洲聯軍，在比利時的小鎮滑鐵盧，展開了一場激烈的大決戰。十四萬的士兵加入了這場戰爭，而足足有六萬的士兵喪生於此，可見這場戰爭之慘烈。

▲ 滑鐵盧戰役。

　　實際上，這場驚心動魄的戰爭並未持續太久，它在短短的一天內就結束，僅僅持續了十二個小時。更令人意外的是，常勝將軍、戰爭奇才拿破崙，卻敗在了一個不知名的二流將軍威靈頓公爵手下。

　　出生於科西嘉島的拿破崙，是個令敵人聞風喪膽的戰爭天才，維克多‧雨果說他「憑靈感，用奇兵，有超人的本能，料事目光如炬，一種說不出的如同鷹視雷擊般的能力，才氣縱橫，敏捷，自負，心曲深沉，鬼神莫測，狎玩命運，川澤、原野、山林似乎都想去操縱，迫使服從」，可見其天縱之英才。

　　拿破崙在法國大革命後的鎮壓保王黨戰役中開始嶄露頭角，後來更是多次擊退反法同盟的進攻，以以少勝多的顯赫戰績，成為了法蘭西第一共和國執政官。此後，拿破崙野心膨脹，試圖吞併整個歐洲，卻遭遇了歐洲其他各國的強力反抗，終於，在滑鐵盧這裡，遭到了致命的慘敗。

據說，拿破崙的失敗是源於糟糕透頂的天氣，「在那不測之事中，顯然有上天干預的痕跡，人力是微不足道的。」大戰的前一天突降大雨，整個滑鐵盧田野變成一片泥沼，拿破崙的主力作戰部隊火炮隊陷入了泥沼，遲遲無法進入陣地作戰，導致了他最終的失敗。而在滑鐵盧戰役中擊敗他的威靈頓公爵，也曾經是他的手下敗將，當年拿破崙初露崢嶸，在義大利與威靈頓公爵相遇，將他打得落花流水，一時更成為笑柄。誰曾想過，風水輪流轉，當年意氣風發的少年，在二十年的輪迴之後，卻敗在了自己的手下敗將手中。

　　「失敗反而把失敗者變得更崇高了，倒了的拿破崙·波拿巴彷彿比立著的拿破崙·波拿巴更為高大。」雨果說，這次滑鐵盧戰爭，是一場庸人的勝利。但遑論失敗的姿態是否好看，這場戰爭卻真真切切地將拿破崙陷入了絕境，結束了他的軍事生涯和政治生命，也改變了歐洲的歷史進程。這場戰爭過後，拿破崙被逼退位，被流放到聖赫勒拿島，六年之後，孤單地在島上過世。滑鐵

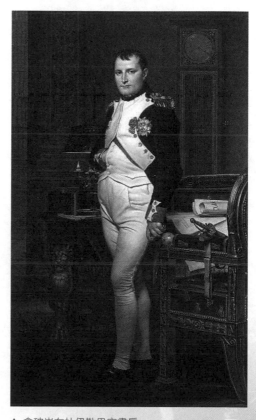

▲ 拿破崙在杜伊勒里宮書房。

盧，成為了他生命中最致命的一場失敗。

因為這場戰爭，「滑鐵盧」這三個字也已經不再是一個簡單的地名了，它已經成為了失敗的代名詞。當人們說「遭遇滑鐵盧（To meet Waterloo）」的時候，提到的可不是去到比利時的滑鐵盧鎮，而是指遭受了失敗、挫折。

滑鐵盧之戰是拿破崙政治生涯的轉捩點，這場失敗令他從最高峰跌落谷底，再也無法翻身。

從此之後，遭遇滑鐵盧也就引申為一個人失敗的地方或是讓一個人失敗的一件事情，它在日常生活中被廣泛使用，比如說某某在這次比賽遭遇滑鐵盧、某個股票遭遇滑鐵盧等，成為了西方最常用的俗語之一。

山姆大叔 (Uncle Sam)

美國

　　很多人都知道，美國有個綽號叫做「山姆大叔」，但是你知道為什麼要叫這個名字嗎？這個名字的由來，還得追溯到 1812 年第二次英美戰爭期間。

　　美國獨立戰爭之後，美英兩國的爭端並未結束，英國一直試圖奪回這曾經屬於自己的殖民地，而美國也想要將領土擴大到當時還被英國占據的西部和加拿大。1812 年 6 月 18 日，美國對英宣戰，第二次英美戰爭正式爆發。

　　當時，紐約州的洛伊城有一位肉類加工商，名叫山繆爾・威爾遜。因為他誠實能幹，認真負責，所以當地人都非常信任他，大家都親切地稱呼他為「山姆大叔」（山姆為山繆爾的昵稱）。山姆大叔還是一位愛國者，他曾和父兄一起，參加過美國獨立戰爭。第二次英美戰爭期間，山姆大叔的工廠與美國政府簽定了一份為軍隊生產桶裝牛肉的合約，向美國軍隊提供桶裝牛肉。

　　在山姆大叔的工廠，經其檢驗合格的牛肉，就會被裝入特製的木桶，並在桶上蓋上 US（united states）的記號，然後送往美國軍隊那裡。一天，紐約州長帶領一些人前往山姆大叔的加工廠參觀，正

好在工廠裡看到一些工人在往木桶上蓋上 US 的印戳，州長並不知道這是用來表示美國的縮寫，便問工人，這個印章是什麼意思，那個工人開玩笑地回答說：「是山姆大叔（Uncle Sam）的意思。」

後來，這件趣事漸漸傳開了，「山姆大叔」名聲大振，人們開始把那些軍需食品都稱為「山姆大叔」送來的食物。英美戰爭之後，有人將一個早期的著名漫畫人物「喬納森大哥」改造成了「山姆大叔」，畫入了政治漫畫中。漸漸地，山姆大叔取代了喬納森大哥，成了最受美國人歡迎的象徵。

▲ 號召美國人參軍的山姆大叔宣傳畫。

山姆大叔的形象越來越著名，越來越多的美國人開始將之視為自己國家的象徵，並因其誠實可靠、吃苦耐勞以及愛國主義的精神而驕傲。

第一次世界大戰中，就曾出現過「山姆大叔」號召美國青年當兵的宣傳畫，流傳極廣。1941 年，一位美國漫畫家特地畫了一幅畫，將「山姆大叔」畫成一個長著白頭髮、蓄著山羊鬍子、

頭戴星條高帽，身穿紅、白、藍三色燕尾服和條紋長褲（美國星條旗圖案）的瘦弱高個子老人。從此之後，「山姆大叔」的形象基本上被固定了。

1961 年 9 月 15 日，美國國會正式通過了一項決議，因為山姆大叔所代表的是這個世界上最偉大國家的力量與理想，確認「山姆大叔」為美國的象徵，而來自紐約州特洛伊的山繆爾‧威爾遜，則被確認為「山姆大叔」的原本，從此在官方上承認了「山姆大叔」的形象。

現在，我們可以在很多地方看到山姆大叔的形象，甚至美國漫畫中，也有一位叫做山姆大叔的超級英雄。美國人對山姆大叔的熱愛，可見一斑。

多米諾骨牌 (domino)
連鎖反應

西元 1120 年，也就是宋徽宗宣和二年，中國民間出現了一種名叫「骨牌」的遊戲。這種遊戲的器具是一種長方形的牌具，多半用牙骨製成，所以骨牌也被稱為「牙牌」。每副骨牌有三十二張，牌面上「九」字最大，所以民間也稱之為「牌九」。此後，這種骨牌遊戲在全國盛行開來，並流傳下來，成為歷代民眾最喜愛的休閒項目之一。

1841 年，這時正是清道光年間，無數的西方人來到中國，希望能在這塊古老的大地上獲得財富和珍寶。一位義大利傳教士多米諾，也從遙遠的故鄉米蘭來到了東方這個神祕的國度。古老中國的神祕和獨特令他沉醉不已，他在中國定居下來，貪婪地吸收著有關中國的一切，而老百姓們日常生活中最喜愛的骨牌，也自然而然地落入了他的眼中。這刻著不同點數的牌具，可以組合變化出無數的數目，讓他好奇不已。於是，多米諾學習了骨牌的玩法，並收藏了不少精美的骨牌器具。

1849 年 8 月 16 日，在中國生活了八年之久的多米諾告別了中國，回到了故鄉米蘭。與他一同回國的，還有許多來自中國的禮物，

其中有來自中國的羽扇、鼻煙壺、絲綢，數不勝數，當然，還有一副象牙製成的三十二張牌的骨製產品——牌九。

多米諾將禮物分發給親人，但他的小女兒不愛那些精美的絲綢製品，卻一眼就看上了那套骨牌。多米諾將骨牌送給了小女兒，並教她遊戲方法。小女兒將骨牌視若珍寶，每天都在手中把玩。女兒的男友阿倫德是個性格浮躁、毫無耐心的人，經常惹得女友生氣，為了鍛鍊男友，小女兒想出了一個法子，她讓阿倫德將所有的骨牌一張一張按照點數大小在規定時間內豎起來，不能倒下，如果不成功，阿倫德就一週不許參加舞會。

就在阿倫德耐著性子擺放骨牌的時候，多米諾無意中看到了他的行為，他覺得這樣的方式好玩又特別，比起骨牌原本的玩法，相對簡單，所有人都能輕易學會。為了讓更多的人瞭解骨牌，多米諾便製作了大量的木製骨牌，並重新設計發明了各種的玩法。因為他的推廣，骨牌在義大利乃至整個歐洲迅速傳播開來，成為了最受歐洲人歡迎的遊戲之一。

為了紀念多米諾傳播骨牌的功勞，人們便將這種骨牌遊戲命名為「多米諾」，現在，多米諾已經成為了知名度最高、參加人數最多、開展地域最廣的體育運動。

多米諾骨牌最為人所知的玩法，就是將骨牌隔著適當的距離依次排列開來，當推倒第一個骨牌時，後面的骨牌將一個接著一個的

依次倒下，速度越來越快。這種特殊的玩法，產生了一種特殊的現象，也就被人們稱為：多米諾效應。

多米諾效應，指的就是在一個相互聯繫的系統中，一個很小的初始能量就可能產生一系列的連鎖反應，最終導致巨大的變化。有時候，剛開始只是一個很微小的改變，完全無法被人察覺，但就是這細小的變化，最後卻可能引發翻天覆地的結果，所以，所有細小的改變都值得被注意，也應當被注意，以免發生更嚴重的後果。

查理曼大帝和十二聖騎士
(Charlemagne and Twelve Paladin)
騎士精神

他是法蘭克王國加洛林王朝的國王，神聖羅馬帝國的奠基人，被尊為「歐洲之父」。他是撲克牌中紅桃 K 上那個持劍的皇帝，他的三個兒子瓜分了他的王國，分別成為了法國、德國和義大利的雛形。

他，就是查理曼大帝。

查理曼是法蘭克國王丕平三世的兒子，在父親去世後，法蘭克王國被一分為二，他的哥哥卡洛曼繼承了王國東部內陸，而他得到了王國西部沿海地區。但是，查理曼是個非常有雄心壯志的人，他並不贊成分封制，覺得這種方式往往會削弱一個國家的實力。於是，他決定迎娶倫巴第國王的女兒傑帕達，藉此與倫巴第王國結盟，包圍他哥哥的領土，進而統一法蘭西。

不過，沒多久他哥哥就突然去世，他合法地接收了哥哥的領土，不費吹灰之力就統一了法蘭克王國。現在，他原本為統一國家所促成的聯姻，卻成為了他的負擔。原本就沒有感情基礎，查理曼在繼承了全王國之後，很快便和傑帕達離婚了。而這也讓他和倫巴第王

▲ 查理曼大帝。

國從同盟變成了仇敵。倫巴第的國王先是收留了卡洛曼的妻兒老小，然後又在次年入侵和查理曼關係緊密的羅馬教宗的領地。

但這一切對熱衷於戰爭的查理曼大帝來說，並不是什麼可怕的事情，他這一生，渴望的正是用戰爭擴大自己的領土，建立一個真正偉大的帝國。在羅馬教宗的要求下，他很快便出兵義大利，用一年的時間吞併了倫巴第王國。

查理曼大帝的野心從這場戰爭開始繼續蔓延。在拿下了倫巴第之後，他又很快征服了阿基坦地區、戈爾多瓦王國，並打敗了阿瓦爾人和薩克森人。統治了今天的法國全境、瑞士、荷蘭、比利時、奧地利全境，以及德國和義大利的大部分地區，成為當之無愧的歐洲之王。

而他最著名的戰役，就是與戈爾多瓦王國的摩爾人的戰爭。這場戰爭不僅孕育了法國最有名的英雄史詩《羅蘭之歌》，也衍生出了著名的十二聖騎士傳說。

　　《羅蘭之歌》講述了這樣一個故事：查理曼大帝與他的騎士們都是虔誠的上帝的信徒，他們決意消滅不信奉上帝的摩爾人。在上帝的庇佑下，查理曼大帝的軍隊一路所向披靡，高歌猛進，他留下自己的姪子，十二聖騎士中最英勇的羅蘭騎士留守隆塞沃，自己則帶兵攻打摩爾人的老巢薩拉戈薩。

　　但就在這時候，聖騎士之一的加尼隆被魔鬼迷住了心竅，背叛了查理曼大帝，勾結了異教徒，用 10 萬人的軍隊圍困住了羅蘭騎士的 3 萬軍隊。面對幾倍於自己的敵人，羅蘭騎士毫不畏懼，帶領自己的士兵們奮勇殺敵，以幾乎全軍覆沒的巨大代價，消滅了所有的敵人。

　　然而，更多的敵人卻在這時捲土重來，而這邊只剩下了羅蘭騎士和大主教圖平。迫於無奈的羅蘭騎士只好吹響了他的魔法號角，向查理曼大帝傳達大軍壓境的信號。遠在薩拉戈薩前線的查理曼大帝聽到號角，立刻率領大軍返回救援，但孤身一人的羅蘭騎士已經無力回天，他只能將其他死去的聖騎士移到大主教的身邊，讓他可以在臨死前赦免他們的罪。隨後，他自己做了臨終告解，發誓效忠上帝，面對著敵人死去。

▲ 羅蘭陣亡，十五世紀手稿。

　　因為這場戰爭實際上是基督教與異教徒的戰爭，它後來被載入基督教的正史裡，因此，在這場戰爭中跟隨查理曼大帝的十二位騎士，就被大家稱為十二聖騎士。實際上，跟隨查理曼的騎士並非只有十二位，但因為耶穌有著十二門徒，所以人們也就習慣用十二聖騎士來稱呼他們。

　　十二聖騎士的故事，讓騎士的稱號成為了一種無上的榮耀，騎士制度越發鼎盛起來。到了西元八世紀的後半葉，歐洲進入了向封

建社會過渡的時期，騎士精神更是發揚光大，成為了一種榮譽的象徵，有教籍的騎士還會因為立下戰功而被授予聖騎士的稱號。所有見習騎士都會在成為真正的騎士前進入教會獲得教籍，而那些被開除教籍的騎士則會終生不得志，甚至死後變成吸血鬼。

這些騎士們終生恪守騎士精神，信奉服務精神和敬忠職守，他們謙虛有禮，言語優雅，行為有節，忠心耿耿地侍奉國王，也永遠是上帝忠實的僕人。他們剷除邪惡，是一切罪惡的剋星，亦是正義與力量象徵。其中的聖騎士是上帝的堅定信徒，相信戰鬥前的禱告詞是獲得力量的一種方法。他們生活清苦，在年老後往往會選擇苦修來減輕自己的罪孽。

可以說，在混亂黑暗的歐洲中世紀，騎士精神實際上代表了一種文明、向上的行為準則，它形成了一種合法有序、尊重法規的文化精神，也深深影響了現代歐洲人的民族性格。

沙龍 (salon)
名流的聚會

　　瑪德隆小姐和她的堂妹喀豆小姐從家鄉來到了繁華的巴黎。到了這時代潮流的中心，她們頓時覺得自己進入了上流社會，必須跟上這風雅、高貴的風格。除了服裝、鞋、帽必須要找上等裁縫做之外，連說話，也必須要風雅獨特。鏡子不能叫做鏡子，而是「美之顧問」，椅子不叫椅子，而是「談話之利器」。不光如此，現在兩姐妹覺得自己原本的名字也太過俗氣，於是另取了兩個風雅的名字，姐姐選了個「波莉克塞納」的名字，妹妹自己取名「阿曼特」。

　　姐姐的父親為她們介紹了兩位年輕的紳士，希望能為她們締結一段合適的婚姻，但姐妹倆卻嫌這兩位年輕人一點也沒有上流社會的樣子，裝束不夠紳士，談吐也不夠儒雅。他們的褲子沒有膝襠，帽子也不插羽毛，領花也不是上等裁縫做的，更重要的是，他們的愛情觀太老土了，一點也不懂風情，不知道要給女性跌宕起伏的愛情故事，不懂得甜蜜和熱情是感情中必不可少的內容，不知道要給愛情中加入嫉妒、誤會這種種調味料，才能讓女人念念不忘。

　　姐妹兩人毫不掩飾自己的鄙夷，她們公然冷落這兩位年輕人，差點沒給他們椅子坐，談話中她們咬耳朵，打呵欠，揉眼睛，總問

幾點鐘，表達著自己的無興趣。看到她們倆的樣子，兩個年輕人氣憤地離開了。

因為姐妹兩人的傲慢，兩個年輕人決定捉弄一下她們，報復她們的傲慢無禮。兩人叫來了自己的僕人，吩咐了一番，如此這般，讓他們去逗弄瑪德隆姐妹。

這天，瑪德隆姐妹正在家中，忽然女僕進來報告說，有一位名叫馬斯卡里葉的侯爵要來看望兩位小姐。聽說來的是一位侯爵，姐妹倆大喜過望，立刻在「美之顧問」前精心打扮了一番，命人將侯爵迎了進來。

馬斯卡里葉侯爵有一張比蜜還甜的嘴，他一進來便誇讚姐妹倆擁有全巴黎女人都不曾有的風情，她們的名譽與聲望在全巴黎無人不知，也吸引了自己，令自己不由自主想要追隨姐妹倆的腳步。他動人的情話讓姐妹如在雲端，她們馬上拿出「談話之利器」，邀請馬斯卡里葉侯爵坐下。

侯爵按照巴黎風雅社會的禮節，從口袋裡取出一把牛角大梳子，慢條斯理地把頭髮梳一梳，又理一理寬又長的鑲花邊的白顏色的膝襠，這才坐了下來。他告訴瑪德隆姐妹，巴黎最有名的才子都圍繞在他的身邊，他們是文藝界的權威人士，他可以將這些人介紹給瑪德隆姐妹，只要與這些才子們來往唱和，瑪德隆姐妹就能很快進入巴黎的上流社會，成為人人渴望結交的沙龍女主人。

侯爵的話讓姐妹倆更是飄飄欲仙，她們誇獎侯爵的裝束是如此

高貴而有格調，她們熱烈地稱讚侯爵的才情無雙，對他的打油詩也讚不絕口。

這時，侯爵又向姐妹倆引薦了他的朋友姚得賴子爵，姐妹兩人為兩位出色的年輕人舉辦了舞會，邀請了許多的女性朋友參加。

就在主人和客人都跳得非常開心的時候，姐姐的父親曾給她們介紹的那兩個年輕人走了進來，他們指著侯爵和子爵說，他們兩人其實是自己的僕人，拿了自己的衣服來冒充貴族。他們命人剝掉了兩人的華服，然後嘲笑瑪德隆姐妹說，如果她們愛的是他們的人的話，那就算沒有昂貴的衣飾和貴族的頭銜，她們也應該繼續和他們戀愛才對。姐妹倆這才知道自己上了當，羞愧難當，垂頭喪氣地退下了。

這是莫里哀創作的第一部喜劇《可笑的女才子》，這部喜劇辛辣諷刺了當時西方上流社會貴族沙龍中流行的那種咬文嚼字、故作風雅的習氣。當時的法國貴族沙龍，已經不再是最初那種充滿靈感和智慧的聊天場合，不再是大家分享知識、碰撞觀念的藝術孵化器，而演變成了矯揉造作、一味展現貴族奢華生活的場合。正是因為看到了這樣的現象，才使得莫里哀創作出了這個故事。

沙龍一詞原本來指的是較大的客廳，十七世紀，法國巴黎的德·朗布依埃侯爵夫人因為厭倦了宮廷交際，便開始在自己家裡舉辦聚會，邀請賓客前來談論各種感興趣的話題，他們在這裡談論音樂、

戲劇、詩歌，從政治、時尚到文藝，無所不談，人們各抒己見，自由表達著自己的觀點。

因為這些活動多半在客廳中舉行，因此沙龍也就演變成了現今的含意，專指這種貴婦人在客廳接待名流或學者的聚會了。到了後來，凡是這種知識分子聚在一起，談論某一話題的聚會，也都被稱為沙龍。

▲ 一個十九世紀中期的俄羅斯沙龍。

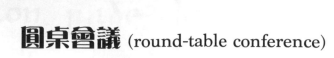

圓桌會議 (round-table conference)
平等對話

▲ 亞瑟王。

大不列顛的猶瑟國王過世了，但是他卻沒有留下繼承人，許多的領主和騎士開始爭奪起王位來，他們互不相讓，導致國內戰爭連連，一片混亂。

然而，就在耶誕節那天，當所有人都進到大教堂的時候，奇蹟出現了。忽然之間，一道令人睜不開眼睛的光芒射下來，當光芒退去，人們能看清的時候，院子裡已經出現了一塊白色的巨石。沒有人知道那塊石頭是怎麼來的，它就矗立在那個一秒鐘之前還空無一物的位置上，一把閃亮的劍插在石頭上。石頭上還刻有這幾個字：能拔出這把石中劍的人，就是真正的英國國王。

那些想要成為國王的人都騷動了，他們爭先恐後地衝上來，想要拔出這把劍。但劍彷彿和石頭生在了一起，紋絲不動。於是，人們決定舉辦一場比武競技，所有想當國王的人都可以去拔石中劍。

在倫敦郊外，艾克特爵士的城堡中，他的兒子凱伊和養子亞瑟得知了這個消息，決定結伴前去，參加比武競技。

在倫敦的大教堂中，想要拔出石中劍的騎士和領主們依次走到大石頭前，用盡全身力氣想要拔出那把劍，卻沒有一個人能夠成功的。凱伊也上前去，試圖拔出那把劍，但和其他人一樣，他也沒辦法令寶劍移動分毫。凱伊退了下來，並鼓勵亞瑟也上前去試試。亞瑟鼓起勇氣走上前去，他握住劍柄，深呼吸了一下，然後，寶劍很輕鬆就被他拔了出來。

所有人這時都安靜了，然後突然有人喊：「那個男孩不能當國王！這一定是個騙局。他根本連騎士的身分都沒有！」

亞瑟站在原地，不知道該做些什麼。就在這時，一片明亮的金色光霧籠罩了教堂的院子，一位奇異的老人出現了。他是梅林！人們立刻認出了這位大不列顛最厲害的魔術師。梅林對著大家開口了：「我能知道過去，也能預知未來。現在，我有個奇特的故事要告訴大家。猶瑟王在去世之前，其實就有一個孩子，他為兒子取名為亞瑟。因為國王的仇敵想要殺害他的兒子，於是我將襁褓中的王子藏了起來。現在，他的時代來臨了。你們面前的這個孩子將要繼承王位，成為英國歷史上最偉大的國王——亞瑟王！」

四周一片沉靜，隨後，震天的歡呼聲充滿了教堂院子的每個角落。「國王！我們找到我們的國王了！」不列顛最富有傳奇色彩的偉大國王出現了。

亞瑟繼承了父親的王位，他平息了英國國內的動亂，打擊邪惡，為大家帶來了和平。他扶貧濟弱，建立起了一個繁盛的王國，成為了人人愛戴的亞瑟王。

　　這天是亞瑟王的大喜之日，他將與世界上最美麗的女子歸妮薇爾王后成親。魔法師梅林在城堡中迎來了亞瑟王，他領著國王和他勇敢的騎士們來到大廳，然後對他們說：「這真是歡樂喜慶的一天！它將是我國最光輝燦爛歷史的起點。」說完，他舉起手來，隨著他的動作，大廳中出現了一張巨大的圓桌，圓桌周圍圍繞著許許多多的椅子，足足有一百五十張之多。

　　梅林的聲音在空中飄盪。「我們正處在一個創造歷史的時刻。這張圓桌上將坐滿世界上最英勇的騎士們。而且他們之間要以兄弟之情彼此相待。他們將遍遊世界，並為正義與公理而戰。有許多騎士將因此而犧牲性命。但是圓桌武士的聲譽將會一直流傳下去，直到永遠。」

　　這時，亞瑟也站了起來。「我尊貴的武士們，讓我們在此一起立誓。我們只為正義與公理而戰；絕不為財富，也絕不為自私的理由而戰。我們要幫助所有需要幫助的人；我們也要互相支援。我們要以溫柔對待軟弱的人；但要嚴懲邪惡之徒。」

　　「我們謹遵誓言！」眾騎士們異口同聲說道。

　　梅林又說道：「你們的座位如下。」話音剛落，椅子上浮現出了各個騎士的名字，每個字都是用黃金鑲上去的。他們是凱伊爵士、

艾克特爵士、高文爵士，以及其他許多優秀的英雄們。

　　從這一天起，圓桌武士的名聲傳遍各地。他們騎著馬走遍天下，幫助貧窮孤苦、軟弱困乏的人。不論處在何方，只要發現邪惡勢力，他們必追擊到底。而更多英勇的人們從不同的地方趕來，希望來加入圓桌武士的行列。

▲ 《梅林中計》由英國畫家伯恩・鐘斯繪於 1874 年的油畫，畫中描述了梅林與妮妙是一對冤家。梅林一廂情願地愛上了湖中妖女中的高傲公主妮妙，但妮妙卻對他厭惡有加。因梅林受到了妮妙的引誘，不慎透露出了魔法林囚人的咒語，結果被妮妙永遠地囚禁在了森林之中。

從此之後，亞瑟王和他的騎士們在戰場上衝鋒陷陣，也在圓桌上討論國內的事務。在這張桌子上坐著，就沒有了國王和騎士的區別，每個人都可以自由發表自己的意見，不論他的地位是高是低。這裡沒有地位差異和君臣之別，就算政見相左，也不會因此而遭到迫害。

　　從亞瑟王開始，這種在圓桌上開會的形式被流傳了下來，成為了國際會議以及某些國內會議中約定俗成的習慣，體現了各國平等原則和協商精神。

　　圓桌，代表著平等和團結。圍繞著圓桌，就不會再分主席和隨從的位置，沒有席次爭執，各方平等，就可以平等地對話和協商。「圓桌會議」，已成為平等交流、意見開放的代名詞。

國家圖書館出版品預行編目資料

關於西方典故的100個故事／劉思湘著.
－－第一版－－臺北市：宇炯文化 出版；
紅螞蟻圖書發行，2017.06
面　　公分－－（Elite；52）
ISBN 978-986-456-285-5（平裝）

1.西洋文化 2.文化史 3.通俗作品

740.3　　　　　　　　　　　106007466

ELITE 52

關於西方典故的100個故事

作　　　者／劉思湘
發 行 人／賴秀珍
總 編 輯／何南輝
責任編輯／韓顯赫
校　　　對／鍾佳穎、周英嬌、賴依蓮
封面設計／張一心
美術構成／Chris' office
出　　　版／宇炯文化出版有限公司
發　　　行／紅螞蟻圖書有限公司
地　　　址／台北市內湖區舊宗路二段121巷19號（紅螞蟻資訊大樓）
網　　　站／www.e-redant.com
郵撥帳號／1604621-1　紅螞蟻圖書有限公司
電　　　話／(02)2795-3656（代表號）
傳　　　真／(02)2795-4100
登 記 證／局版北市業字第1446號
法律顧問／許晏賓律師
印 刷 廠／卡樂彩色製版印刷有限公司
出版日期／2017年 6 月　第一版第一刷

定價 350 元　　港幣 117 元

ISBN　978-986-456-285-5　　　　　　　Printed in Taiwan